Dietrich Rusam

Lust auf Theologie?

Zehn Themen der Theologie zum Lesen, Lernen und Weiterdenken

2., durchgesehene Auflage 2025

VANDENHOECK & RUPRECHT

Bibliografische Information der Deutschen Bibliothek:
Die Deutsche Nationalbibliothek verzeichnet diese Publikation in der Deutschen Nationalbibliografie; detaillierte bibliografische Daten sind im Internet über https://dnb.de abrufbar.

Vandenhoeck & Ruprecht, Robert-Bosch-Breite 10, D-37079 Göttingen,
ein Imprint der Brill-Gruppe
(Koninklijke Brill BV, Leiden, Niederlande; Brill USA Inc., Boston MA, USA;
Brill Asia Pte Ltd, Singapore; Brill Deutschland GmbH, Paderborn, Deutschland;
Brill Österreich GmbH, Wien, Österreich)
Koninklijke Brill BV umfasst die Imprints Brill, Brill Nijhoff, Brill Schöningh,
Brill Fink, Brill mentis, Brill Wageningen Academic, Vandenhoeck & Ruprecht,
Böhlau und V&R unipress.

Umschlaggestaltung: Andreas Sonnhüter, Niederkrüchten
Lektorat: Volker Hampel
Satz: Breklumer Print-Service, www.breklumer-print-service.com
Druck und Bindung: CPI books GmbH, Ulm
Printed in the EU

Vandenhoeck & Ruprecht Verlage | www.vandenhoeck-ruprecht-verlage.com
E-Mail: info@v-r.de

ISBN 978-3-525-50239-6 (print)
ISBN 978-3-647-50239-7 (digital) | ISBN 978-3-666-50239-2 (eLibrary)

Inhalt

Vorwort

Die Idee zu dem vorliegenden Buch kam mir, als sich meine Tochter im Jahr 2014 zu ihrer schriftlichen Abiturprüfung im Fach Evangelische Religionslehre vorbereiten musste. Ich erkannte, dass in den vorliegenden Lehrbüchern und Abitur-Trainern viele Aspekte nicht oder zumindest kaum lernbar behandelt wurden. So stellte ich ihr nicht nur meine eigenen Unterrichtsmaterialien aus den vergangenen zehn Jahren zur Verfügung, sondern erarbeitete auch immer wieder über den Lehrstoff hinausgehende Skripten zu einzelnen theologischen Fragestellungen.

Das Buch in seiner jetzigen Fassung will »Lust auf Theologie« machen und richtet sich somit nicht nur an Abiturientinnen und Abiturienten, sondern neben Lehrkräften und theologisch Interessierten auch an junge Menschen, die sich mit dem Gedanken tragen, das Studium der Evangelischen Theologie zu beginnen.

Ich selbst habe stets mit Interesse, Freude, Herzblut und Vertrauen, natürlich auch mit Zweifeln, letzten Endes aber mit viel »Lust« Theologie studiert und hätte mir für mich keinen besseren Studiengang vorstellen können. Von daher will das Buch den Facettenreichtum dieser außergewöhnlichen Wissenschaft aufzeigen. Damit deutlich wird, dass die theologischen Überlegungen nicht im luftleeren Raum schweben, sondern die theologische Relevanz mancher gegenwärtiger Fragestellung sichtbar wird, sind einzelne Kurzgeschichten, Lieder und Texte zur Illustration eingefügt worden.

Die theologischen Fachwissenschaftlerinnen und Fachwissenschaftler mögen es dem Autor verzeihen, wenn immer wieder vereinfachend und verkürzt dargestellt wird. Als Neutestamentler musste auch ich in der Profilierung meiner eigenen Fachrichtung immer wieder Abstriche machen, damit das Buch möglichst verständlich bleibt.

Die Drucklegung dieses Buches wurde unter anderem deshalb möglich, weil der Landeskirchenrat der Evangelisch-Lutherischen Kirche in Bayern hierfür einen großzügigen Zuschuss gewährt hat. Dafür danke ich ganz herzlich.

Viele Menschen haben darüber hinaus zum Gelingen dieses Buches beigetragen. So danke ich Herrn Dr. Volker Hampel vom Neukirchener Verlag für die hervorragende Zusammenarbeit und die unbürokratische und bereitwillige Aufnahme des Titels in das Verlagsprogramm.

Ganz besonders danke ich auch meinen Schülerinnen und Schülern am Richard-Wagner-Gymnasium in Bayreuth, die mir durch ihre permanenten Nachfragen, Anmerkungen und vor allem durch den Satz »Das verstehe ich nicht!« deutlich gemacht haben, wie wichtig die Elementarisierung von theologischen und philosophischen Erkenntnissen ist. Ich danke meiner Tochter Franziska und meinem Sohn Christoph; beide waren mir bei der Ausarbeitung einzelner Kapitel stets wichtige Gesprächspartner. Meine Schwiegermutter, Frau Dr. Gisela Gersch, hat die Mühe des Korrekturlesens auf sich genommen; ihr habe ich für viele wertvolle Hinweise zu danken, ohne die das Buch häufig noch schwerer verständlich geworden wäre. Ganz besonders danke ich aber meiner Frau Christiane, die meine theologischen Ausführungen stets hinterfragt und für eine dauerhafte Erdung sorgt.

Bayreuth, im Februar 2015
Dietrich Rusam

1

Jesus Christus in seiner Bedeutung für die christliche Theologie

1.1 Einleitung: Der historische Jesus und der Jesus der Evangelien

> »Jesus war ein guter Mann, der hatte einen Umhang an,
> Jesus war ein flotter Typ, den hatten alle Leute lieb.
> Jesus hatte langes Haar und braune Augen – wunderbar!
> Jesus hatte Latschen an wie kein anderer Mann.
>
> Jesus, Jesus, du warst echt o.k. Jesus, Jesus, everytime fair play!
>
> Jesus war ein Wandersmann, am liebsten auf'm Ozean,
> ja, und seine Zaubershow, die hatte wirklich Weltniveau.
> Ja, aus Wasser machte er Wein. Wer will da nicht sein Kumpel sein?
> Aus einem Brötchen wurden zwei – Mensch, komm doch nochmal vorbei!
>
> Jesus, Jesus, du warst echt o.k. Jesus, Jesus, everytime fair play!«

Das Lied von Wigald Boning und Olli Dittrich (»Die Doofen«) aus dem Jahr 1995 spiegelt – bei aller Komik – ein bestimmtes Jesusbild wider: »Jesus, Jesus, du warst echt o.k. Jesus, Jesus, everytime fair play!« Es ist das Bild von Menschen, die Jesus »ganz o.k.« finden, aber keine Glaubensaussage über ihn wagen. Es findet sich kein Wort von Gottessohnschaft, von Kreuzigung und Auferstehung in dem Lied. Die drei angesprochenen Jesuswunder (Seewandel [Mk 6,45–52; Mt 14,22–33], Weinwunder bei der Hochzeit zu Kana [Joh 2,1–12] und die Speisung der 5000 [Mk 6,30–44 u.ö.]) werden als »Zaubershow« bezeichnet, die man bestaunt, aber mehr auch nicht. Darüber hinaus gibt das Lied Informationen über diesen Jesus, die durch die neutestamentliche Überlieferung nicht gedeckt sind: Er hätte langes Haar und braune Augen gehabt und darüber hinaus einen Umhang und »Jesuslatschen« getragen.

Tatsächlich lässt sich hier bereits ein wichtiger Aspekt herauslesen. Die neutestamentliche Überlieferung ist am Aussehen Jesu deshalb nicht interessiert, weil es in ihr um Kreuz und Auferweckung Jesu geht, aber auch um die Frage, wie das Leben der Menschen, die dem irdischen Jesus begegnet sind, sich nach dieser Begegnung geändert hat.

Der Evangelist Lukas ist der einzige, der seine Leserschaft einmal kurz über seine Schulter blicken lässt:

> »Viele haben es schon unternommen, Bericht zu geben von den Geschichten, die unter uns geschehen sind, wie uns das die überlieferten, die es von Anfang an selbst gesehen haben und Diener des Wortes gewesen sind« (Lk 1,1–2). Lukas macht mit diesen beiden Anfangsversen folgendes deutlich: (1) Er ist nicht der erste, der die Jesusgeschichten aufschreibt. Die Wissenschaft bezeichnet ihn als Mann der dritten Generation. (2) Er hat andere Evangelien (wir wissen: auf jeden Fall das Markusevangelium) gekannt. (3) Er behauptet darüber hinaus, er habe Augenzeugenberichte vorliegen. Das Besondere an den Augenzeugenberichten ist nun, dass diese Augenzeugen »Diener des Wortes« gewesen sind, d.h. Lukas hat Geschichten von Menschen vorliegen, die geglaubt haben, dass Jesus Christus der Sohn Gottes ist, der gekreuzigt wurde nach drei Tagen auferstanden ist. Es sind keine Berichte von Menschen, die sich einfach nur gedacht hatten: »Jesus war ein flotter Typ, den hatten alle Leute lieb.« Solche distanzierten (»unmessianischen«) Geschichten von Jesus liegen uns weder innerhalb noch außerhalb des Neuen Testaments vor. Alle neutestamentlichen Zeugnisse sind also Glaubenszeugnisse oder, anders gesagt: Die Evangelien sind keine Biographien, sondern sind aus dem Glauben heraus geschrieben, dass Jesus der Gottessohn ist und zum Heil der Menschen gekreuzigt und auferweckt wurde. Sie wollen dementsprechend Glauben an Jesus wecken. Deshalb ist es so schwer, über den historischen Jesus genaue Aussagen zu treffen. Der Historiker mag das bedauern – der Glaubende mag es begrüßen.

1.2 Die Problematik historischer Jesusforschung

Versucht man aus der Überlieferung der Evangelien ein Bild des historischen Jesus zu (re)konstruieren, stößt man auf vier Haupthindernisse:

a) Jesus selbst hat nichts aufgeschrieben. Wir haben also nur Zeugnisse über ihn, keine Zeugnisse von ihm.
b) Das Zeugnis von Menschen, die der Überzeugung sind, dass Jesus Gottes Sohn ist, der von den Toten auferweckt wurde, sieht mit Sicherheit anders aus als das Zeugnis von Menschen, die diesen Jesus distanziert (ich will nicht sagen: »objektiv«) betrachten. Die Evangelien sind generell vom Glauben an den Gekreuzigten und Auferstandenen getragen, und es ist die Frage, ob es überhaupt möglich ist, diese »Brille des Glaubens« abzunehmen und ein »objektives« Bild von Jesus zu rekonstruieren. Meist sind das eher Konstruktionen.
c) Jesus sprach aramäisch (ein hebräischer Dialekt), während die Evangelien alle griechisch verfasst wurden. Da jede Übersetzung auch Interpretation ist, wird man fragen müssen, ob man den exakten Wortlaut eines Jesuswortes (die *ipsissima vox* Jesu) überhaupt wahrscheinlich machen kann.
d) Ohne Zweifel ist das Markusevangelium das älteste uns bekannte Evangelium. Es lag u.a. den Verfassern des Matthäus- und Lukasevangeliums vor. Ein Vergleich dieser Evangelien untereinander macht deutlich, dass bereits die Evangelisten einzelne Geschichten verändert, umgestellt, ausgelassen und zugefügt haben. Mit anderen Worten: Die Evangelien sind nicht Verlaufsprotokolle oder Biographien des Lebens Jesu, sondern Glaubenszeugnisse von Menschen, die Jesusüberlieferungen gesammelt und geordnet (Lk 1,3: »in guter Ordnung« bzw. »der Reihe nach«) haben.

1.3 Der historische Jesus

Wer der historische Jesus von Nazareth war, können wir heute nicht eindeutig sagen. Unbestritten ist, dass Jesus den Handwerksberuf seines Vaters – Luther übersetzt »Zimmermann«, aber mit dem griechischen Begriff *tekton* (Mk 6,3) wird eher ein »Bauhandwerker« bezeichnet – erlernt hat. Wahrscheinlich auf dem Weg nach Jerusalem zu einem der drei jüdischen Wallfahrtsfeste (Passa, Wochenfest, Laubhüttenfest) ist er am Jordan Johannes dem Täufer begegnet. Dessen Verkündigung (Mk 1,2–8; Mt 3,1–12; Lk 3,1–20) hat ihn überzeugt, und er hat sich taufen lassen (Mk 1,9–11; Mt 3,13–17; Lk 3,21f). Die Evangelisten – besonders Markus – stilisieren die Taufe Jesu als dessen Berufung, doch dies ist historisch nicht wahrscheinlich. Wie lange Jesus Täuferjünger geblieben ist und welches Ereignis dafür gesorgt hat, dass er sich wieder vom Täufer distanziert hat, wissen wir nicht. Zuweilen wird in der Forschung vermutet, es könnte die Vision sein, die in Lk 10,18 überliefert wird. Dort sagt Jesus den zu ihm zurückkehrenden Jüngern: »Ich sah den Satan wie einen Blitz vom Himmel fallen.« Dies ist aber unsicher, zumal man diese Vision aus ihrem jetzigen Kontext herauslösen und dem Täuferjünger Jesus zuschreiben, d.h. an den Anfang der Jesusüberlieferung platzieren müsste. Tatsächlich hat sich Jesus bald darauf vom Täufer distanziert und einen deutlich anderen Lebensstil gepflegt: Statt zu warten, dass die Menschen zu ihm kommen, ging er in Galiläa zu den Menschen, statt Askese zu pflegen, suchte er die Tischgemeinschaft von Menschen (»Fresser und Weinsäufer«; vgl. Mt 11,19; Lk 7,34), und statt das bevorstehende Zornesgericht zu predigen, verkündigte er die unmittelbar bevorstehende Aufrichtung des Reiches Gottes (Mk 1,14f; vgl. Mt 4,17; Lk 4,43). Im Rahmen dieser Verkündigung ist auch damit zu rechnen, dass Jesus Heilungswunder und Exorzismen erfolgreich durchgeführt und diese in seine Verkündigung als Vergegenwärtigung des Gottesreiches integriert hat (vgl. Mk 4,30–32; Lk 11,20). Zweifellos hat sein Verständnis von der Bedeutung der Tora immer wieder auch den Widerspruch von jüdischen Theologen herausgefordert (vgl. nur Mk 12,38–40). Im Rahmen einer Wallfahrt zum Passafest nach Jerusalem wurde er in einem Schnellverfahren hingerichtet. Was schließlich den Ausschlag für die Kreuzigung gab, kann man mit letzter Sicherheit nicht beantworten. War es seine Aktion im Tempelvorhof (Mk 11,15–18) oder vielleicht doch eher sein problematisches Tempelwort (Mk 14,56–59)? Auf jeden Fall war angesichts der überfüllten Stadt der römische Statthalter besonders nervös und wollte einen möglichen Aufruhr im Keim ersticken. Von daher ist es zu erklären, dass aus römischer Sicht sehr schnell gehandelt werden musste.

Mit der Kreuzigung war die Sache jedoch noch nicht beendet. Kurze Zeit später kam das Gerücht auf: »Jesus lebt. Gott hat ihn von den Toten auferweckt.« Diese Überzeugung gründete in der Tatsache, dass er nach seinem Tod als der Lebendige gesehen wurde (vgl. besonders 1Kor 15,3–8). Ob Jesus auferstanden ist, kann historisch-kritisch nicht erforscht werden. Historisch ist aber auf jeden Fall der Osterglaube derjenigen Menschen, die ihn gesehen haben.

1.4 Der irdische Jesus bei Paulus

Paulus ist derjenige, von dem die ältesten christlichen Schriften stammen. Er ist wohl kurz nach dem Tod Jesu als Heidenmissionar berufen worden (Gal 1; vgl. Apg 9; 22; 26) und hat sich nach einigen Jahren auf den Weg gemacht, um Heiden den Gekreuzigten und Auferstandenen, d.h. die frohe Botschaft bzw. das »Evangelium« (vgl. nur 1Kor 15,1–5) von Jesus Christus zu verkündigen. Paulus selbst ist – abgesehen von seiner Berufung – Jesus nie begegnet. Von daher ist das, was Jesus gesagt oder getan hat, für ihn nicht so wichtig.

Paulus weiß von Jesus, dass er von einer Frau (!) geboren wurde, »als die Zeit erfüllt war« (Gal 4,4). Von seinen Heilungswundern erfahren wir bei Paulus nichts, und nur an fünf Stellen beruft er sich auf ein Wort, das Jesus gesagt haben soll – auf ein »Wort des Herrn«:

a) In 1Thess 4,15 beruft sich Paulus im Rahmen der Darstellung von der Wiederkunft Jesu (Parusie) auf ein »Wort des Herrn«, wonach zuerst die Toten auferweckt werden, ehe auch die zur Zeit der Wiederkunft noch Lebenden zu Jesus kommen können. Dieses Wort hat keinen Anhaltspunkt in der Überlieferung der Evangelien; deshalb wird zuweilen auch vermutet, Paulus berufe sich hier nicht auf ein Wort Jesu, sondern auf einen »Auftrag des Herrn«.
b) In 1Kor 7,11 erwähnt Paulus das von Jesus ausgesprochene Scheidungsverbot, das sich vergleichbar in Mk 10,9.11 findet.
c) Zufolge 1Kor 9,14 habe Jesus befohlen, dass diejenigen, die das Evangelium verkündigen, sich auch davon ernähren können sollten, d.h. sie müssten von den Empfängern der Verkündigung, der Gemeinde, bezahlt werden. Ein darauf hindeutendes Wort findet sich in der aus der Logienquelle Q stammenden Aussendungsrede (Lk 10,7; Mt 10,9f), wonach die Ausgesandten das zu sich nehmen sollten, was man ihnen in den Häusern vorsetzt.
d) Größtenteils wörtlich identisch mit der Überlieferung der Evangelien bietet Paulus in 1Kor 11,23–26 die Einsetzungsworte zum Abendmahl (vgl. Lk 22,17–20; Mk 14,22–25; Mt 26,26–29).
e) Ohne Parallele bei den Evangelisten ist wiederum das Wort aus 2Kor 12,9: »Und er hat zu mir gesagt: Lass dir an meiner Gnade genügen; denn meine Kraft ist in den Schwachen mächtig.«

Zusammenfassend lässt sich sagen, dass der irdische Jesus in der

Theologie des Paulus eine geringe Rolle spielt. Grund dafür ist auch die Tatsache, dass Paulus diesem nie begegnet ist. Zentral für die paulinische Verkündigung sind Kreuz und Auferweckung Jesu.

1.5 Das »Wort vom Kreuz« (1Kor 1,18) bei Paulus – Deutungen des Todes Jesu

In 1Kor 1,23 fasst Paulus seine Predigt folgendermaßen zusammen: »Wir aber predigen den gekreuzigten Christus, den Juden ein Ärgernis und den Griechen eine Torheit.« Mit dem Begriff »Griechen« bezeichnet Paulus durchwegs die Heiden, also die Adressaten seiner Verkündigung. Die zitierte Notiz macht deutlich, dass die historisch unbestrittene Kreuzigung ein Hemmschuh in der Verkündigung war. Die »Griechen« kannten aus ihren Mythen Göttersöhne (Achill, Herakles …), aber die religiös (vgl. Dtn 21,23: »Verflucht ist, wer am Holz hängt!«) und sozial diskriminierende Kreuzigung (nur Schwerverbrecher wurden in der Antike gekreuzigt; vgl. auch Josephus, Der jüdische Krieg 7,203, der die Kreuzigung als »jämmerlichste« Todesart bezeichnet) eines Gottessohnes war für viele unvorstellbar. Deshalb musste Jesu Kreuzestod interpretiert werden. Hierfür finden sich nicht nur bei Paulus, sondern auch im weiteren Neuen Testament Interpretationsansätze, die deutlich machen wollen, warum der Gottessohn Jesus gekreuzigt wurde:

1. Immer wieder taucht die Formulierung auf, wonach die Passion Jesu geschehen »musste«. Dies geschieht in der ersten Leidensweissagung (Mk 8,31), aber auch und überdeutlich in der Emmausgeschichte in Lk 24,26. Dort wird ausdrücklich festgehalten, dass die Passion in den Schriften, d.h. im Alten Testament, vorhergesagt worden sei. Diese Überzeugung wiederholt der Auferstandene noch einmal vor seinen Jüngern (Lk 24,44–48). Auch in der ältesten Auferstehungsüberlieferung in 1Kor 15,3–5 wird der Tod Jesu als »gemäß den Schriften« bezeichnet. Dies weist auf die urchristliche Überzeugung hin, die Kreuzigung entspreche einem göttlichen Heilsplan. Auffällig ist, dass alle beigebrachten Hinweise auf die Schriftgemäßheit der Kreuzigung Jesu rein thetisch sind, d.h. eine konkrete alttestamentliche Schriftstelle wird in diesen Zusammenhängen nicht erwähnt,

obwohl man sich sehr wohl vorstellen könnte, hier mit Hilfe von Jes 53 zu argumentieren. Die einzige neutestamentliche Stelle, an der die Passion Jesu mit einem alttestamentlichen Schriftzitat begründet wird, ist das Gemeindegebet in Apg 4,24–28, wo mit Ps 2,1f argumentiert wird.

2. Dass diese Kreuzigung den Glaubenden zum endzeitlichen Heil geschehen ist, wird den Glaubenden auf unterschiedliche Weise nahezubringen versucht. Hierfür verwenden die neutestamentlichen Autoren (insbesondere Paulus) Denkmuster der damaligen Zeit.

a) Häufig findet sich im NT die Formulierung, Jesu Tod sei ein Sterben »für« jemanden (Röm 5,8; 8,32; 2Kor 5,14f21; Gal 3,13; Eph 5,25; 1Thess 5,10). Bei der Betrachtung von Joh 15,13 wird besonders deutlich, auf welchem antiken Hintergrund diese Formulierung zu interpretieren ist. Zufolge Joh 15,13 hat niemand größere Liebe als der, der sein Leben einsetzt »für seine Freunde«.
Im Rahmen der hellenistischen Freundschaftsethik ist der Tod Jesu als ein Lebenseinsatz für die Seinen zu verstehen. Der Vergleich mit Platon (Gastmahl 179b und 208d) zeigt, dass hier Menschen aus Liebe ihr Leben für andere verlieren. Dass diese Vorstellung heutzutage als »Stellvertretung« bezeichnet werden kann, steht deshalb auf einem anderen Blatt, weil der Begriff »Stellvertretung« dem Neuen Testament noch fremd ist.

b) Immer wieder wird Jesu Tod auch mit der Sündhaftigkeit der Menschen in Verbindung gebracht (1Kor 15,3; Gal 1,4; Röm 8,3; 4,25). In diesem Zusammenhang kann man sich auf eine alttestamentlich bezeugte Hintergrundkategorie verständigen. Der Gottesknecht trägt die Sünden der Menschen (Jes 53,5.12; vgl. Josephus, Jüdische Altertümer 4,289). Ausdrücklich wird auf Jes 53 in 1Petr 2,24 angespielt. Jesus stirbt für die Sünden der Seinen und sorgt so dafür, dass die unheilvolle Tatfolge der Sünde nicht wieder auf den Täter zurückfällt. Er ist es, der die Folgen der Sünde trägt: den Tod. Ähnliches besagt die Vorstellung vom Schuldbrief, der von Jesus »getilgt« und »ans Kreuz geheftet« wurde (Kol 2,14).

c) Ein weiteres Deutungsmodell ist das des Opferkultes (1Kor 5,7d). Jesus gilt als das Passalamm schlechthin, das dafür sorgt, dass Sünden vergeben werden können (Röm 3,25f) und zwischen Gott und den Glaubenden eine Verbindung hergestellt wird. Auch der Begriff »Sühne«, der in diesem Zusammenhang gerne verwendet wird, ist kein neutestamentlicher und wird deshalb in diesem Zusammenhang vermieden.

d) Dass für Versklavte zu deren Befreiung ein »Lösegeld« verlangt wird, ist auch in der Antike bekannt. Zufolge Mk 10,45 ist der Tod Jesu als Zahlung von Lösegeld für die Seinen zu interpretieren. Implizit wird an dieser Denkbewegung bereits deutlich, dass der christliche Glaube als Befreiung interpretiert wird.

Bereits diese vier Deutungskategorien zeigen, dass und wie der Tod Jesu in neutestamentlicher Zeit zu interpretieren ist. Allen Interpretationen gemeinsam ist die Überzeugung, dass das Geschehen von Golgatha ein Akt Gottes zum Heil der Menschen war.

1.6 Die Auferweckung Jesu

Anders als die Kreuzigung, die historisch-kritisch unbezweifelbar stattgefunden hat, ist die Auferweckung Jesu eine Glaubensaussage.

Die älteste Überlieferung in 1Kor 15,3–8 nennt Petrus (»Kephas« ist sein hebräischer Name) als Erstempfänger. Darüber hinaus werden noch viele andere aufgezählt, die Jesus lebendig nach seiner Kreuzigung gesehen haben wollen. Die Tradition vom leeren Grab (Mk 16,1–8; Mt 28,1–8; Lk 24,1–9), die in diesem Zusammenhang überhaupt keine Rolle spielt, ist eine etwas jüngere Überlieferung, die – wie die Episode von der Bewachung des Grabes aus Furcht vor einem Diebstahl des Leichnams Jesu bei Matthäus zeigt (Mt 27,62–66; 28,11–15) – nicht unbedingt den Auferstehungsglauben nach sich ziehen muss. Zu den jüngsten Überlieferungen gehören die konkreten Erscheinungsgeschichten vor Einzelnen bzw. vor ganzen Menschengruppen in Mt 28 und Lk 24. Interessant hierbei ist, dass auch Lukas – trotz der Emmausgeschichte (Lk 24,13–35) – ebenfalls wie Paulus überliefert, dass Petrus bzw. Simon der Erstempfänger einer Ostervision war (Lk 24,34).

Die Tatsache der Auferweckung Jesu von den Toten ist nach Paulus für die Glaubenden unbestreitbar: »Ist aber Christus nicht auferstanden, so ist unsere Predigt vergeblich, so ist auch euer Glaube vergeblich … ist Christus aber nicht auferstanden, so ist euer Glaube nichtig, so seid ihr noch in euren Sünden« (1Kor 15,14.17). Auferstehung Jesu heißt für Paulus nicht: »Die Sache Jesu geht weiter!« (Willi Marxsen) oder: »Jesus ist in die Verkündigung (ins *Kerygma*) auferstanden!« (Rudolf Bultmann).

Theologisch gesehen ist die Auferweckung Jesu nach Paulus die erste endzeitliche Tat Gottes: »Nun aber ist Christus auferstanden von den Toten als Erstling unter denen, die entschlafen sind« (1Kor 15,20).

Das Neue Testament ist entstanden im Rahmen einer starken apokalyptischen Strömung, d.h. man erwartete das endzeitliche Eingreifen Gottes – verbunden mit der Auferweckung der Toten (vgl. Dan 12,2). Dieses Denken lässt sich auch in Zukunftsvorstellungen, die im Neuen Testament geäußert werden ablesen (vgl. nur Mk 13 oder die Johannesoffenbarung).

Zufolge Paulus hat dieses Eingreifen Gottes in den Weltenlauf mit der Auferweckung Jesu bereits begonnen. Es ist die erste endzeitliche Tat Gottes – und von daher liegt die Erwartung nahe, dass die folgenden Taten nicht lange auf sich warten lassen. Tatsächlich lebt die christliche Gemeinde nach Meinung des Paulus derzeit in einem Zwischenzustand, zwischen »schon« und »noch nicht« geschehenen Dingen:

»Schon« geschehen sind:
- die Auferweckung Jesu,
- die Geistverleihung als »Anzahlung« bzw. Anfangsgabe (Röm 8,23; 1Kor 1,22; 5,5),
- Glaube, Hoffnung, Liebe innerhalb der Gemeinde (1Thess 5,1–11).

»Noch nicht« erfüllt sind:
- die Wiederkunft des Herrn,
- die Sichtbarkeit der Heilsexistenz der Gemeinde (Röm 8,24f; 2Kor 5,7),
- die Auferweckung der Toten und das Sein beim Herrn allezeit (1Thess 4,13–18).

Zwar ist die Auferweckung Jesu bereits geschehen, die allgemeine Auferstehung der Toten steht aber noch aus. Zufolge 1Thess 4,13–18 ist Paulus – mindestens im Jahr 50 n.Chr. – der Meinung, er werde die Wiederkunft Jesu und die Auferweckung der verstorbenen Christen noch erleben. In 1Kor 15 (der 1Kor ist etwa 5 Jahre später geschrieben als der 1Thess) äußert er diese Erwartung so nicht (mehr).

2

Aspekte des biblischen Gottesbildes

Der Schlüssel zur Beantwortung der Frage, wie Gott ist, liegt auch in der Beantwortung der Frage, wo er zu finden ist.

Hierzu eine von dem jüdischen Religionsphilosophen Martin Buber erzählte Kurzgeschichte:

> Ein junger Mann kam zu einem Gelehrten und sagte: »Ich gebe Ihnen 100 Gulden, wenn Sie mir sagen, wo Gott wohnt!« Der Gelehrte antwortete: »Und ich gebe Ihnen 200 Gulden, wenn Sie mir sagen, wo er nicht wohnt!«

Gottesaussagen sind Glaubensaussagen. Man *muss* sie nicht teilen, aber man *kann* sie teilen. Auch die biblischen Aussagen über Gott sind aus dem Glauben an ihn erwachsen. Die Menschen von heute sind eingeladen, sich überzeugen zu lassen bzw. sie zu teilen.

2.1 Altes Testament

2.1.1 Jahwe, der Befreier und Begleiter

Mit der Offenbarung seines Namens in der Mosezeit gibt sich Gott als Jahwe zu erkennen. Die in Ex 3,14 gegebene Etymologie des Jahwenamens ist mit dem Satz »Ich bin, der Ich bin« nicht treffend wiedergegeben. Der Satz »Ich werde sein, der ich sein werde« macht dagegen schon etwas deutlicher, dass es um die künftigen Taten des sich offenbarenden Gottes geht. Am treffendsten ist aber die Wiedergabe mit: »Ich werde mich als wirksam erweisen, als der ich mich als wirksam erweisen werde«. Diese »hölzerne« Übertragung macht nämlich deutlich, dass es um die Wirksamkeit des Gottes der Israeliten geht. Er wird seine Wirkmacht erweisen. Denn einen Gott, den es bloß gibt, gibt es im Grunde nicht. Seine Taten (für sein Volk) sind zentral – verbürgt in seinem Namen: Jahwe (vgl. Ex 6,2f). Jahwe führt als *Retter* aus ägyptischer Gefangenschaft: »Ich bin Jahwe, der dich aus der Knechtschaft geführt hat« (Ex 20,2). Es ist auch dieser Jahwe, der das Volk anschließend durch die Wüste führt und es beschützt.

Dieser Aspekt Gottes wird illustriert in der Geschichte »Spuren im Sand« der kanadischen Jugendbuchautorin Margaret Fishback Powers:

> »Eines Nachts hatte ich einen Traum: Ich ging am Meer entlang mit meinem Herrn. Vor dem dunklen Nachthimmel erstrahlten, Streiflichtern gleich, Bilder aus meinem Leben. Und jedes Mal sah ich zwei Fußspuren im Sand, meine eigene und die meines Herrn. Als das letzte Bild an meinen Augen vorübergezogen war, blickte ich zurück. Ich erschrak, als ich entdeckte, dass an vielen Stellen meines Lebensweges nur eine Spur zu sehen war. Und das waren gerade die schwersten Zeiten meines Lebens. Besorgt fragte ich den Herrn: ›Herr, als ich anfing, dir nachzufolgen, da hast du mir versprochen, auf allen Wegen bei mir zu sein. Aber jetzt entdecke ich, dass in den schwersten Zeiten meines Lebens nur eine Spur im Sand zu sehen ist. Warum hast du mich allein gelassen, als ich dich am meisten brauchte?‹ Da antwortete er: ›Mein liebes Kind, die Spur, die du hinter dir gesehen hast, war meine. Du warst zum Gehen zu schwach, da habe ich dich getragen‹.«

2.1.2 Jahwe, der Einzige

Jahwe hat ein differenziertes Verhältnis zu den Göttern der Umwelt Israels. Da gibt es einzelne Götter, mit denen er identifiziert wird, so mit dem Hauptgott im vorisraelitischen Jerusalem, dem »höchsten Gott« (hebr. *el eljon*) (Gen 14,18–20). Offenbar waren die Attribute, die man El eljon beilegte, dem israelitischen Gott derart ähnlich, dass eine Identifizierung möglich war. Ganz anders verfuhr man aber mit den meisten anderen Göttern der Umwelt Israels: So wurde z.B. der kanaanäische Baalskult radikal abgelehnt. Das AT wehrt sich gegen den Versuch, Baals- und Jahwekult zu vermischen vehement (vgl. nur Elia in 1Kön 18). Generell zeichnet das erste Gebot den Jahweglauben vor allen anderen Glaubensrichtungen der damaligen Zeit aus, insofern Jahwe ein »eifersüchtiger« Gott ist, der keine anderen Götter neben sich duldet (deshalb war einzig das Judentum im Römischen Reich von der Verpflichtung zum Kaiserkult ausgenommen). Tatsächlich war es viele Jahrhunderte lang im israelitischen Glauben unstrittig, dass es andere Götter gibt. Aber das erste Gebot sagt unmissverständlich, dass man diese auf keinen Fall anbeten dürfe. Diese Alleinverehrung nennt man Monolatrie oder Henotheismus.

Die Eroberung Jerusalems, die Zerstörung des Tempels und die Deportation der Oberschicht nach Babylon durch das babylonische Heer unter Nebukadnezar im Jahr 587 v.Chr. zog eine tiefe Glaubenskrise nach sich:

a) Man war der Überzeugung, Jahwe hätte es niemals freiwillig zugelassen, dass sein Wohnhaus, der Tempel, zerstört wird. Also musste der babylonische Gott Marduk stärker als Jahwe sein.
b) Darüber hinaus hat man das von Gott versprochene Land (Gen 12,1.7; 13,14–17; 15,17–21; 17,18 u.ö.) verloren.
c) Auch die Davidsdynastie ist abgebrochen, die laut der Nathanverheißung von 2Sam 7 ewigen Bestand haben sollte.

In dieser theologischen Desorientierung treten im Exil (587–539 v.Chr.) neue Propheten auf, die die militärische Niederlage als Jahwes Strafgericht interpretieren und Jahwe als einzigen Gott weltweit verkündigen. Herauszuheben ist vor allem ein Prophet, dessen Namen wir nicht kennen, dessen Verkündigung aber in Jes 40–55 überliefert ist. Er ist nicht identisch mit dem Propheten Jesaja, der zwischen 740 und 701 wirkte. In Ermangelung eines Namens nennt ihn die Wissenschaft »Deuterojesaja«, d.h. der »Zweite Jesaja«. Dieser Prophet verkündigt die Botschaft: Andere Götter gibt es nicht (vgl. nur Jes 43,10f; 44,6–20). Diese Verkündigung hat eine zutiefst seelsorgerliche Komponente: Den Exilierten soll deutlich werden: Tempelzerstörung, Ende der Davidsdynastie und Verlust des Landes – all das war der Wille des jüdischen Gottes. Er ist derjenige, der Himmel und Erde erschaffen hat (nicht zufällig ist die Schöpfungsgeschichte von Gen 1 im Exil entstanden – s.u. »Jahwe, der Schöpfer). Auch in Babylon darf man sich somit der Nähe Gottes gewiss sein. Nicht umsonst beginnt die Verkündigung des Deuterojesaja mit der Aufforderung »Tröstet, tröstet mein Volk!« (Jes 40,1).

2.1.3 Jahwe, der Schöpfer

Nach dem alttestamentlichen Zeugnis ist Jahwe nicht nur der Herr der Geschichte Israels, sondern auch der Schöpfer der Welt. Auffällig ist, dass das AT (neben Gen 1 und 2) vor allem in lobpreisenden Texten von der Schöpfung spricht: Ps 19 und Ps 104. Hier wird die Schöpfung als gut gefügte Ordnung ihres Schöpfers, der »alles in Weisheit gemacht« hat, dargestellt. Schöpfung ist hier kein vorzeitlicher Akt, sondern wird überwiegend als Erhaltung verstanden.

An Gott, den Schöpfer, zu glauben heißt also nicht nur, daran zu glauben, dass Gott die Welt und die eigene Person *erschaffen* hat, sondern auch, dass Gott die Welt und die Seinen *erhält*, dass er die Seinen mit dem Lebensnotwendigen *versorgt* und dass er sie *beschützt* – unerreichbar auf den Punkt gebracht durch die Auslegung des ersten Glaubensartikels durch Martin Luther im Kleinen Katechismus:

> »Ich glaube, dass mich Gott geschaffen hat samt allen Kreaturen, mir Leib und Seele, Augen, Ohren und alle Glieder, Vernunft und alle Sinne gegeben hat und noch erhält; dazu Kleider und Schuh, Essen und Trinken, Haus und Hof, Weib und Kind, Acker, Vieh und alle Güter; mit allem, was not tut für Leib und Leben, mich reichlich und täglich versorgt, in allen Gefahren beschirmt und vor allem Übel behütet und bewahrt; und das alles aus lauter väterlicher, göttlicher Güte und Barmherzigkeit, ohn' all mein Verdienst und Würdigkeit: für all das ich ihm zu danken und zu loben und dafür zu dienen und gehorsam zu sein schuldig bin. Das ist gewisslich wahr.«

Die eigentlichen Schöpfungsberichte Gen 2 (entstanden um 950 v.Chr.) und Gen 1 (entstanden um 550 v.Chr.) sind jeweils entstanden in Auseinandersetzung mit den Schöpfungserzählungen, die im Umfeld Israels existierten:

a) Als Jerusalem historisch durch die Eroberung Davids etwa im Jahr 1000 v.Chr. Eingang in die Geschichte Israels fand (2Sam 5), war die Stadt ein fremder Stadtstaat. Es lebten dort Menschen mit einem eigenen Glauben und einem eigenen Kult. Über diesen Kult wissen wir sehr wenig. Einzig die drei Verse in Gen 14,18–20 werfen ein kurzes Schlaglicht auf den Glauben der vorisraelitischen Jerusalemer. Dort wird die Begegnung des Priesterkönigs Melchisedek aus (Jeru-)Salem mit Abraham erzählt. Melchisedek preist Abraham im Namen des »höchsten Gottes (*el eljon*), der Himmel und Erde erschaffen hat«, und Abraham gibt ihm den Zehnten. Offenbar glaubten die Jerusalemer an mehrere Götter, sonst hätte das Attribut »höchster« in diesem Zusammenhang keinen Sinn. Und dieser höchste Gott war verantwortlich für die Schöpfung. Im vorliegenden Kontext ist es keine Frage, dass der Verfasser von Gen 14,18–20 diesen höchsten Gott mit dem Gott Abrahams identifiziert haben will. Glaubensgeschichtlich ist also davon auszugehen, dass die im vorisraelitischen Jerusalem existierenden Schöpfungsvorstellungen des dort verehrten »höchsten Gottes« auf den Gott Israels übertragen wurden. Die Schöpfungserzählung von Adam und Eva (Gen 2,5–3,24) wird dementsprechend einem Geschichtswerk zugeschrieben, das im davidisch-salomonischen Großreich, etwa um 950 v.Chr., entstanden sein muss.

b) Wesentlich jünger ist die Geschichte, wonach Jahwe die Welt in sieben Tagen erschaffen habe (Gen 1,1 – 2,4). Hier ist sich die Forschung einig, dass dieser Schöpfungsbericht in Abgrenzung zu den babylonischen Schöpfungsmythen entstanden ist, denen Israel im Exil (587–539 v.Chr.) begegnete. So überliefert ein babylonischer Schöpfungsmythos (um 1800 v.Chr.), dass die Erde von dem Gott Marduk aus dem von ihm besiegten Urdrachen Tiamat erschaffen worden sei:

> »Nun prallten sie aufeinander – Tiamat und Marduk. Hin und her wogte der Zweikampf, es umschloss sie die Schlacht. … Da schoss Marduk einen Pfeil ab, der durchschlug den Panzer ihres Leibes, zerfetzte ihren Bauch und spaltete ihr Herz. Da liegt sie, besiegt – er nahm ihr das Leben. Dann zerschlug Marduk Tiamat mit einer Keule und zerteilte ihren Leib.
>
> Eine Hälfte hob er empor und befestigte sie am Himmel. Aus der anderen Hälfte macht er die Erde mit ihren Wassern. Er teilte den Himmel in zwölf Zonen, zwölf Monate erhielt das Jahr. Den *Mondgott* ließ er leuchten bei Nacht, den *Sonnengott* bei Tag. Und Marduk ruhte aus von seinem Kampf und von seinem Werk der Schöpfung.
>
> Danach sprach er: ›Lasst uns Neues schaffen – den Menschen will ich bilden, ein Wesen, das uns Göttern *dienen* soll.‹ So schuf er aus Götterblut den Menschen. Marduk war der größte Gott, keiner der Götter war ihm gleich.«

Hier zeigt sich auch, wie modern im Grunde der Schöpfungsbericht in Gen 1 ist. Anders als im babylonischen Mythos hat die Schöpfung keine göttliche Qualität. Alles kommt zwar vom Schöpfer, aber die Schöpfung selbst ist nicht göttlich. Der Vergleich macht darüber hinaus deutlich: Der Mensch ist nicht zum Dienen, sondern zum Herrschen über die Schöpfung (in Verantwortung vor dem Schöpfer) da. Die Gestirne sind keine Götter, sondern lediglich Lichter, die die Zeit einteilen. Und letzten Endes zielt die Schöpfung theologisch auf die Einhaltung des Sabbat; diese wurde in der Zeit des Exils als Abgrenzungsmerkmal gegenüber der nichtisraelitischen Umwelt für die Exilierten ganz besonders wichtig.

Die Vorstellung, Jahwe habe die Welt erschaffen, ist also dem Jahweglauben erst sekundär zugewachsen. Zeitlich älter und im Grunde auch theologisch wichtiger ist die Vorstellung von Jahwe als Retter und Begleiter.

2.1.4 Gott, Schützer des Rechts

Aufgrund der Liebe Gottes zu seinem Volk soll das menschliche Zusammenleben dem »Solidaritätsgebot« Gottes entsprechen. Das Recht ist zu wahren, weil Jahwe seinem Volk ein Leben in Frieden und Freiheit (hebr. *schalom*) ermöglichen will. Die Sozialgebote schützen die grundlegenden Lebensrechte des freien Israeliten: physisches Leben, Recht, Ehe und Eigentum. Darüber wacht Jahwe als der Beschützer des Rechts. Der Schwache steht unter dem besonderen Schutz Gottes. Durch die vorexilischen Propheten (Amos [bes. Kap. 4 und 5], Hosea, Jesaja, Micha, Jeremia …) wird die kommende Katastrophe als Gericht Jahwes angekündigt, weil die Israeliten seine Gebote übertreten.

2.1.5 Gott – unverfügbar und heilig (transzendent)

Das Alte Testament spricht von der Heiligkeit und Unnahbarkeit Gottes. So wird Mose im Angesicht des brennenden Dornbuschs geboten, seine Schuhe auszuziehen (Ex 3,5f). Die Größe Gottes und seine Heiligkeit werden gepriesen in Jes 6,3: »Heilig, heilig, heilig ist der Herr Zebaoth«. Und schließlich verdeutlicht das Gebot der Bildlosigkeit (Ex 20,4f; Dtn 5,8f) die dem menschlichen Zugriff entzogene Heiligkeit Gottes. Die bildlose Verehrung ist in der Antike einzigartig. Deshalb befand sich – anders als in allen anderen antiken Tempeln im Jerusalemer Tempel – kein Götterbild.

2.2 Neues Testament

Das Neue Testament setzt das Alte Testament voraus. Von daher sind die bisher deutlich gemachten Aspekte auch für die neutestamentlichen Autoren in Gültigkeit. Die folgenden vier Aspekte wollen allerdings noch das spezifisch neutestamentliche Reden von Gott unterstreichen.

2.2.1 Die Nähe des kommenden Reiches Gottes (Jesus von Nazareth)

Das neutestamentliche Gottesverständnis wurzelt in der Botschaft Jesu von der Nähe des kommenden Reiches Gottes (Mk 1,15) und im gemeinschaftsstiftenden Verhalten Jesu zu den Menschen. Das »Reich Gottes« (auch übersetzbar mit »Königsherrschaft Gottes«) kündigt Jesus einerseits als schon gekommen an, andererseits als unmittelbar bevorstehend. Die beiden ältesten Quellen fassen übereinstimmend die Botschaft Jesu zusammen in der Formel: Nahe gekommen ist das Reich Gottes (Mk 1,15 / Lk 10,9). Das Reich Gottes ist außerdem Thema zahlreicher Gleichnisse und vieler Jesusworte aller synoptischen Schichten. Jesus hat den Begriff seiner Zuhörerschaft offenbar nicht erklären müssen; es ist also davon auszugehen, dass die Menschen damals etwas damit anzufangen wussten. In der Tat ist alttestamentlich die Vorstellung von Jahwes Königtum bzw. Königsherrschaft durchaus bekannt (vgl. nur die sog. »Jahwe-Königs-Psalmen« Ps 24,7–10; 29,9f; 68,17f.25 u.ö.).

Weil Jahwe König ist, ergreift Jesus Partei für die Schwachen und verspricht den Menschen, die an die Grenzen ihrer Möglichkeiten gelangt sind und Gott brauchen, dass Gott für sie da sein und ihnen in ihrem Leben neue Hoffnung schenken will (Mahl mit den Zöllnern in Mk 2,15–17; Seligpreisungen in Mt 5,1–12). Den Verlorenen und auch gesellschaftlich Deklassierten sagt Jesus das Heil zu. Dies wird besonders deutlich in der Sondergutüberlieferung des Lukas. In Lk 15 hat der Evangelist drei Gleichnisse vom Verlorenen (Groschen, Schaf, Sohn) gesammelt, und in Lk 19,1–10 macht die Geschichte vom Zöllner Zachäus diese Zuwendung Jesu zu den Ausgestoßenen und Verachteten in der Gesellschaft besonders deutlich.

»Reich Gottes« ist für den irdischen Jesus die Chiffre für umfassendes

Heil. Es beginnt im Kleinen und wächst immer weiter – wie dies im Senfkorngleichnis deutlich wird (Mk 4,30–32). In jedem Fall zeigen Worte und Taten Jesu, dass Gott das Heil der Menschen herbeiführen will und wird.

2.2.2 Zuspruch der Liebe Gottes (Paulus von Tarsus)

In Tod und Auferweckung des Christus sieht Paulus Gottes Handeln, das dem Glaubenden neues Leben ermöglicht: »Ist jemand in Christus, so ist er eine neue Kreatur; das Alte ist vergangen, siehe, Neues ist geworden« (2Kor 5,17). Gott hebt die trennende Macht der Sünde auf und spricht dem Glaubenden Gottes Gerechtigkeit zu: »Da wir nun gerecht geworden sind durch den Glauben, haben wir Frieden mit Gott durch unseren Herrn Jesus Christus … die Liebe Gottes ist ausgegossen in unsere Herzen durch den Heiligen Geist, der uns gegeben ist« (Röm 5,1.5). Durch Jesu Kreuz und Auferweckung schafft Gott nach Paulus das endzeitliche Heil der Menschen, das ihnen im Glauben an Jesus zugeeignet wird.

2.2.3 Der mitleidende Gott

Die Christusbekenntnisse des NT sprechen davon, dass Jesus als der von Gott Gesandte sich als Mensch unter die Bedingungen der Welt begab: »Jesus entäußerte sich selbst und nahm Knechtsgestalt an … Er erniedrigte sich selbst und ward gehorsam bis zum Tod, ja bis zum Tod am Kreuz« (Phil 2,7f). Die Urgemeinde versteht Jesus als leidenden Gottesknecht, der im Sinne von Jes 53 stellvertretend für alle Menschen stirbt (vgl. 1Kor 15,3). Sein Tod macht die Liebe Gottes zum Menschen sichtbar und zeigt die Solidarität Gottes mit den Leidenden dieser Welt. Besonders das letzte Wort Jesu am Kreuz nach Mk und Mt: »Mein Gott, mein Gott, warum hast du mich verlassen?« macht das Leiden Gottes am Kreuz Jesu deutlich. Und weil Gott in Jesus diese Gottverlassenheit selbst kennen gelernt hat, kann er Menschen beistehen, die sich ebenfalls von Menschen und Gott verlassen fühlen.

2.2.4 Der allmächtige Gott

Dass Gott allmächtig ist, ist eine relativ junge Überzeugung. Noch im AT findet sich dieses Attribut für Gott gar nicht, zumal dort in der Regel der Tod auch für Gott selbst eine unüberwindbare Grenze darstellt (s.u.). Die Bezeichnung *»El Schaddaj«*, die Luther in Gen 17,1 mit »allmächtiger Gott« übersetzt (vgl. auch Hi 27,10–11; 31,35), ist eine wahrscheinlich ursprünglich außerisraelitische Gottesbezeichnung. Erst in der Offenbarung des Johannes dringt die christliche Gemeinde zu der Überzeugung vor, Gott sei der Allherrscher, der Allmächtige (griech. *pantokrator*). Die bedrängten Gemeinden erfahren sich als Spielball der gottfeindlichen Mächte. In dieser Situation hält der Seher daran fest, dass Gott letzten Endes der Herr der Geschichte und der Welt ist. Er wird das Geschick der Seinen wenden. Und er kann es wenden, denn er ist »allmächtig«. Das Attribut hat also eine zutiefst tröstende Funktion: Gerade im Angesicht der Ungerechtigkeit der Welt bekennt die christliche Gemeinde ihren Gott als allmächtig. In der Gegenwart wird dieses Attribut häufig insofern gerne *gegen* Gott verwendet, als man den faktischen Weltzustand nicht mit Gottes Allmacht zu verbinden vermag – etwa in der Art: »Ich glaube nicht an Gott, denn ich habe zu viel von der Welt gesehen!« Diese Denkbewegung ist der neutestamentlichen Allmachtsvorstellung allerdings fremd.

2.2.5 Der trinitarische Gott

Die Trinitätslehre findet sich nicht im Neuen Testament, sie ist dort allenfalls angelegt. Ausgangspunkt hierzu war im Grunde die Überzeugung: Kein noch so vollkommener Mensch kann die Menschheit erlösen. Das muss Gott schon selbst machen. Von daher rückte man Jesus von vornherein (vgl. den vorpaulinischen Christushymnus in Phil 2,5–10) ganz nahe an Gott heran, ja machte ihn bereits neutestamentlich zu Gott selbst: Jesus wird angebetet wie Gott (1Kor 1,2). Jesus werden göttliche Attribute beigelegt wie der Titel »Herr«, der die Umschreibung von Gottes Namen ist (vgl. Phil 2,10 mit Jes 45,23). Jesus war vor seinem Erdenwandel bei Gott; das ist die sog. Präexistenz (Phil 2,6; vgl. Röm 8,3 und Gal 4,4, wo davon die Rede ist, dass Gott seinen Sohn gesandt hat). Daraus entwickelte sich die Überzeugung, dass Jesus schon vor seiner irdischen Existenz bei

Gott war. Zufolge Joh 1,1–14 ist Jesus das Wort Gottes, durch das alles erschaffen ist und das in die Welt gekommen ist (vgl. auch Kol 1,16). Zugleich muss Jesus aber auch ganz Mensch werden, damit auch wirklich die Versöhnung des Menschen mit Gott möglich wird.

Von daher stellte sich als Aufgabe für das nach-neutestamentliche christliche Denken: Wie lässt sich die göttliche Stellung Jesu mit dem *einen* Gott vereinbaren? Für das Neue Testament war Jesus Teilhaber Gottes vor aller Zeit, nicht bloß Werkzeug Gottes. Darum musste die Christenheit zurückfragen, wie Gott und Jesus sich von Ewigkeit her zueinander verhalten. Hinzu trat bald das Problem des Heiligen Geistes. Für die Urchristenheit war klar, dass auch der Heilige Geist von Gott kommt und ihn ganz zeigt.

Der Geist macht lebendig als Schöpfer (2Kor 3,6; 3,17).
Der Geist macht lebendig wie der Sohn (2Kor 3,17 mit Joh 8,36).
Der Geist geht vom Vater und Sohn aus und führt zu Jesus (Joh 14,26).

Hinzu kommen die trinitarischen Formeln (Mt 28,19: »Taufet sie auf den Namen des Vaters und des Sohnes und des Heiligen Geistes«; sowie 2Kor 13,13: »Die Gnade unseres Herrn Jesu Christi und die Liebe Gottes und die Gemeinschaft des Heiligen Geistes sei mit euch allen«), von denen die ältere (2Kor 13,13) bereits bei Paulus belegt ist.

Die Bibel zwingt also die frühen Christen dazu, das Verhältnis von Gott, Jesus und Heiligem Geist genauer zu bestimmen. Es sind Aussagen zu machen, die das Wesen Gottes betreffen, und nicht bloß Aussagen über Wirkungen Gottes in der Geschichte.

2.3 Zur nach-neutestamentlichen Ausgestaltung der Trinitätslehre

Tres personae – una substantia (»drei Personen, eine Substanz«) – diese Formulierung geht auf Tertullian zurück. Gott der Vater ist der Schöpfer, Gott der Sohn ist der Erlöser, Gott, der Heilige Geist ist der Heiligende. Diese Unterschiedenheit der Trinität nach ihren Werken nach außen legt sich durch das Nicaeno-Constantinopolitanum (besser bekannt als »Nicaenisches Glaubensbekenntnis« aus dem Jahr 381 n.Chr.) nahe.

Exkurs: Das Glaubensbekenntnis von Nicaea-Constantinopel (381)

Sowohl das Bekenntnis von Constantinopel (381) als auch seine Vorform, das Bekenntnis von Nicaea (325), hatten als dogmatischen Hintergrund den sog. »Arianischen Streit«. Arius, ein strenger Asket aus Alexandrien in Ägypten, vertrat die Meinung, Christus sei dem Wesen Gottes völlig unähnlich und fremd gewesen, nicht gleich ewig mit Gott, sondern ein Geschöpf Gottes, wenn auch das erste und höchste, von Gott aus dem Nichts erschaffen. Der Menschgewordene sei leidensfähig und wandelbar, blieb aber durch seinen freien Willen gut. Er dürfe von den Menschen zwar »Gott« genannt werden, war es aber nicht. Die Trinität besteht – so Arius – aus drei abgestuften Persönlichkeiten.

Gegen die theologische Überzeugung des Arius wendet sich bereits das Bekenntnis von 325. Dort wird – anders als im Bekenntnis von 381 – auch negativ bzw. abgrenzend formuliert:

> »... Diejenigen aber, die sagen: Es gab eine Zeit, zu der der Sohn Gottes noch nicht war, und dass er aus dem Nicht-Seienden geworden ist, oder die sagen, dass er aus einer anderen Natur oder einer anderen Wesenheit ist, oder dass der Sohn Gottes geschaffen, der Veränderung oder dem Wandel unterworfen ist – diese verdammt die allgemeine Kirche. Amen.«

Theologischer Hintergrund dieser Ablehnung der Theologie des Arius ist die Überzeugung, dass es Gott schon selbst sein müsse, der die Rettung der Menschheit ermöglicht. Deshalb habe Gott selbst auf die Erde kommen müssen, um die Seinen zu erlösen. Macht man sich diesen Streit als Hintergrund des Glaubensbekenntnisses von 381 bewusst, wird deutlich, weshalb so ausführlich und teilweise kompliziert – gerade im zweiten Artikel – formuliert wurde:

> »Wir glauben an den einen Gott, den Vater, den Allmächtigen, der alles geschaffen hat, Himmel und Erde, die sichtbare und die unsichtbare Welt.
>
> Und an den einen Herrn, Jesus Christus, Gottes eingeborenen Sohn, aus dem Vater geboren vor aller Zeit, Gott von Gott, Licht vom Licht, wahrer Gott vom wahren Gott, gezeugt, nicht geschaffen, eines Wesens mit dem Vater; durch ihn ist alles geschaffen.
>
> Für uns Menschen und zu unserem Heil ist er vom Himmel gekommen, hat Fleisch angenommen durch den Heiligen Geist von der Jungfrau Maria und ist Mensch geworden.
>
> Er wurde für uns gekreuzigt unter Pontius Pilatus, hat gelitten und ist begraben worden, ist am dritten Tage auferstanden nach der Schrift und aufgefahren in den Himmel.
>
> Er sitzt zur Rechten des Vaters und wird wiederkommen in Herrlichkeit, zu richten die Lebenden und die Toten; seiner Herrschaft wird kein Ende sein.
>
> Wir glauben an den Heiligen Geist, der Herr ist und lebendig macht, der aus

dem Vater und dem Sohn hervorgeht, der mit dem Vater und dem Sohn angebetet und verherrlicht wird, der gesprochen hat durch die Propheten und die eine heilige, allgemeine und apostolische Kirche. Wir bekennen die eine Taufe zur Vergebung der Sünden. Wir erwarten die Auferstehung der Toten und das Leben der kommenden Welt. Amen.«

Daraus wurde folgendes geschlossen: Die nach außen (auf die Menschen) gerichteten Werke der Trinität sind nicht teilbar, man kann sie also nicht einer Person der Trinität zuweisen und damit zugleich der anderen absprechen.

Die nach innen (auf die Gottheit selbst) gerichteten Werke der Trinität sind jedoch teilbar, denn die göttlichen Relationen sind das personbildende Moment im göttlichen Wesen. Nach innen gerichtete Werke sind die Zeugung des Sohnes durch den Vater und die Hauchung des Geistes durch Vater (und Sohn).

Zugleich gilt:

1) Die Perichorese (Durchdringung) – um die Einheit der Trinität deutlich machen zu können: Die trinitarischen Personen durchdringen sich gegenseitig. Die religiöse Zuwendung zu einer der Personen begegnet darum den anderen Personen mit. Hierdurch soll die Einheit Gottes betont werden.
2) Die Appropriation (Annäherung, Zueignung) – um die Unterschiedenheit der göttlichen Personen deutlich machen zu können: Einzelne göttliche Attribute werden einer Person der Trinität in besonderer Weise zugeeignet, z.B. die Schöpfung dem Vater, die Versöhnung dem Sohn und die Heiligung dem Heiligen Geist. Hierdurch soll die Unterscheidbarkeit der drei Personen deutlich werden.

Exkurs: Das Filioque-Problem

Dass der Heilige Geist nicht nur vom Vater, sondern »auch vom Sohn« (lat. *filioque*) hervorgeht, ist ein erst im 5. Jahrhundert belegter und somit späterer Zusatz zum Glaubensbekenntnis von 381. Die orthodoxe Kirche lehnt diesen Zusatz, der sich auf Joh 14,16f berufen kann, ab und betont, dass der Heilige Geist nur vom Vater ausgehe. Hintergrund dieses Streites ist, dass die orthodoxe Kirche mehr die Unterschiedlichkeit der drei Einheiten betont, während die westlichen Theologen mehr Gewicht auf die Einheit Gottes legen. Nach orthodoxer Lehre ist Gott der Vater der Ursprung von Sohn (Zeugung) und Geist (Hauchung). Dass der Geist aber »auch vom Sohn« ausgeht (der Filioque-Zusatz), ist im 13. Jahrhundert für die Westkirche zu einer Glaubenslehre erhoben worden und wird bis heute sowohl von der römisch-katholischen als auch von der evangelischen Kirche geteilt. Bei ökumenischen Gottesdiensten mit der orthodoxen Kirche empfehlen beide Westkirchen, auf den Zusatz »und vom Sohn« zu verzichten.

Fragen zum Weiterdenken:

1. Muss diese Unterscheidung nicht zum Tritheismus führen?
2. Tritt in den Werken nicht immer der dreieinige Gott in Erscheinung, wie umgekehrt die religiöse Verehrung allen drei Personen durch die Anbetung einer gilt?

2.4 Ausgewählte Gottesbilder christlicher Theologen

2.4.1 Martin Luther (1483–1546)

Nach Auffassung der mittelalterlichen Theologie (bes. der des Thomas von Aquin) konnte der Mensch mit Hilfe der Vernunft klar erkennen, dass es einen Gott gibt. Wer sehenden Auges durch die Welt geht, erkennt nach dieser Meinung die ordnende Hand des allmächtigen Gottes. Durch Gottes Selbstoffenbarung gelangt – so die mittelalterliche Theologie – die menschliche Erkenntnis zur Vervollkommnung, indem der Mensch das Wesen Gottes erkennen kann.

Martin Luther konnte diesem Konzept wenig abgewinnen. Zunächst scheint er die mittelalterliche Differenzierung aufzunehmen, indem er durchaus zugesteht, dass die Vernunft zu erkennen vermag, dass es einen Gott gibt. Aber diese partikulare Erkenntnis endet zufolge Luther in einer Sackgasse, da sich die Vernunft stets einen majestätischen, allmächtigen Gott konstruiert. Von daher treibt der menschliche Versuch, sich mit Hilfe vernünftiger Einsichten Gott zu nähern, den Menschen in die Verzweiflung, denn vor dem majestätischen Gott kann der unvollkommene Mensch nur erschrecken und flüchten. Biblisch begründet Luther seine philosophische Einsicht mit Jes 45,15 (»Fürwahr, du bist ein verborgener Gott …«). In diesem »verborgenen Gott« (*deus absconditus*) ruht zufolge Luther das Geheimnis, wie er in unbeugsamer

Härte Sünde, Tod und Teufel herrschen lassen, ja selbst ewige Verdammung über den Menschen aussprechen kann. Dies bezeichnet Luther auch als Gottes »uneigentliches« Werk.

Für den Menschen wichtig ist jedoch allein der in Christus offenbare Gott (*deus revelatus*). In Jesus hat sich Gott als der geoffenbart, der nicht den Tod, sondern das Leben des Sünders will. Und von hier aus ergibt sich nach Luther ein völlig neuer Einblick in das Wesen Gottes: Gott ist nämlich nie ein in sich ruhender Wille. Von Christus her gesehen ist der Wille Gottes die Liebe. Sie ist sein Wesen, die Grundursache der Schöpfung, Versöhnung und Erlösung. Alles, was geschaffen ist (Himmel, Erde und alle Lebewesen), zeugt von diesem Gott. Im offenbaren Gott zeigt sich Gottes eigentliches Werk. Der Glaubende soll sich immer an den in Christus geoffenbarten Gott halten, der ihm Hilfe, Trost, Stärkung und Gewissheit vermitteln kann. Nur in Jesus Christus wird dieses Wesen Gottes offenbar als solches, das die Menschen grundlos liebt.

Für die Theologie heißt das: Christliches Reden von Gott kann von Gott also nicht ohne Weiteres als von einem majestätisch erhabenen, sondern muss von dem am Kreuz machtlosen Gott reden. Von Gottes Allmacht kann nicht die Vernunft, sondern nur der Glaube als »Glaube wider den Augenschein« reden. Denn »augenscheinlich« ist Gott ohnmächtig – aber gerade diese Ohnmacht im Kreuz Christi zeigt nach Luther Gottes Liebe zu den Menschen.

2.4.2 Dietrich Bonhoeffer (1906–1945)

In seinen Briefen aus dem Gestapo-Gefängnis, die nach seinem Tod 1945 von Eberhard Bethge herausgegeben wurden, betrachtet Bonhoeffer seine eigene Lage immer wieder auf dem Hintergrund seines Glaubens. Von daher zeigt sich ein ganz profiliertes Gottesbild.

Bonhoeffer möchte von Gott nicht an den Grenzen, sondern in der Mitte des Lebens sprechen. Er ist davon überzeugt, dass Gott in den geschichtlichen Tatsachen begegnet. Das heißt für ihn: Durch alles, was mit dem Menschen geschieht, gibt es einen Zugang zu Gott.

Er weiß die Welt »in den *zornigen* und *gnädigen* Händen Gottes«. Dieser Ausdruck macht deutlich: Bonhoeffer unterscheidet – ähnlich wie Luther – zwei grundlegende Aspekte Gottes. Für ihn ist die Allmachtsvorstellung eine menschliche Vorstellung, die menschliche Maßstäbe auf Gott anzuwenden versucht, die letzten Endes aber nicht weiterführt.

Zornig ist Gott über das Böse, das Menschen einander antun.

Gnädig ist er, weil er – allem Augenschein zum Trotz – die Seinen stärkt und beschützt. Gott gibt den Menschen nach Bonhoeffer zu wissen, dass sie leben müssen als solche, die mit dem Leben ohne Gott fertig werden, als Menschen, die leben müssen *etsi deus non daretur* (»als ob es Gott nicht gäbe«): »Der Gott, der mit uns ist, ist der Gott, der uns verlässt (Mk 15,34)! Der Gott, der uns in der Welt leben lässt ohne die Arbeitshypothese Gott, ist der Gott, vor dem wir dauernd stehen. Vor und mit Gott leben wir ohne Gott. Gott lässt sich aus der Welt herausdrängen ans Kreuz, Gott ist ohnmächtig und schwach in der Welt und gerade und nur so ist er bei uns und hilft uns. Es ist Matth. 8,17 ganz deutlich, dass Christus nicht hilft kraft seiner Allmacht, sondern kraft seiner Schwachheit, seines Leidens!«

Hier zeigt sich Bonhoeffer wieder ganz als lutherischer Theologe. Der Schwerpunkt seines Gottesbildes liegt auch bei ihm nicht in einer irgendwie vorgestellten Allmacht Gottes, sondern in Jesus Christus und dessen Leiden am Kreuz. Hier zeigt sich für ihn das Wesen Gottes: »Es kommt wohl alles auf das ›in Ihm‹ an. Alles, was wir mit Recht von Gott erwarten, erbitten dürfen, ist in Jesus Christus zu finden. Was ein Gott, so wie wir ihn uns denken, alles tun müsste und könnte, damit hat der Gott Jesu Christi nichts zu tun … Wenn die Erde gewürdigt würde, den Menschen Jesus Christus zu tragen, wenn ein Mensch wie Jesus gelebt hat, dann und nur dann hat es für uns Menschen einen Sinn zu leben«.

Fragen zum Weiterdenken:

1. »Hilf dir nun selber und steige vom Kreuz herab!« Das fordern die Vorübergehenden von Jesus, der am Kreuz hängt. Welche Rolle spielt es für das christliche Gottesbild, dass Gott es zulässt, dass sein Sohn gekreuzigt wird?
2. Welchen Sinn hat die Rede von Gottes Allmacht?
3. Was meint Bonhoeffer, wenn er davon spricht, dass die Menschen in der Welt leben, als gäbe es Gott gar nicht, und dass Gott dies zulässt?

3

Die Frage nach der Erkenntnis der Wahrheit und der Umgang mit Andersgläubigen (Toleranz)

3.1 Einleitung

Zweifellos nehmen Menschen Begebenheiten teilweise völlig unterschiedlich wahr. Ein Experiment aus dem Jahr 1901 wies dies überzeugend nach. Während einer Vorlesung am Mittwoch, 4. Dezember 1901, am kriminalistischen Seminar der Universität Berlin fand während einer Vorlesung von Professor Franz von Liszt ein (inszenierter) Mord statt. Nach einem etwa 45 Sekunden dauernden lauten Wortwechsel »erschoss« ein Student seinen Nebenmann. Bei der anschließenden Befragung der »Zeugen« stellte man fest, dass es mit deren Wahrnehmung nicht zum Besten stand. Viele behaupteten Dinge, die überhaupt nicht vorgekommen waren. Es wurden dabei nicht nur den Kontrahenten erdachte Worte in den Mund gelegt, sondern zum Beispiel auch behauptet, dass der eine vor dem anderen geflohen sei, obwohl beide stehengeblieben waren. Dieses Experiments zeigt zweifellos: Subjektive Erkenntnis kann in die Irre führen. Objektive Erkenntnis scheint es nicht zu geben.

3.2 Vorstellungen der Erkenntnisfähigkeit des Menschen innerhalb der Philosophie

3.2.1 Die griechische Aufklärung

Etwa ab 450 v.Chr., bedingt durch starke politische Bewegungen und Veränderungen, wohl auch durch die bisherige Entwicklung des philosophischen Denkens, gerät das Gefüge überlieferter Normen in die Krise. Sie ist zunächst durch eine Tendenz auf Relativierung der Normen überhaupt gekennzeichnet. Geistige Repräsentanten dieser Tendenz sind die Sophisten. Das sind Wanderlehrer, die gewerbsmäßig Volksbildung und Volksaufklärung betreiben sowie Wissen und die Kunst rhetorischer Praxis vermitteln.

Als bedeutendste Vertreter gelten Protagoras und Gorgias. Sie befruchten das philosophische Denken durch die Entwicklung neuer Probleme, mit denen bisher Selbstverständliches in Frage gestellt wird:

- Das Wahrheitsproblem (angeregt durch den Pluralismus und die inneren Widersprüche der kosmologischen und ontologischen Theorien der bisherigen Philosophie): Ist eine Erkenntnis des Wirklichen, wie es sich »an sich« verhält, überhaupt möglich? These: Es gibt keine Erkenntnis objektiver Wahrheit – jeder Mensch sieht die Welt durch die Brille seiner subjektiven Eigenart. Protagoras: »Der Mensch ist das Maß aller Dinge« – gemeint ist das Maß dessen, wie ihm die Dinge erscheinen.
- Das Normproblem (angeregt durch das Brüchigwerden bisher heiliger Ordnungen infolge der politischen und gesellschaftlichen Veränderungen). These: Die Gesetze sind nicht göttlich sanktionierte Normen, sondern von Menschen gemacht, Interessen dienend, daher zu kritisieren und zu verändern. Sie gelten nicht von Natur aus (*physei*), sondern kraft der Satzung der Mächtigen (*thesei*).

Was ist dann überhaupt das ethisch Verbindliche?

- Bisher war es dasjenige Verhalten, auf das der Mensch allgemein durch seine Natur hingewiesen ist (erstes Auftreten des Naturrechtsgedankens).
- Infolge der relativistischen Infragestellung allgemein verbindlicher menschlicher Erkenntnisse (siehe Wahrheitsproblem) bleibt für eine radikale Gruppe der Sophisten als der allgemeinen Natur des Menschen entsprechende Norm nur das Recht des Stärkeren, das ihm Angemessene durchzusetzen.

Damit sind als neue Themen in die philosophische Bewegung eingebracht:

- Erkenntnistheorie: Frage nach den Möglichkeiten und Grenzen des menschlichen Erkennens (das Wahrheitsproblem)
- Ethik: Frage nach den verbindlichen Normen menschlichen Verhaltens. Der Mensch wird jetzt selbst Thema der Philosophie. Zugleich konnte die subjektivistische Beantwortung der ethischen Frage durch die Sophisten nicht befriedigen; doch sie gab Anstoß für ein tieferes Durchdenken der neuen Probleme durch die großen Philosophen der Folgezeit.

Tatsächlich ist die Überzeugung der Sophisten im Jahr 1970 durch ein Experiment geradezu verifiziert worden. Dr. Myron L. Fox, angeblich eine Kapazität auf dem Gebiet der Anwendung von Mathematik auf menschliches Verhalten, hielt vor Angehörigen der University of Southern California School of Medicine einen Vortrag zu dem Thema: »Die Anwendung der mathematischen Spieltheorie in der Ausbildung von Ärzten«. Die Zuhörerinnen und Zuhörer stellten nach dem einstündigen Vortrag interessiert Fragen und gaben auf dem Beurteilungsbogen an, das Referat habe sie zum Denken angeregt. Viele fanden außerdem, Dr. Fox habe das Material anschaulich geordnet und interessant vermittelt.

Das Problem dabei war allerdings: Der Referent war der Schauspieler Michael Fox, der mit Hilfe der Initiatoren dieses Experiments John E. Ware, Donald H. Naftulin und Frank A. Donelly so lange an dem Vortrag gearbeitet hatten, dass jede Substanz aus diesem verschwunden war und das Referat nur noch aus unklarem Gerede, erfundenen Wörtern und widersprüchlichen Feststellungen bestand – dargeboten allerdings mit viel Humor und sinnlosen Verweisen auf andere Arbeiten. Durch den Beurteilungsbogen der Zuhörer wurde erwiesen, dass man mit Hilfe einer brillanten Vortragstechnik selbst Fachleute hinters Licht führen konnte.

Fragen zum Weiterdenken:

1. Wenn ein Schauspieler ein besserer Dozent ist, warum nicht auch ein besserer Staatschef?
2. Wie leicht lässt sich die Öffentlichkeit hinters Licht führen?
3. Wie schwer wiegen die Argumente noch, wenn tatsächlich die Virtuosität der Vortragstechnik entscheidend ist?

3.2.2 Sokrates (470–399 v.Chr.)

Seine Persönlichkeit und die Art und der Ernst seines Philosophierens haben unauslöschlichen Eindruck gemacht und spiegeln sich lebendig in den Schriften seiner Schüler, vor allem Platons. Von ihm selbst ist nichts Schriftliches überliefert.

Sein Thema ist nicht die Kosmologie, sondern der Mensch, und zwar die Frage nach dem Rechtsein und Rechtverhalten des Menschen. Er teilt mit den Sophisten die kritische Einstellung gegenüber dem bloßen Anschluss an Herkommen und Meinung, nicht aber ihren Relativismus und teilweisen ethischen Zynismus. Vielmehr ist er überzeugt, dass wir durch Selbstbesinnung zur Einsicht in gültige Prinzipien kommen können.

Seine Methode ist die Diskussion: Herausarbeitung der Einsicht in das Wesen ethischer Werte und Normen durch gemeinsames Fragen, Antworten, kritisches Überprüfen vorläufiger Antworten, erneutes Fragen. Vorausgesetzt wird von Sokrates, dass ethische Einsicht in der Vernunft angelegt, aber oft durch Leidenschaft, Gedankenlosigkeit und herrschende Meinungen verschüttet ist. Ziel des Dialogs ist nicht die bloße Belehrung des Schülers durch den Lehrer, sondern die Erweckung der selbsttätigen Einsicht des Partners (»maieutische«, d.h. Hebammen-Methode).

Religiöser Hintergrund dieses Philosophierens:

Sokrates versteht die in der Vernunft angelegte Einsicht in die ethische Forderung als den Willen der Gottheit, die im Gewissen des Menschen spricht und mit dem in Einklang zu leben die wahre Bestimmung des Menschen ist. Somit fällt vernünftige Besinnung in eins mit Gewissensbildung und Gewissenserforschung.

Sokrates vertritt auch die Überzeugung, dass die Erweckung der Einsicht in das Rechte auch zum Tun des Rechten führt. Denn jeder Mensch strebt nach Eudämonie (Glückseligkeit, seelisches Wohlbefinden), und niemand kann diesem Streben mit Wissen und Willen zuwiderhandeln. Die wahre Eudämonie des Menschen ist aber das Leben im Einklang mit dem göttlichen Willen und dem eigenen Gewissen. Wer in die Einsicht dessen gelangt ist, wird auch entsprechend handeln.

Fragen zum Weiterdenken:

1. Kann christliche Theologie die Auffassung übernehmen, dass der Wille Gottes im Gewissen jedes Menschen spricht?
2. Kann christliche Theologie die Überzeugung des Sokrates teilen, dass vernünftige Besinnung der Weg zur Erkenntnis des Willens Gottes ist?
3. Kann christliche Theologie die Überzeugung teilen, dass Einsicht in das Rechte zum Tun des Rechten führt?

3.2.3 Platon (427–347 v.Chr.)

Platon stammt aus eine vornehmen Familie Athens. Als junger Mann von Sokrates tief beeinflusst gründet er nach dem Tod des Sokrates in Athen die »Akademie« – eine philosophische Forschungs- und Lebensgemeinschaft. Er übt dort als Leiter die Lehrtätigkeit aus – unterbrochen nur durch zwei Reisen nach Syrakus, wo er den misslingenden Versuch unternimmt, den dortigen Herrscher für politische Reformen im Sinne seiner Philosophie zu gewinnen.

Die Schriften Platons haben die Form von Dialogen. Dies spiegelt die diskutierende Methode des Sokrates wider.

Platon nimmt die Frage des Sokrates nach den gültigen Maßstäben für das Rechtsein und Rechtverhalten des Menschen auf, erweitert sie aber über die Besinnung auf ethische Grundnormen hinaus auf das Streben nach wahrer Erkenntnis des Wesens der Dinge überhaupt und übt von daher scharfe Kritik an dem Relativismus der Sophisten.

Platon übernimmt die von Sokrates eingeschlagene Methode und baut sie aus: fortschreitend sich vertiefendes und korrigierendes Definieren von Allgemein-Begriffen (z.B. was heißt und ist »Gerechtigkeit«, »Tapferkeit« usw.). Im Begriff soll das normative »Wesen« der Dinge erfasst werden und so der Maßstab für den Umgang mit ihnen gewonnen werden.

Dabei liegt eine eigentümliche Voraussetzung zugrunde: Die Begriffe sind nicht nachträgliche Konstruktionen, die der Mensch bildet, um seine empirischen Erfahrungen zu ordnen, sondern vorgegebene Gehalte, deren genauen Gehalt wir aufzufinden haben aufgrund dessen, dass sie sich von ihnen selbst her in unserem Denken melden. Nur mit dieser Voraussetzung konnte Platon dem Subjektivismus der Sophisten entgehen.

In diesem Zusammenhang formuliert Platon zur Veranschaulichung sein »Höhlengleichnis« aus dem Traktat »Der Staat«, Buch 7: Er stellt sich die Menschen vor, als säßen sie gefesselt in einer Höhle und würden in Richtung der Höhlenwand blicken. Wegen ihrer Fesselung könnten sie auch nicht den Kopf drehen, sondern würden nur stumpfsinnig in die eine Richtung blicken. Hinter ihnen ist eine Mauer und oberhalb dieser würden Gegenstände gehalten. Aufgrund des Lichteinfalls eines Feuers erkennen die Gefesselten nach Platon die Schatten der Gegenstände an der Höhlenwand und hören das Echo der sich unterhaltenden Menschen hinter ihnen. Angenommen, es wird einer von den Gefesselten aus seinen Fesseln befreit und gezwungen, sich umzudrehen, dann wird er wegen des Lichtes, das den Schatten wirft und in das er jetzt blickt, Schmerz empfinden und sich wieder zu den Gefesselten setzen wollen. Er wird meinen, die vorhin geschauten Schattengestalten hätten mehr Realität als die, welche er jetzt gegen das Licht sieht. Platon will damit deutlich machen: Was die Menschen sehen, sind bloß Schatten, und was sie hören, ist bloß das Echo. Sie meinen aber, das sei die Realität; dabei ist alles, was die Menschen mit den Sinnen wahrnehmen, lediglich Hinweis auf etwas Reales. Allein der Philosoph kann sich mit Hilfe seiner Vernunft von den Fesseln befreien, ins Licht schauen und schließlich die Höhle sogar verlassen, um letzten Endes die »wirkliche Realität« auch außerhalb der Höhle zu erkennen.

Die Ideenlehre Platons erwächst aus der Frage: Woher kommen die Begriffe, die das Wesen aussagen, und wie kommt es, dass wir sie denken können?

Sie können nach Platons Meinung weder etwas sein, was in den empirischen Dingen selbst liegt und was wir aus ihnen herauslesen; denn dies sind wandelbare Erscheinungen, die niemals dem Wesen, das wir im Begriff erfassen, genau entsprechen; noch können sie etwas sein, was der Mensch aus sich selbst heraussetzt; denn der Mensch ist irrtumsfähig und ebenfalls wandelbar in seinen Meinungen.

Platon zieht daraus folgenden Schluss: Das Wesen, das im Allgemeinbegriff angesprochen wird, existiert unabhängig von seinen mit menschlichen Sinnen wahrnehmbaren »Schatten an der Höhlenwand«. Oder anders gesagt: Es gibt nach Platon neben dem mit Augen und Ohren Wahrnehmbaren ein Reich von unveränderlichen, in sich vollkommenen geistigen Realitäten. Diese nennt er »Ideen«.

Dabei nimmt er so viele Ideen an, als die Sprache Gattungsbegriffe bildet (also nicht nur Ideen moralischer Werte wie »Gerechtigkeit«, sondern auch z.B. die Idee des »Menschen«, des »Pferdes« usw.).

Die Ideen sind hierarchisch geordnet. An ihrer Spitze steht die Idee des Guten. Sie ist der schöpferische Grund des Seins aller anderen Ideen wie auch der Körperwelt. Sie wird mit der Gottheit gleichgesetzt.

Platon kommt so zu einer dualistischen Ontologie (= Lehre vom Sein): Das Reich der Ideen und die sinnliche Erfahrungswelt der körperlichen Gebilde in Raum und Zeit stehen sich gegenüber als zwei getrennte Arten von Wirklichkeit, wobei das Ideenreich »wirklicher« ist als das sinnlich Greifbare und Erfahrbare.

Die Ideen als die vollkommenen und unwandelbaren Urbilder von allem sind das »eigentlich Seiende«. Die Gegenstände und Vorgänge der Körperwelt als die unvollkommenen und wandelbaren Abbilder der Ideen »sind« nicht eigentlich, sondern sie werden und vergehen.

Der Mensch soll sich durch denkende Bemühung in die Schau der Ideen vertiefen und so die Maßstäbe gewinnen für ein Handeln im empirischen Bereich, das dessen Bestimmung, Abbild der Ideen zu sein, möglichst gerecht wird. Die Idee des Guten nennt Platon »überseiend«, noch »jenseits des Seins« (auch des Seins der anderen Ideen).

3.2.4 »Realismus« oder »Nominalismus«

Das oben kurz zusammengefasste »Höhlengleichnis« zeigt (lange vor der Erfindung des Fernsehers oder des Computers): Zufolge Platon kann der Mensch mit seinen fünf Sinnen nur Schatten und Echo wahrnehmen. Allerdings meinen diese Schattenbetrachter und Echohörer – im Grunde genauso wie diejenigen, die viel fernsehen oder ständig auf einen Computer-Bildschirm blicken –, dass das, was sie wahrnehmen, die Realität sei. Doch nach Platon sind die Wahrnehmungen durch die fünf Sinne lediglich Hinweis auf etwas Reales. Dieser vorgestellten Realität kann man sich – so Platon – nur denkerisch nähern.

Diese Denkbewegung Platons wurde von der mittelalterlichen Theologie bereitwillig übernommen: Das mit den Sinnen Wahrnehmbare ist – so meinte man – lediglich der Hinweis auf die Realität. Diese Einstellung nannte man »Realismus«.

Der Realismus fasste die *universalia* als *res*, d.h. die universalen, allgemeinen Dinge als wirklich existierend auf; der Grad der Realität steigert sich mit dem Grad der Allgemeinheit. Je näher die Dinge der Gottheit sind, desto mehr »Sein« haben sie. Das Absolute, Gott, ist damit zugleich das Allerrealste.

Tatsächlich spielt diese Art zu Denken in der Philosophie eine herausragende Rolle. So schlägt der Philosoph Roger-Pol Droit folgendes philosophisches Alltagsexperiment vor: Man solle einmal versuchen, einen Apfel im Kopf zu schälen. Dabei werde man merken, wie schwierig es sei, die Außenwelt in unserem Kopf zu reproduzieren. Droit meint, der Versuch werde deutlich machen, dass man das in der Regel auf Anhieb gar nicht schafft. Der Apfel würde beim Schälen Farbe und Form wechseln, ebenso wie die Art des Messers sich ändere, die Bewegungen würden abgehackt und die Bilder stockend. Erst nach mehrfacher Wiederholung würde »das Ergebnis« besser werden. Zufolge Droit führt das Experiment vor Augen, wie wenig sich die Vorstellung mit der Außenwelt deckt und wie schlecht unser Geist in der Lage sei, die von den Sinnen vermittelte Außenwelt richtig zu behalten und wiederzugeben – ganz im Gegensatz zu dem, was er sich vorstellt. Bleibt die Frage, was wirklich real ist: die von den Sinnen wahrgenommene Außenwelt oder die Vorstellung des Menschen?

Die dem »Realismus« entgegengesetzte Geisteshaltung ist der Nominalismus. Der Nominalismus lehrte *universalia post res*; die Gattungsbegriffe sind also bloße Abstraktionen des Verstandes (*nomina*), nur die individuellen Einzeldinge sind »real«, wahrhaft wirklich.

Exkurs: Die »Gottesbeweise« der mittelalterlichen Theologie und ihre Problematik

1. Die fünf Wege zu Gott bei Thomas von Aquin (1225–1274):

a) Alles auf der Welt ist in Bewegung und wird von einer Ursache bewegt. Der Rückschluss auf das Unendliche ist ausgeschlossen. Deshalb muss Gott der erste Beweger, der unbewegte Beweger sein.

b) Jedes Ding hat eine Ursache. Auch hier sei ein Rückschluss auf das Unendliche ausgeschlossen. Gott ist die erste Ursache von allem.

c) Nichts auf der Welt existiert aus Notwendigkeit. Es muss aber etwas geben, das notwendig ist. Und dieses einzig Notwendige ist Gott.

d) Alle Dinge sind in abgestufter Weise vollkommen. Es muss etwas geben, was gänzlich vollkommen ist: Gott.

e) Alle Vorgänge auf der Welt sind zielgerichtet. Und das letzte Ziel aller Dinge ist Gott.

2. Der ontologische Gottesbeweis des Anselm von Canterbury (1033–1109):
Nach Anselm ist »Gott« das vollkommenste Wesen, über dem nichts Vollkommeneres gedacht werden kann. Angenommen, dieser Gott könne nur gedacht werden, würde aber nicht existieren. Dann könnte man sich aber ein Wesen vorstellen, das noch vollkommener wäre, nämlich ein Wesen, das zusätzlich zur Vorstellung noch die Kategorie »Existenz« hätte. Deshalb »muss« Gott existieren. Oder anders gesagt: Das wirklich Vollkommene kann nur als existierend gedacht werden, seine Existenz folgt aus seinem Begriff.

3. Weitere »Gottesbeweise«:
a) Der Gottesbeweis *e consensu gentium* (»aus der Übereinstimmung der Völker«): Jedes Volk glaubt unabhängig voneinander an einen oder mehrere Götter. Das spricht dafür, dass es (mindestens) einen Gott geben muss.
b) Der physiko-theologischer Gottesbeweis: Die Ordnung und Schönheit der Welt spricht dafür, dass es eine ordnende Schöpferhand geben muss. Gott existiert also.

4. Zur Problematik der Gottesbeweise:
a) Sie setzen im Grunde eine geordnete, heile Welt voraus. Sofern man sich auf den Standpunkt stellt, die Welt wäre ein Chaos, in welchem nur das Recht des Stärkeren gilt, sind die meisten Gottesbeweise nicht mehr einsichtig.
b) Tatsächlich setzen die Gottesbeweise im Grunde den Glauben an Gott voraus. Nur wer an den Schöpfergott glaubt, erkennt Gottes ordnende Schöpferhand in der Welt.
c) Die fünf Wege des Thomas von Aquin »funktionieren« nur, wenn man einen Rückschluss ins Unendliche (*regressus ad infinitum*) ausschließt.
d) Den Menschen der Gegenwart sind die Gottesbeweise aber vor allem deshalb nicht mehr einsichtig, weil sie keine »Realisten« im Sinne von Platon sind. Das heißt: Das naturwissenschaftliche Weltbild hat uns gelehrt, dass die Dinge, die wir (auch mit Hilfsmitteln wie Geigerzähler, Fernglas, Mikroskop, Radio, Fernseher, etc.) mit unseren Sinnen wahrnehmen können, real sind. Sie sind nicht – wie noch Platon gemeint hat – lediglich Hinweis auf etwas Reales. Mit anderen Worten: Der heutige Mensch ist nach philosophischem Sprachgebrauch nicht »Realist«, sondern »Nominalist«. Deshalb ist für ihn Gott möglicherweise nur eine Abstraktion des Verstandes.
e) Zu fragen ist darüber hinaus, welcher Gott durch die Gottesbeweise eigentlich bewiesen wird. Es ist eher ein Garant der bestehenden wohlgeordneten Welt. Aber der Gott der Bibel stellt sich im Grunde ganz anders dar: als Retter, Begleiter, Schützer und Bewahrer, vor allem aber als Handelnder. Selbst die Schöpfung wird in der Bibel nicht verstanden als ein einmaliger vorzeitlicher Akt, sondern als dauernde Erhaltung der Welt. Diesen Gott können die Gottesbeweise auf keinen Fall einsichtig machen.
f) Vgl. auch Immanuel Kants Kritik der Gottesbeweise im folgenden Abschnitt.

3.2.5 Zur Erkenntnisfähigkeit des Menschen bei Immanuel Kant (1724–1804)

Kants Denken ist einerseits einer auf sicheren Fundamenten stehenden Wissenschaft, besonders dem unbegrenzten und methodisch gesicherten Vorgehen der exakten Naturwissenschaft verpflichtet, andererseits aber ebenso den »übersinnlichen« Anliegen des menschlichen Geistes, die er in die Stichworte »Gott, Freiheit, Unsterblichkeit« zusammenfasst und vor allem unter dem Gesichtspunkt der Begründung eines unbedingt verpflichtenden Ethos versteht. Beides sieht Kant durch die neue Entwicklung in Frage gestellt. Wie kann exakte Wissenschaft aus dem Relativismus gerettet werden und können andererseits jene »übersinnlichen« Anliegen, die Kant sogar für »die höchsten Anliegen der Menschheit« erklärt, aus der Skepsis gerettet werden.

Kant fasst dieses doppelpolige Interesse in die Grundfrage: Wie sind überhaupt unbedingt und allgemein gültige Erkenntnisse möglich, die nicht nur an Sinneserfahrung abgelesen sind? M.a.W.: »Wie sind synthetische Urteile apriori möglich?« Oder anders ausgedrückt: Wie sind erfahrungsunabhängige Sachverhaltsurteile möglich? Nach dem empiristischen Prinzip sind solche Urteile eben nicht möglich.

Kant meint dagegen: In mindestens einem Wissenschaftsgebiet sind sie wirklich und werden von niemandem bestritten. Tatsächlich können wir das Material unserer Erkenntnis der Außenwelt nur je aus konkreter Erfahrung empfangen. Dennoch ist all unser Wissen keineswegs nur ein statistisches und jederzeit überholbares Registrieren von Eindrücken. Es gibt Mathematik, in der tatsächlich erfahrungsunabhängige und durch keine Erfahrung umstoßbare Sachverhalte formuliert werden. Und besteht nicht Naturwissenschaft darin, dass sie Mathematik auf das Material der sinnlichen Naturerfahrungen anwendet, die sie also in die apriorische Gültigkeit mathematischer Formen hineinordnet und auf diesem Weg ihrerseits zu allgemeingültigen Aussagen über die Natur kommt?

Kant fragt sich also, wie Mathematik und Naturwissenschaft überhaupt möglich sind? Wie sind die in diesen Wissenschaften enthaltenen Elemente un-bedingter, erfahrungsunabhängiger Erkenntnis möglich?

Kants Lösungsvorschlag: Da das Unbedingte nicht aus dem Material der durch die Sinne vermittelten Welterfahrung in uns hineinkommen kann, kann es nur in Strukturen des Funktionierens der Vernunft selbst zu suchen sein, die dieses Material »bearbeitet«. Kant denkt also an innere Formungsprinzipien der Vernunft, die den durch die Sinne vermittelten Welteindrücken ihre Formung verleihen.

Es ist also die alle geordnete Erfahrung erst ermöglichende Struktur der Vernunft zu erforschen. Deshalb schreibt Kant den Traktat »Kritik der reinen Vernunft« (1781).

In dieser Schrift fragt er sich: Welches sind die in der Vernunft selbst vorgegebenen Bedingungen für das Zustandekommen theoretischer Welterkenntnis?

1. Raum: Der Raum ist kein äußerer Behälter, in dem die Dinge »drin« sind, sondern das der anschauenden Vernunft immanente Koordinatensystem, in dem sie die Sinneseindrücke unwillkürlich ordnet (und ordnen muss, um überhaupt etwas wahrnehmen zu können).
2. Zeit: Auch sie ist kein äußerer Behälter, in dem die Dinge »hintereinander herlaufen«, sondern eine weitere Dimension des der anschauenden Vernunft immanenten Koordinatensystems, in das sie die Eindrücke einordnet. Raum und Zeit zusammen sind die »apriorischen Formen der Anschauung«.
3. Es gibt noch weitere »apriorische Kategorien des Verstandes«, durch die der Mensch Zusammenhänge unter den in Raum und Zeit geordneten Einzeleindrücken erkennt. Damit sind jene Grundbegriffe gemeint, die die »rationalistischen« Systeme als Abdrücke der realen Struktur des Seins aufgefasst hatten. Also z.B. »Substanz und Eigenschaft«, »Ursache und Wirkung« usw. Kant hält an der grundlegenden Rolle dieser Kategorien für jedes geordnete Weltbild fest. Aber auch sie versteht er nicht mehr als von außen kommend als Abdrücke von realen Seinsstrukturen, sondern als von innen, d.h. von der erkennenden Vernunft selbst herangebrachte Schemata zur Ordnung der Sinneseindrücke in Zusammenhänge.

»Substanz« ist demnach nicht etwas, was in den Dingen »drinsteckt«, sondern ein der Vernunft innewohnendes Schema, Sinneseindrücke in Einheiten zu gliedern. »Ursache« und »Wirkung« sind nicht etwas, was Dinge im Verhältnis zueinander sind, sondern ein der Vernunft innewohnendes Schema, die Einheiten, in die sie die Sinneseindrücke gliedert, miteinander in Zusammenhang zu bringen.

Die apriorischen Formen der Anschauung zusammen mit den apriorischen Kategorien des Verstandes machen Naturwissenschaft, d.h. Erkenntnis der Natur als eines gesetzmäßig geordneten mathematisch formulierbaren Zusammenhangs möglich. Das inhaltliche Material, das in solcher Erkenntnis geordnet wird, geben die Sinneseindrücke.

Daraus folgen zwei Konsequenzen:

- Eine theoretisch begründete und beweisbare erfahrungsunabhängige Erkenntnis übersinnlicher Wirklichkeit ist tatsächlich nicht möglich. Erstens geben die Begriffe (z.B. »Ursache und Wirkung«) keine wirklichen Außenwelt-Strukturen wieder, sondern sind Ordnungsformen der Vernunft. Und zweitens sind sie Verstandesformen zur Ordnung empirischer Sinneseindrücke, d.h. sie laufen ins Leere, wenn man sie über diese hinaus auf Übersinnliches richten will.
- Das, was wir theoretisch erkennen können, ist nicht Wirklichkeit wie sie »an sich« ist, sondern immer nur das gemäß der apriorischen Struktur unserer Vernunft gestaltete Erscheinungsbild dieser Wirklichkeit. Wie sich das, was uns so erscheint, »an sich« verhält, wissen wir nicht. Die theoretische Vernunft muss also jenseits ihrer Möglichkeit, dieses Erscheinungsbild zu erfassen, ein Feld des Unbekannten freilassen. In dieses Feld des Unbekannten gehört ebenso das Wesen des »Dings an sich« wie auch das Wesen des »Ich«, das als erkennende Vernunft das Erscheinungsbild der Dinge zu erfassen sucht.

Zur Abwehr von Missverständnissen:

- Kant behauptet nicht, dass es etwa keine äußere Welt gäbe. Vielmehr hält er an der Realität der Außenwelt fest. Er behauptet lediglich, dass das Bild, das wir von der Außenwelt haben, nur »Erscheinung«, d.h. ein Bild ist, das von der Vernunft gestaltet, gegliedert und geordnet ist.
- Kant behauptet auch nicht, jeder einzelne Mensch habe sein besonderes, persönliches Bild von der Welt gemäß einer subjektiv-persönlichen Eigenart seines Auffassungsvermögens. Die Eigenart der Vernunft, die nach Kant das Erscheinungsbild der Welt strukturiert, ist allen Menschen gemeinsam, und alle sind an sie gebunden. Insofern ist das Erscheinungsbild der Außenwelt nicht subjektiv, sondern vielmehr »intersubjektiv« und in diesem Sinn »objektiv«.

3.2.6 Die westeuropäische Philosophie des 18. Jahrhunderts – der »Nominalismus« setzt sich durch

Charakteristisch für die zunächst in Frankreich und England auftretende philosophische Richtung ist

- der empiristische Ausgangspunkt: Fundament aller wirklich soliden Erkenntnis ist die konkrete, durch die Sinne vermittelte Erfahrung;
- die induktive Methode: der einzig solide Erkenntnisweg schreitet über das Sammeln und Vergleichen konkreter Einzelerfahrungen zu allgemeineren Erkenntnissen über die Wirklichkeit fort – gegen das logisch-deduktive Konstruieren des Wirklichkeitsbildes aus jenen angeblich *a priori* vorgegebenen gewissen allgemeinen Grundbegriffen;
- die pragmatistische Zielsetzung: Anweisung zu einer der Erfahrung entsprechenden und in ihr sich bewährenden vernünftigen Lebenspraxis – gegen das spekulative Bestreben, ein metaphysisch begründetes Gesamtsystem des Universums zu entwerfen.

Charakteristisch für diese Richtung ist die Neigung zu empiristischer Grundhaltung, die »nominalistische« Einstellung zu Herkunft und Bedeutung der Allgemeinbegriffe, auch ein mehr oder weniger deutlicher Einschlag von Skepsis in Bezug auf die Möglichkeit, überhaupt »objektive« Wahrheit zu erreichen. Wichtige Vertreter dieser Richtung sind:

a) John Locke (1632–1704)
Erkenntnistheoretische Grundthese: Es gibt keine *ideae innatae* (= keine der Vernunft von vornherein innewohnenden ontologischen Grundbegriffe, in denen sich die Grundstruktur der Wirklichkeit zeigt). Die menschliche Vernunft ist *tabula rasa*, ein unbeschriebenes Blatt. Beschrieben wird es allein durch konkrete Erfahrungen, und zwar Sinneserfahrungen, die uns Gegenstände der Außenwelt zeigen, und seelische Selbsterfahrungen. Alle Erkenntnisse sind entweder unmittelbare Formulierung solcher Erfahrungserlebnisse oder Formulierung der Erinnerung an solche Erlebnisse oder Kombination und Verallgemeinerung aus solchen Erlebnissen.

Eine Realität außerhalb des Menschen haben nur die konkreten Einzeldinge, die in der menschlichen Erfahrung begegnen; und auch sie nur in den »primären« Qualitäten wie Ausdehnung, Gestalt, Größe, Dichte – die »sekundären« Qualitäten (Farben, Töne Geruch, Geschmack, Wärme) sind lediglich Auswirkung der primären Qualitäten in der menschlichen Empfindung. Allgemeinbegriffe sind rein sprachliche Abstraktionen des menschlichen Verstandes ohne äußeren Realitätsgehalt. Locke erneuert also den Nominalismus.

Im Grunde hat sich dieser Ansatz von John Locke bis heute durchgesetzt. Das Lied von Andreas Bourani: »Nur in meinem Kopf« aus dem Jahr 2011 zeigt, dass nach heutigem Verständnis der Wahrnehmungsfähigkeit die Gedanken und Phantasien nichts mit der Realität zu tun haben müssen.

»Ich kann in 3 Sekunden die Welt erobern,
den Himmel stürmen und in mir wohnen,
in 2 Sekunden Frieden stiften,
Liebe machen, den Feind vergiften,
in 'ner Sekunde Schlösser bau'n,
2 Tage einzieh'n und alles kaputt hau'n,
alles Geld der Welt verbrenn'
und heut' die Zukunft kenn'.

Und das ist alles nur in meinem Kopf.
Und das ist alles nur in meinem Kopf.
Ich wär' gern länger dort geblieben,
doch die Gedanken kommen und fliegen.
Alles nur in meinem Kopf!
Und das ist alles nur in meinem Kopf.

Wir sind für 2 Sekunden Ewigkeit
unsichtbar. Ich stopp die Zeit,
kann in Sekunden fliegen lernen
und weiß, wie's sein kann, nie zu sterben,
die Welt durch deine Augen seh'n,
Augen zu und durch Wände geh'n.

Du bist wie ich, ich bin wie du,
wir alle sind aus Fantasie.
Wir sind aus Staub und Fantasie.
Wir sind aus Staub und Fantasie.«

b) George Berkeley (1685–1753)

Berkeley radikalisiert den empiristischen Ansatz: Wir haben nicht nur alle Erkenntnis einer äußeren Welt *aus* Erlebnissen der Sinneserfahrung – wir haben sie nur *als* solche Erlebnisse. Hatte Locke die Sinneserlebnisse ohne weiteres als Abdrücke realer Gegenstände einer Außenwelt angenommen, so konstatiert Berkeley: Nichts bürgt uns dafür, dass es dieses Außen überhaupt gibt. Denn wir können aus unseren Wahrnehmungserlebnissen ja nicht aussteigen zu Dingen, wie sie »an sich« und auch abgesehen von diesen Erlebnissen da sind.

Berkeley zieht daraus den Schluss: Eine »objektive« Außenwelt gibt es nicht. Die Welt ist nichts als ein Geflecht von Bewusstseinsphänomenen. Real sind nur die Seelen (die »Bewusstseine«) als Träger dieser Phänomene.

Real ist zufolge Berkeley auch Gott, der den Bewusstseinträgern die Bewusstseinsphänomene verleiht. Der Gottesgedanke ermöglicht es Berkeley, die Frage zu beantworten, wie er denn von seinem Standpunkt aus noch private und willkürliche Einbildungen von solchen Vorstellungen unterscheiden könne, die man mit anderen Menschen teilt und über die man sich verständigen kann: nur die letztgenannten sind nach Berkeley solche, die Gott in uns hervorruft, und zwar in uns gemeinsam – darum können wir uns über sie verständigen und insofern sind sie »wahr«. Private Einbildungen sind falsch, weil wir sie uns willkürlich selbst bilden. Eine objektive äußere Wirklichkeit aber geben weder die einen noch die anderen wieder.

c) David Hume (1711–1776)

Hume führt wie Locke alle Erkenntnis auf Erfahrung des äußeren und inneren Sinnes zurück. Die erinnerten Erfahrungen erzeugen Vorstellungen. Das Denken ist ein Kombinieren von Vorstellungen, das assoziationspsychologischen Gesetzen folgt. Alle, auch die abstraktesten Begriffe gehen letztlich auf erinnerte konkrete Einzelwahrnehmungen zurück. Das gilt selbst für den Gottesbegriff. Auch dieser konnte nur aus der Erfahrung bestimmter positiver *menschlicher* Eigenschaften entstehen.

Bezüglich der Realität der Außenwelt ist Hume vorsichtiger als Berkeley. Er gibt zu, das wir mit Gewissheit nur unsere Eindrücke haben und lässt die Frage offen, ob ihnen eine »objektive« Welt entspricht. Wir könne nicht wissen, ob diese Welt »an sich« so ist, wie die Sinne sie zeigen; ja nicht einmal, ob sie überhaupt ist.

Was also völlig unsichtbar und ungreifbar bleibt, kann man auch nicht auf einen Begriff bringen. Wir nehmen relativ konstante Bündelungen von Eigenschaften wahr, das ist alles. Ob dahinter ein zusammenhaltendes Etwas (»Substanz«) steckt, das wissen wir nicht.

Doch nach Hume ist die Annahme einer realen Außenwelt richtig und wichtig, d.h. die Annahme, dass hinter den Eigenschaftsbündeln Träger stecken, dass es einen verlässlichen Zusammenhang von Ursachen und Wirkungen gibt. Aber begründetes Wissen gibt es darüber nicht.

3.3 Theologische Vorstellungen zur Frage nach der Erkennbarkeit Gottes

3.3.1 Die Existenz Gottes ist mit Hilfe der Vernunft erkennbar (katholische Position)

»Die Gnade hebt die menschliche Natur nicht auf, sondern unterstützt und vervollkommnet diese« – *gratia non tollit, sed supponit et perficit naturam.* Dieser Satz bringt die katholische Position auf den Punkt. Im ersten Vatikanischen Konzil 1870 wird als Glaubenssatz festgehalten, dass die Existenz Gottes sicher (»*certe*«) durch die menschliche Vernunft erkannt werden kann. Deshalb spielen innerhalb dieser Position die Gottesbeweise bis heute eine gewisse Rolle. Es soll der Vernunft die Existenz Gottes deutlich werden. Von Natur aus bzw. durch die Schöpfung ist dem Menschen bereits die Vernunft mitgegeben, mit Hilfe derer er erkennen kann, dass es einen Gott gibt bzw. geben muss. Die Offenbarung Gottes, der auf menschlicher Seite der Glaube entspricht, ist aber deshalb noch nötig, weil der Mensch noch nicht wissen kann, wie Gott ist. Wenn Gott sich also dem Menschen offenbart und in ihm Glauben wirkt, erst dann erkennt der Mensch das Wesen Gottes: barmherzig, menschenfreundlich, trinitarisch, ... Die Vernunft ist gewissermaßen der Platz, an dem die Offenbarung Gottes »andockt«; etwa nach dem Motto: »Du, Mensch, weißt ja schon durch Deine Vernunft, dass es mich, Gott, gibt; jetzt mache ich dir durch meine Offenbarung deutlich, wie ich so drauf bin.«

Zur Kritik:
Positiv anzumerken ist, dass das katholische Modell ernst machen möchte mit der Überzeugung, dass Menschen Vernunft haben. Insofern durch die Gottesebenbildlichkeit der Mensch herausgehoben ist vor allen anderen Geschöpfen, ist auch nur er in der Lage, an Gott glauben zu können, weil einzig er vernunftbegabt ist.

Problematisch an dieser Konzeption ist, dass das Phänomen des Atheismus nicht ernst genommen wird. Einem Menschen, der nicht von der Existenz Gottes überzeugt ist, müsste man mit dieser Konzeption im Hintergrund zurufen: »Dann gebrauche doch endlich einmal deine Vernunft!« Oder: »Nicht an Gott zu glauben, ist unvernünftig!«

3.3.2 Gott offenbart sich auch im Widerspruch zur Vernunft (Karl Barth [1886–1968])

Eine ganz andere Position vertritt der schweizerische reformierte Theologe Karl Barth. Seiner Meinung nach ist der Mensch von Gott durch einen unendlichen qualitativen Unterschied getrennt. Wenn einer den anderen erkennt, dann bedeutet diese Erkenntnis, dem Erkannten überlegen zu sein. Deshalb kann kein Mensch von sich aus jemals Gott erkennen. Barth verdeutlicht seine Gedanken mit Hilfe der Vorstellung von einem zweidimensionalen Wesen, das versucht, ein dreidimensionales Wesen zu erkennen. Wenn der Mensch trotzdem versucht, mit Hilfe seiner Vernunft, sich Gott vorzustellen, dann entstehen daraus nur selbstgemachte Götzen, aber nie wird sich eine Vorstellung vom wahren Gott einstellen.

Vielmehr liegt die Initiative zum Glauben und zur Gotteserkenntnis allein bei Gott: Nach Barth braucht Gott keinen natürlichen Anknüpfungspunkt im Menschen. Vielmehr erschafft sich Gott erst einmal das »Organ« im Menschen, durch das er erkannt werden will: den Glauben. Und dieser Glaube kann dabei auch wider die Vernunft entstanden sein. Gottes Offenbarung braucht keine Vorbereitung durch die Vernunft. Sie geschieht, weil Gott sich offenbaren will, und sie geschieht nur, wenn Gott sich offenbaren will. Es gibt keinen Weg vom Menschen zu Gott, sondern nur von Gott zum Menschen (Barth: »senkrecht von oben«), denn nur Gott kann diesen unendlichen qualitativen Unterschied zwischen Gott und Mensch überbrücken. Wenn Gott sich dem Menschen aber geoffenbart hat, ist Glaube entstanden. Und erst an dieser Stelle setzt die Vernunft ein, insofern diese mehr über den geglaubten Gott erfahren willen. Mit anderen Worten: Der Glaube strebt nach Einsicht (*fides quaerens intellectum*). Wenn der Mensch aber glaubt, dann hört er dankbar und handelt entsprechend.

Problematisch an dieser Konzeption, die die Bedeutung der Vernunft für die Offenbarung negiert, ist, dass dann auch jedes Tier, ja jede Sache »glauben« können müsste. Barth würde hier wahrscheinlich nicken und fragen: Warum sollte das Gott unmöglich sein?

Auf der anderen Seite nimmt Barth das Phänomen ernst, dass es Menschen gibt, die nicht zum Glauben kommen. Denen gegenüber – so folgert Barth – hat sich Gott eben (noch) nicht geoffenbart. Barth wäre aber auch falsch verstanden, wenn man aus seiner Konzeption schließen würde, man dürfe die Hände in den Schoß legen und Gott alles machen lassen. Der Glaubende lässt sich willig von Gott als dessen Werkzeug in die Hand nehmen. Theologisch herausragend ist auch die Folge aus den Überlegungen Barths, dass der Glaube niemals – auch nicht ansatzweise – ein menschliches Werk sein kann. Und weil nach christlicher Überzeugung es der Glaube (an Jesus Christus) ist, durch den der Mensch gerechtfertigt wird, macht Karl Barth mit seiner Konzeption ernst mit der lutherischen Rechtfertigungslehre: Was die Gerechtigkeit des Menschen betrifft, liegt alle Aktivität bei Gott.

Was dann mit den Menschen ist, denen Gott sich nicht offenbart, muss auch bei Barth jedoch offen bleiben.

3.3.3 Die Methode der Korrelation (Paul Tillich [1886–1965])

Der evangelische Theologe Paul Tillich hat versucht, die Schwächen der Überlegungen Karl Barths zu beseitigen, ohne die Stärken zu verlieren. Um die Besonderheit des Menschen vor allen anderen Dingen und Geschöpfen in seine Gedanken einfließen zu lassen, geht er davon aus, dass der Mensch Fragen stellt, z.B.: Woher komme ich? Wohin gehe ich? Was ist mein Lebenssinn? Wie ist die Welt entstanden? Weshalb gibt es die Welt überhaupt? Warum gibt es Leid? Warum gibt es den Tod? … Tillich teilt mit Barth die Überzeugung, dass die Vernunft nicht Gott erkennen kann, aber seiner Meinung nach stellt der vernünftige Mensch solche existentiellen Fragen. Diese Fragen sind gewissermaßen die Anknüpfungspunkte für die (Antworten der) Offenbarung.

Gottes Offenbarung (in der Bibel) kann auf diese Fragen Antworten geben. Allerdings machen sich die Antworten der Offenbarung Gottes nicht von den (teilweise wechselnden) Fragen der Menschheit abhängig. Fragen der Menschen und Antworten der Offenbarung Gottes treten in ein Gespräch ein und beeinflussen sich gegenseitig. Es ist die Aufgabe der Theologie, diese Fragen der Menschen und die Antworten der Offenbarung aufeinander zu beziehen. Wenn Gott diese Beziehung zwischen menschlicher Frage und göttlicher Antwort gelingen lässt (wenn also eine Art Synapse geschieht), kann Glauben entstehen.

Tillichs Konzeption umgeht die Schwierigkeit bei Barth, dass dieser damit rechnen muss, sogar eine Sache könnte zum Glauben kommen; zugleich hält auch er an der Aktivität Gottes bei der Entstehung des Glaubens im Menschen fest, sodass auch bei ihm der Glaube kein menschliches Werk ist bzw. keiner menschlichen Aktivität bedarf. Wenn er von existentiellen Fragen der Menschheit spricht, dann entsprechen diese keinem menschlichen Werk, sondern es ist seiner Meinung nach eine Eigenheit des Menschen, diese Fragen zu stellen, bei denen der Mensch sich nicht bewusst ist, dass diese auch dazu führen könnten, dass er zum Glauben kommt.

3.4 Der Wahrheitsanspruch des Christentums und die Frage nach der Toleranz

3.4.1 Das Problem

Das Aufkommen der Aufklärung in Europa ermöglichte es scheinbar, die Welt von außen zu betrachten. Lessings Ringparabel ist das schönste Beispiel dafür, wie damals Toleranz verstanden werden sollte. In dem Drama »Nathan, der Weise« erläutert Nathan dem Sultan Saladin, wie er das Verhältnis der drei Religionen Judentum, Christentum und Islam sieht – mit Hilfe der Ringparabel:

> Vor grauen Jahren lebte ein Mann in Osten, der einen Ring von unschätzbarem Wert aus lieber Hand besaß. Der Stein war ein Opal, der hundert schöne Farben spielte, und hatte die geheime Kraft, vor Gott und Menschen angenehm zu machen, wer in dieser Zuversicht ihn trug. Was Wunder, dass ihn der Mann in Osten darum nie vom Finger ließ und die Verfügung traf, auf ewig ihn bei seinem Hause zu erhalten? Nämlich so. Er ließ den Ring von seinen Söhnen denjenigen, den er am meisten liebte, und setzte fest, dass dieser wiederum den Ring von seinen Söhnen dem vermache, der ihm der liebste sei, und stets der liebste, ohne Ansehen der Geburt, in Kraft allein des Rings, das Haupt, der Fürst des Hauses werde.

> So kam nun dieser Ring, von Sohn zu Sohn, auf einen Vater endlich von drei Söhnen, die alle drei ihm gleich gehorsam waren und die er alle drei in gleicher Weise liebte. Nur von Zeit zu Zeit schien ihm bald der, bald dieser, bald der dritte – so wie jeder sich mit ihm allein befand, und sein ergießend Herz die andern zwei nicht teilten – würdiger des Ringes, den er denn auch einem jeden die fromme Schwachheit hatte, zu versprechen. Das ging nun so, solang es ging. – Allein es kam zum Sterben, und der gute Vater war in einer großen Verlegenheit. Es schmerzte ihn, zwei von seinen Söhnen, die sich auf sein Wort verlassen hatten, so zu kränken. – Was war zu tun? Er wandte sich insgeheim an einen Goldschmied, bei dem er, nach dem Muster seines Ringes, zwei andere identische Ringe bestellte. Dabei scheute er weder Kosten noch Mühe, denn die beiden nachgemachten Ringe sollten dem Original vollkommen gleich sein. Das gelang dem Künstler tatsächlich. Als dem Vater die Ringe gebracht wurden, konnte er selbst seinen Musterring nicht herausfinden. Froh und freudig rief er seine Söhne einzeln zu sich, gab jedem seinen Segen – und einen Ring, – und starb.

Folge dieser Einschätzung war, dass irgendwie doch alle Religionen gleich Recht hätten und dass es letzten Endes doch nur um denselben Gott gehe. Der Preußenkönig Friedrich der Große hat es mit dem Schlagwort »Jeder soll nach seiner Façon selig werden« auf den Punkt gebracht. Problematisch an diesem – prinzipiell nicht unsympathischen, weil sehr toleranten – Satz ist jedoch, dass er mit dem christlichen Missionsbefehl (»Gehet hin in alle Welt und machet zu Jüngern alle Völker!« [Mt 28,18–20]) nicht in Einklang zu bringen ist. Voraussetzung für diese Überzeugung der Aufklärung ist nämlich, dass Glaube die Privatsache jedes Einzelnen ist. Und diese Einstellung ist gerade heute weit verbreitet. So lehnte es z.B. der damalige Tagesthemen-Moderator Ulrich Wickert in einem Fernseh-Interview ab, die Gründe seiner kirchlichen Hochzeit preiszugeben. Das sei ihm zu privat. Dem entsprechend empfinden es viele als aufdringlich, ja geradezu peinlich, wenn Menschen ihr Auto mit Aufklebern zieren, auf denen Sätze stehen wie: »Es geht kein Mensch über diese Erde, den Gott nicht liebt« oder: »Jesus liebt dich«. Ohne hier eine Wertung vorzunehmen; die Einstellung ist weit verbreitet, dass jeder und jede das für ihn oder sie Richtige aus dem Selbstbedienungsladen der Religionen auswählen und damit »selig« werden solle – ein Ausdruck aus der lutherischen Bibelübersetzung, der eigentlich heißen müsste: »gerettet« werden solle.

Christen von heute spüren häufig dieses Dilemma zwischen (gescheiterten) Missionsversuchen und einem Rückzug des eigenen Glaubens in die Privatsphäre. Manchmal mag man auch den Eindruck haben, belächelt zu werden, wenn man vom Glauben erzählt. »Profichristen« wie Pfarrer tun sich da manchmal etwas leichter – aber vor der Gefahr, belächelt zu werden, sind auch sie nie gefeit.

Nun ist und bleibt der Auftrag zur Mission ein Befehl des Auferstandenen aus Mt 28 – und da hilft es auch wenig, wenn man als Wissenschaftler deutlich machen kann: Wahrscheinlich hat der historische Jesus das gar nicht gesagt. Aller Wahrscheinlichkeit nach geht dieses Wort in der Tat auf die Arbeit des Evangelisten Matthäus zurück, da es exakt in die Theologie des Matthäus passt. Auch wenn ich diese Überzeugung teile, wird damit der Missionsbefehl in seiner Verbindlichkeit in keiner Weise außer Kraft gesetzt. Als Pfarrer müsste ich ja sonst sofort aufhören, Menschen zu taufen. Nein, die Erkenntnis, dass Worte der Jesusüberlieferung sekundär zugewachsen sind, sagt generell nichts über deren Wichtigkeit und Verbindlichkeit aus – aber das nur am Rande!

3.4.2 Toleranz allgemein

Definition: Toleranz ist die Beschreibung von Einstellungen und Verhaltensweisen eines Individuums, die an den anders gearteten Meinungen und Verhaltensweisen anderer Individuen keinen Anstoß nehmen.

Toleranz ist im Rahmen des Gesprächs von Religionen noch weiter differenzierbar. Denn es ist ein Unterschied, ob man die jeweils fremde Religion in ihrer Existenz duldet, d.h. es aushält, dass es Menschen gibt, die eine andere Religion haben, oder ob man die fremde Religion als gleichwertigen Weg zu Gott akzeptiert.

Toleranz im interreligiösen Dialog bewegt sich damit im Spannungsfeld von (a) Duldung (formale Toleranz) und (b) Akzeptanz (inhaltliche Toleranz).

Im Kontext eines interreligiösen Gesprächs meint Akzeptanz die positive Anerkennung fremder Religionen als echter Möglichkeit der Begegnung mit dem Heiligen«.

In der pluralen Gesellschaft Deutschlands ist dabei Toleranz eine Frage der politischen und religiösen Vernunft. In geschlossenen, totalitären Gesellschaften, in denen jeder, der von der von oben festgesetzten Norm entsprechen soll, gibt es für Abweichler keine Toleranz. Insofern ist »Toleranz« ein neuartiger Begriff, der erst mit dem Aufkommen pluraler

Gesellschaften relevant wird. Auffällig ist, dass die Forderung nach Toleranz ... noch immer von Minderheiten erhoben worden ist, nämlich als Forderung, dass die anderen, wertbestimmenden Gruppen die Minderheit, wenn nicht anerkennen, so doch wenigstens dulden mögen.

Von daher ist »Toleranz« ein Begriff, der den neutestamentlichen Texten im Grunde fremd ist, da die christlichen Gemeinden bis ins 4. Jahrhundert kleine Minderheiten waren, die folgerichtig auch das Geschick gesellschaftlicher Minoritäten bis heute teilten: sie wurden von Seiten ihrer nichtchristlichen Umwelt sozial isoliert, aggressiv ausgegrenzt und teilweise auch blutig verfolgt. Die Evangelien und die neutestamentlichen Briefe und auch das ganze johanneische Schrifttum legen davon beredtes Zeugnis ab. In neutestamentlicher Zeit ist also Toleranz nur insofern ein Thema des aufkommenden Christentums, als dieses sich Toleranz von der Majorität der Gesellschaft erhofft.

3.4.3 »Intolerante« Aussagen des Neuen Testaments

Nach unseren heutigen Maßstäben gibt es durchaus intolerante Aussagen des Neuen Testaments. So sagt Jesus nach Joh 14,6: »Ich bin der Weg, die Wahrheit und das Leben. Niemand kommt zum Vater denn durch mich« Das heißt: Der Jesus des Johannesevangeliums vertritt einen Ausschließlichkeitsanspruch, wonach das Heil niemals jenseits von ihm zu finden sein wird. Er ist es, der die Wahrheit selbst ist.

Auch der Missionsbefehl in Mt 28,18–20 ist eine Aussage, die die Notwendigkeit der christlichen Botschaft für die Erlangung des Heils betont: »Gehet hin in alle Welt und machet zu Jüngern alle Völker und taufet sie im Namen des Vaters und des Sohne und des Heiligen Geistes und lehret sie halten alles, was ich euch befohlen habe. Und siehe, ich bin bei euch alle Tage bis an der Welt Ende.«

Daneben finden sich natürlich noch viele weitere Ausschließlichkeitsaussagen im Neuen Testament; vgl. nur Apg 4,12 (»... in keinem anderen ist Heil«); 1Kor 3,11 (der einzige Grund: Christus); Kol 2,8ff u.v.a.

3.4.4 »Tolerante« Aussagen des Neuen Testaments

Zugleich gibt es aber auch Aussagen im Neuen Testament, die deutlich machen, dass man denjenigen Menschen, die eine andere Meinung vertreten als die eigene, das Heil nicht absprechen dürfe.

- In Mt 7,1 fordert Jesus seine Zuhörerinnen und Zuhörer auf, andere nicht zu richten, »auf dass ihr nicht gerichtet werdet«. Im Hinblick auf den interreligiösen Dialog bedeutet dieser Imperativ, dass man anderen Menschen das Heil nicht einfach absprechen darf, sondern ihre Meinung auszuhalten hat.
- Illustrativ dazu wäre die Beispielgeschichte vom Pharisäer und vom Zöllner zu sehen (Lk 18,9–14). Während der Pharisäer aus seinen religiösen Leistungen Ansprüche an Gott formuliert und den Zöllner ausdrücklich abwertet (»Ich danke dir, Gott, dass ich nicht bin wie die anderen Leute, Räuber, Betrüger, Ehebrecher oder auch wie dieser Zöllner!«), bekennt sich der Zöllner schuldig und überlässt Gott den Richtspruch über das eigene Schicksal (»Gott, sei mir Sünder gnädig!«).
- In ähnlicher Weise ist die »Goldene Regel« zu deuten, wie sie in ihrer positiven Fassung als Jesuswort innerhalb der Bergpredigt überliefert ist (Mt 7,12): »Alles, was ihr wollt, das euch die Leute tun sollen, das tut ihnen auch!« Dialog ist stets ein wechselseitiges Geschehen. Sofern ich möchte, dass mein Gesprächspartner meine Meinung gelten lässt, bin auch ich aufgefordert, dessen Meinung gelten zu lassen (auch die Gebote der Nächstenliebe [Mk 12,28–31] und der Feindesliebe [Mt 5,43–48] könnten in diesem Zusammenhang genannt werden).
- Herausragend im Hinblick auf die Frage, ob die eigene Erkenntnis der Wahrheit erschöpfend ist, sind die Aussagen des Paulus in 1Kor 13,9–12. Hier äußert er einen endzeitlichen Vorbehalt: »Unser Wissen ist Stückwerk ... wenn aber kommen wird das Vollkommene, so wird das Stückwerk aufhören ... Jetzt erkenne ich stückweise; dann aber werde ich erkennen, wie ich erkannt bin«. Diese Einsicht in die partielle Erkenntnis illustriert Paulus mit Hilfe von zwei Metaphern: (a) Ein Kind erkennt im Vergleich zu einem Erwachsenen ähnlich »stückweise« (V. 11). (b) Das dunkle von einem Spiegel reflektierte Bild zeigt nur unscharf, was man später »von Angesicht zu Angesicht« erkennen kann. Paulus macht dadurch deutlich: Nicht alles ist relativ. Seine Theologie erhebt durchaus einen gewissen Wahrheitsanspruch. Aber er ist sich dessen bewusst, dass er nur ein »dunkles Bild« der Wahrheit hat.

3.4.5 Vom Umgang mit Andersgläubigen in neutestamentlicher Zeit

Von daher kann man fragen, wie er selbst die Menschen beurteilt hat, die in seiner Zeit nicht für die Botschaft des Christentums empfänglich waren.

Zufolge Apg 28,25–28 attestiert Paulus den stadtrömischen Juden »Verstockung« (unter Verwendung der Verstockungsvision des Jesaja [Kap. 6]). Dabei macht das in diesem Zusammenhang verwendete griechische Tempus (Aorist) deutlich: Die »Verstockung« der Juden ist nur situativ, nicht für alle Zeiten festgeschrieben. Ähnliches lässt sich beobachten in Röm 11,7f, wo Paulus sich darüber beklagt, dass die Juden nicht zum Glauben an Christus kommen, sondern »Gott ihnen einen Geist der Betäubung ›gab‹« – nicht »gegeben hat«. Hier ändert Paulus sogar ausdrücklich das in Jes 29,10 (dort heißt es: »Denn der Herr *hat* über euch den Geist tiefen Schlafs *ausgegossen*) verwendete Tempus (Perfekt) in den Aorist um, um deutlich zu machen: Die »Verstockung« ist situativ, d.h. nur für den Moment gültig (und in der Zukunft jederzeit aufhebbar).

3.4.6 Christlich begründete religiöse Toleranz in der Gegenwart

»Wie hältst du's jetzt mit dem, der nicht oder der anders, vielleicht sogar an einen anderen Gott glaubt, als du?« Diese Gretchenfrage lässt sich für das Christentum so einfach nicht beantworten. Auf der einen Seite will man modern, tolerant und weltoffen sein, und auf der anderen Seite ist da der Missionsbefehl sowie der damit einhergehende und vom Judentum übernommene theoretische Monotheismus des Christentums, demzufolge es keine anderen Götter gibt. Wenn sich im Neuen Testament das Jesuswort findet: »Ich bin der Weg und die Wahrheit und das Leben; niemand kommt zum Vater, denn durch mich« (Joh 14,6), dann heißt das eben nichts anderes als: Man kann von keinem ernsthaften Christen verlangen, andere Religionen als gleichwertige Wege zu Gott zu akzeptieren. Dafür steht für den Einzelnen mit seinem Glauben an Jesus zu viel auf dem Spiel. Geht es christlicherseits gesehen doch um die endzeitliche und letztgültige Rettung des Menschen und seine innerweltliche Befreiung aus verkehrten Bindungen!

Impulse für eine für jeden Christen praktikable Mission lassen sich aber allemal aus dem Neuen Testament gewinnen. So ging es Paulus von Anfang an darum, die Adressaten seiner Verkündigung genau kennen zu lernen, ehe er in die Situation dieser Menschen die Botschaft von Jesus Christus weitergab. Ebenso lässt die Glaubwürdigkeit des Zeugnisses durch vorbildlichen Lebenswandel und diakonisches Handeln Menschen immer wieder neu nach dem Hintergrund solchen Handelns fragen und eröffnet die Möglichkeit zum zwischenmenschlichen Kontakt und unaufdringlichen Ablegen des christlichen Zeugnisses.

Wenn es dem Gesprächspartner nicht möglich ist, das Evangelium für sich selbst anzunehmen, dann besteht christliche Toleranz in der Duldung und im Aushalten dieser Entscheidung, vielleicht verbunden mit dem gleichzeitigen Signal, dass die Tür zum Evangelium weiter geöffnet bleibt. Selbst wenn man die Verstockungs- und Verblendungstheorie des Paulus heutzutage nicht mehr akzeptieren will, ihre Stärke liegt am Festhalten an der Geschichtsmächtigkeit und Universalität Gottes einerseits und dem Aushalten des Phänomens, dass es Menschen gibt, die dem Christusglauben zumindest zeitweise verschlossen bleiben. Eine Aussage über das Wesen eines Menschen ist sie für die neutestamentlichen Autoren nie gewesen und darf sie auch in Zukunft nicht werden.

4

Die Rechtfertigung Gottes angesichts des Bösen in der Welt (Theodizee) und der Atheismus

4.1 Einführung: Epikur und die drei Aspekte der Theodizeefrage

Das Fremdwort Theodizee ist aus dem Griechischen entlehnt und meint die Rechtfertigung (*dike*) Gottes (*theos*) angesichts des Bösen in der Welt – auf den Punkt gebracht durch Überlegungen, die – wahrscheinlich zu Unrecht – dem griechischen Philosophen Epikur zugeschrieben werden:

> »Entweder will Gott die Übel beseitigen und kann es nicht:
> Dann ist Gott schwach, was auf ihn nicht zutrifft,
> Oder er kann es und will es nicht:
> Dann ist Gott missgünstig, was ihm fremd ist,
> Oder er will es nicht und kann es nicht:
> Dann ist er schwach und missgünstig zugleich, also nicht Gott,
> Oder er will es und kann es, was allein für Gott ziemt:
> Woher kommen dann die Übel, und warum nimmt er sie nicht hinweg?«

Charles M. Schulz, der Erfinder der »Peanuts«, hat einen langen Cartoon geschrieben über die Theodizeefrage. Ausgangspunkt ist die Klage Charlie Brauns im Baseball-Dress: »Null zu neun … wir verlieren wieder! Was kann ich tun? Wir werden vernichtet, Schröder … warum müssen wir so leiden?« Die einzelnen Figuren geben jetzt – entsprechend ihrem Charakter ganz unterschiedliche Antworten: Der angesprochene Schröder meint fatalistisch: »Der Mensch wird zu Unglück geboren ...« Linus van Pelt beginnt zu dozieren: »Leid und Unglück sind ein profundes Problem, und ...«, wird dann aber von seiner Schwester Luzie unterbrochen, die hemdsärmelig meint: »Ich sage immer, wer Unglück hat, ist selbst daran schuld!« Und auf den Einwand Schröders, Hiobs Freunde hätten das auch gesagt, unterbricht sie erneut und erinnert: »Und Hiobs Frau? Man darf sie nicht übersehen!« Schließlich meint Schröder: »Ich glaube, wer nicht leidet, wird nicht erwachsen ... Es ist wichtig!«, woraufhin Luzie wieder Position bezieht: »Quatsch!! Wer will schon leiden?« Schließlich führt Linus seinen Kurzvortrag weiter: »Wer nur von Hiobs ›Geduld‹ spricht, hat nichts verstanden ... Ich sehe das ganz anders.« Der Cartoon endet mit einem süßsauer dreinblickenden Charlie Braun, der feststellt: »Statt Baseball habe ich heute theologisches Seminar«.

Tatsächlich werden in diesem vielschichtigen Disput ganz unterschiedliche Standpunkte deutlich:

Während Charlie einfach leidet und die Theodizeefrage aufwirft, lautet die Antwort Schröders darauf: Leid ist eine wichtige Prüfung auf dem Weg des Erwachsenwerdens. Luzie meint, das Schicksal und damit auch das Erleiden von Schmerz sei vermeidbar durch richtiges Verhalten. Darüber hinaus versucht sie den Blick zu weiten auf andere Personen und macht damit deutlich, dass der jeweils Leidende nicht denken soll, er habe als Einziger zu leiden (»Hiobs Frau!«). Linus, der kleine Philosoph, versucht, sich dem Problem theoretisch zu nähern, kommt aber über Anfangsformulierungen nicht hinaus, weil er von seiner großen Schwester Luzie unterbrochen wird.

Tatsächlich lassen gewisse Wirklichkeitserfahrungen die Theodizeefrage stellen. Diese können sein:

- Naturkatastrophen, die viele Menschen betreffen
- Erfahrungen sozialer Ungerechtigkeiten
- Individuelle Schicksalsschläge (z.B. auch häufige Baseball-Niederlagen)
- Erfahrungen vom Leiden Unschuldiger

Für den Menschen von heute sind es vor allem drei Aspekte, die man miteinander zu vereinbaren hat: Gottes Allmacht – Gottes Liebe – faktischer Weltzustand.

Alle im Folgenden gemachten Lösungsvorschläge haben sich an der Frage der Gültigkeit vor allem der ersten beiden Aspekte zu messen. Der faktische (problematische) Zustand der Welt ist angesichts der Naturkatastrophen, Ungerechtigkeiten und individueller Schicksalsschläge unbestritten.

4.2 Theodizee im Alten Testament

Das Alte Testament ist im Grunde eine Literaturgeschichte des israelitischen Volkes über 1000 Jahre (die ältesten Texte sind näherungsweise auf 1000 v.Chr. datierbar, das jüngste Buch ist das Danielbuch (um 160 v.Chr.). Über viele Jahrhunderte teilte man die Überzeugung eines diesseitig funktionierenden Tun-Ergehen-Zusammenhangs. Das heißt: Wer schlecht handelt, dem wird es auch schlecht ergehen. Denn jede schlechte Tat hat um sich eine entsprechend schlechte Sphäre, die über kurz oder lang auf den Täter zurückfällt. Betrachten wir exemplarisch einige Katastrophen des Alten Testaments:

Zufolge Gen 6–9 soll die gesamte Menschheit durch eine Sintflut ausgelöscht werden. Urheber dieser Sintflut scheint Gott zu sein. Aber die Flut kommt nur, weil »der Menschen Bosheit groß war auf Erden und alles Dichten und Trachten ihres Herzens nur böse war immerdar« (Gen 6,5). Das böse Handeln der Menschen zieht die Sintflut als Folge zwangsläufig nach sich. Einzig Noah, der Gerechte, wird samt seiner Familie aus der Flut gerettet. Ähnlich verhält es sich bei der Zerstörung von Sodom und Gomorrha. Die Städte werden nur deshalb vernichtet, weil die Menschen darin so böse sind – einzig Lot (und seine Frau) werden errettet (Gen 18–19). Die Folge aus der Anbetung des Goldenen Kalbes (Ex 32) ist die 40-jährige Wüstenwanderung und die Folge aus dem ständigen Ungehorsam gegenüber Gott ist die Zerstörung Jerusalems und des Tempels durch die Babylonier im Jahr 587 v.Chr. mit anschließender 50 Jahre währender Exilierung in Babylon. Schuld an der Katastrophe sind jeweils die betroffenen Personen; durch ihr schlechtes Handeln führen sie die Katastrophe herbei.

Umgekehrt führt gutes Handeln zur Rettung aus der Katastrophe (vgl. Noah, Lot) bzw. zur Belohnung durch ein langes Leben mit vielen Nachkommen (Abraham, Isaak, Jakob) und Reichtum (Hiob).

Auf die Frage, woher das Böse nun komme, würden die allermeisten Autoren der alttestamentlichen Schriften antworten: vom Übeltäter selbst.

Im Lauf der Jahrhunderte wird den Israeliten aber klar, dass der diesseitige Tun-Ergehen-Zusammenhang nicht aufrechtzuerhalten ist. Bereits im Buch Hiob (ca. 4. Jh. v.Chr.) wird deutlich, dass persönliches erfahrenes Leid auch andere Ursachen haben kann. Ausgangspunkt ist der mit Kindern und materiellem Reichtum gesegnete, rechtschaffene Hiob. Dieser wird Opfer einer Wette zwischen Gott und dessen Widersacher (hebr. *satan*). Der Satan ist sich sicher, Hiob sei nur deshalb so gottesfürchtig, weil es ihm materiell so gut gehe. Deshalb schlägt er Gott vor: »Aber strecke deine Hand aus und taste alles an, was er hat: Was gilt's, er wird dir ins Angesicht absagen« (Hi 1,11)! Tatsächlich erfährt Hiob im Folgenden den Verlust seines Reichtums und seiner Kinder und später auch noch seiner Gesundheit. Schließlich besuchen ihn Freunde, die – vollkommen gemäß dem Tun-Ergehen-Zusammenhang – Hiob ermahnen: »Meinst du, dass Gott unrecht richtet oder der Allmächtige das Recht verkehrt?« (Hi 8,3) Oder anders gesagt: Wer Unrecht erleidet, muss vorher Unrecht getan haben. Tatsächlich ist das Hiobbuch ein Beleg für die Problematisierung des diesseitigen Tun-Ergehen-Zusammenhangs. Ganz aufgehoben wird er nicht, denn der – allem Unheil zum Trotz – weiterhin gottesfürchtige Hiob bekommt am Ende des Buches alles Verlorene doppelt wieder. Trotzdem wird durch das Hiobbuch eine weitere Möglichkeit für die Herkunft des Leides aufgezeigt: Prüfung der Gottesfurcht durch Gott.

Zur Illustration: Ein Märchen von der himmlischen Vergeltung

Omar, der Eremit, saß auf dem Berg und dachte nach über den Lauf der Welt. Fern von den Menschen hatte er sein Leben der Andacht und Einsicht geweiht, und er war zu der Erkenntnis gekommen, dass nichts in der Welt geschah ohne Allahs Willen, dass das Gute seinen Lohn und das Böse seine Strafe fand und dass diese einfachste Art der Betrachtung zugleich die weiseste war.

Da sah er unten im Tal einen Reiter, der machte Rast an einer Quelle. Er stieg vom Pferde, nahm einen Beutel, den er am Gürtel trug, und legte ihn auf die Erde. Dann kniete er nieder und labte sich an dem klaren Wasser. Er tränkte auch sein Pferd, ruhte in wenig, schwang sich dann wieder in den Sattel und ritt davon. Den Beutel aber, der am Boden lag, vergaß er.

Es begab sich aber, dass kurze Zeit später ein anderer Reiter kam, der sah den Beutel, nahm ihn und galoppierte von dannen.

Und wieder verging nur geringe Zeit, da kam ein Holzfäller an die Quelle, der tat seine schwere Bürde ab, beugte sich über das Wasser und trank. In diesem Augenblick kehrte der erste Reiter zurück, und er war wild vor Wut über den verlorenen Beutel. Er sah den Holzfäller, hielt ihn für den Dieb, beschimpfte ihn, zog sein Schwer und schlug ihm den Kopf ab.

Das alles sah Omar, der Eremit, und er haderte mit Allah und rief: »Wo ist nun der Sinn dieses Geschehens? Der Dieb entkommt und hat seinen Gewinn und alles gelang ihm durch glückliche Fügung. Ein armer Holzfäller aber, ein Unschuldiger, der von nichts etwas weiß, wird dafür erschlagen. Und der Reiter wird zum Mörder, weil er seinen Beutel vergaß! Eine Welt, in der solche Dinge geschehen, ist keine gute Welt, und ich rufe zu Dir und frage Dich, o Allah, Vater der Erde: Wo bleibt die Gerechtigkeit? Und wo bleibt der Sinn?«

Und der Himmel war stumm.

Am nächsten Tage zog übers Gebirge ein heiliger Mann, von dem ging die Sage, er sei schon Hunderte von Jahren alt, und kein Geheimnis sei ihm verborgen. Und er kehrte ein in Omars Klause, trank Wasser und aß ein paar Datteln. Omar aber erzählte ihm, was geschehen war, und fragte auch ihn: »Wo ist nun der Sinn des Geschehens?« Da lächelte der Weise und sprach: »Nichts, o mein ungeduldiger Freund, ist sinnlos unter der Sonne. Denn wisse: Es gibt keinen Zufall, und alles, was geschieht, wird im Geheimen gelenkt wie an unsichtbaren Fäden.«

»Das mag sein oder nicht«, sagte Omar, der Eremit, »doch nach welchem Gesetz und mit welchem Ziel? Ich sah, was ich sah.«

»Du sahst nicht sehr viel«, sagte der Weise. Und nach einiger Zeit des Schweigens erzählte er eine Geschichte. …

»So höre, o mein ungeduldiger Freund. Der Reiter, der den Beutel vergaß, war ein Räuber und hatte den Beutel gestohlen. Doch er sollte sich seiner Beute nicht freuen. Der Mann, der den Beutel nahm und davonritt, war des Bestohlenen Sohn, den der Räuber um sein Erbe gebracht hatte. Lange schon verfolgte er des Räubers Spur, doch nie holte er ihn ein. Da schenkte ihm Allahs Gnade das Geld zurück, das seinem Vater gehörte.«

»Aber warum musste der unschuldige Holzfäller sterben?« fragte Omar. »Er hatte doch mit der Sache nichts zu tun?«

»Er hatte nichts mit dem Beutel zu tun«, sagte der Weise, »doch auch er gehörte mit ins Spiel. Vor langen Jahren erschlug dieser Holzhauer einen Reisenden im Wald, und nie hat ein irdischer Richter davon erfahren. Doch die himmlische Vergeltung traf ihn, als seine Stunde gekommen war, und er starb genauso, wie sein Opfer gestorben war. Der Reiter freilich wusste nicht, welches Urteil er vollstreckte. Ihm fiel diese Rolle zu, weil er ein Räuber war, den seine bösen Taten tiefer und tiefer verstrickten in Schuld, bis hin zum Mord. Es hetzen ihn aber seines Gewissens Stimmen, und auch er wird nicht entkommen. Jetzt reitet er durch die Nacht wie vom Satan verfolgt; der Mann aber, der den Beutel nahm und den du für einen Dieb hieltest, hat seinem Vater das Geld gebracht, der seinerseits durch den Schrecken des Verlustes gestraft wurde für seinen Geiz. Jetzt freut er sich mit dem Sohn und beschließt im Stillen, sich zu bessern. Er hat nicht mehr lange zu leben. Doch zur Umkehr, in großen wie in kleinen Dingen, ist es niemals zu spät.«

Da schwieg Omar, der Eremit, und schämte sich seiner Kleinmütigkeit. Der Weise aber verabschiedete sich lächelnd, griff nach seinem Wanderstab und sprach: »Leb wohl, mein Freund, und lerne Geduld und Gelassenheit. Viel Leiden

> ist in der Welt, doch das Leiden ist nie umsonst. Die Welt ist aus Licht und Dunkel gemacht, und Böses und Gutes, das Sichtbare und das Unsichtbare verknüpfen sich zum bunten Teppich des Lebens. Voller Schrecken und voller Wunder ist die Welt, doch weise geordnet von Allah, dem Erhabenen, und nichts darin ist zufällig und nicht ohne Sinn – ganz wie in den Märchen, die uns berichtet werden aus lange vergangenen Zeiten.«

Endgültig zerbrochen ist der diesseitige (!) Tun-Ergehen-Zusammenhang im Danielbuch. Zufolge Dan 12,2 werden viele, die unter der Erde schlafen, aufwachen, die einen zum ewigen Leben, die anderen zu ewiger Schmach und Schande. Hier liegt ein doppelter theologischer »Erkenntnisgewinn« gegenüber älteren alttestamentlichen Texten vor. Hatte man sich bisher den Tod als auch für Gott praktisch unüberwindliche Schranke vorgestellt, denn der Augenblick des Todes galt als Ort der Gottesferne. So betet der Psalmist im Angesicht des Todes: »Mein Gott, mein Gott, warum hast du mich verlassen?« (Ps 22,2) Jetzt rechnet man nicht nur mit einer Totenauferweckung, sondern auch mit einer anschließenden Scheidung in ewiges Leben und ewige Schmach und Schande. Hintergrund sind Erfahrungen in der Verfolgung von Juden mit der damit verbundenen Frage: Wie kann ich an meinem Gott festhalten, wenn ich nach dem Tod in die Scheol (das Totenreich) gelange, in welchem irgendwann auch meine Peiniger sein werden? Oder anders gefragt: Lohnt sich das Festhalten an Gott im Angesicht des Todes noch? Und lohnt es sich, ein guter Mensch zu sein, wenn ich möglicherweise früh sterben muss? Mit anderen Worten: Der diesseitige Tun-Ergehen-Zusammenhang ist zur Zeit der Abfassung des Buches Daniel definitiv zerbrochen. Was Dan 12,2 leistet, ist im Grunde eine jenseitige Aufrechterhaltung des Tun-Ergehen-Zusammenhangs. Die Textstelle macht deutlich: Es lohnt sich, an Gott festzuhalten und sich ethisch zu verhalten, denn man bekommt es im Jenseits vergolten. Die Waage »Wie du handelst, so wird es dir ergehen« bleibt im Gleichgewicht.

4.3 Theodizee im Neuen Testament

Nicht nur das Zerbrechen des diesseitigen Tun-Ergehen-Zusammenhangs hat sich bereits in den letzten Büchern des Alten Testaments angedeutet, sondern auch die »Erfindung« eines göttlichen Widersachers (vgl. Hiob). Ursprünglich kam das AT ohne einen Widersacher (Satan) Gottes aus. Nun traf Israel aber im Babylonischen Exil (587 – 539 v.Chr.) auf ein ganz anderes Weltbild, und dieses fremde Weltbild gewann Einfluss auf das Denken der aus dem Exil zurückgekehrten Teile des Volkes Israel. Man bezeichnet dieses Weltbild als streng zweigeteilt, d.h. »dualistisch«: Auf der einen Seite, der Seite des Lichts, stand Gott mit seinen hilfreichen Geistern, den Engeln, die das Gute wollten und wirkten. Auf der anderen Seite, der Seite der Finsternis, stand der Widersacher Gottes, der Satan bzw. Teufel, mit seinen Geistern, den Dämonen, die nichts anderes im Sinn hatten, als den Menschen zu verderben. Diese geradezu spiegelbildliche Vorstellung geht so weit, dass in Mt 25,41 die Dämonen sogar als »Engel des Teufels« bezeichnet werden. Ein ganz wichtiges Motiv für die bereitwillige Übernahme des dualistischen Weltbildes lag darin, das Bild Gottes von negativen Eigenschaften zu entlasten: Gott sollte nicht als Verursacher des Unheils in der Welt dastehen. Dieses dualistische Weltbild war maßgebend für die allgemeine Volksfrömmigkeit, also für den Glauben des normalen antiken Menschen. Und dieses Weltbild war auch das Weltbild des jüdischen Menschen der Zeit des NT, und auch Jesus und seine Jünger haben es geteilt.

Dass Gott nicht für das Böse in der Welt verantwortlich gemacht werden sollte, lässt sich anhand zweier Texte des AT zeigen. Die Chronikbücher erzählen die Geschichten aus den Samuel- und Königebüchern ca. 400 Jahre später noch einmal nach – allerdings mit charakteristischen Unterschieden:

Die Volkszählung, derer sich David schuldig macht, ist nach Meinung der alttestamentlichen Verfasser ein Eingriff in die Souveränität Gottes, der zwangsläufig eine negative Folge nach sich zieht: Israel wird – sowohl in 2Sam 24 als auch 1Chr 21 mit der Pest bestraft. Es ist deutlich zu erkennen, dass die Chronikbücher – deutlich nach dem Exil von Babylon (587–539 v.Chr.) entstanden – schon von dem erwähnten dualistischen Weltbild beeinflusst sind. Überhaupt kennen nur die jüngeren Schriften des AT den Satan, also die ganz bestimmte Gestalt des Teufels mit eben diesem Eigennamen. In den älteren Schriften wird das hebräische Wort »Satan« ohne bestimmten Artikel und ganz allgemein gebraucht. Es heißt so viel wie »Feind, Widersacher, Gegner«, deshalb konnte jeder beliebige Mensch ein »Satan« sein.

Wenn nun das Böse in der Welt nicht mehr auf die Schuld des Menschen bzw. auf eine Prüfung zurückgeführt wird, sondern auf die Dämonen bzw. den Teufel, dann ist der Tun-Ergehen-Zusammenhang fraglos zerbrochen. Dies wird sowohl in Lk 13,1–5 als auch in Joh 9,3 ausdrücklich festgestellt. Leiden und Katastrophen sind zurückzuführen auf dämonisches bzw. teuflisches Wirken auf der Erde. Eine Gesetzmäßigkeit ist nicht zu erkennen. Jesus wird dagegen vorgestellt als einer, der durch seine Heilungswunder und seine Verkündigung gegen die dämonische Versklavung der Menschen ankämpft (vgl. bes. Lk 4,17–21). Von daher geht es im Neuen Testament weniger um die Frage, weshalb Gott das Böse zulässt, sondern um die Überwindung des Bösen (vgl. z.B. Röm 12,21: Lass dich nicht vom Bösen überwinden, sondern überwinde das Böse mit Guten!), weil die neutestamentlichen Autoren (einschließlich Jesus) der Überzeugung sind: Gott will das Böse nicht. Er sucht es zu verhindern.

Und ganz existentiell geht es immer wieder darum, wie man mit dem erfahrenen Leid und dem Bösen umzugehen hat (vgl. 2Kor 12,9: Und er hat zu mir gesagt: Lass dir an meiner Gnade genügen, denn meine Kraft ist in den Schwachen mächtig).

Exkurs: Kleine Satanologie

Der Widersacher Gottes wird im Neuen Testament ganz unterschiedlich bezeichnet:

- *Satan* (hebr.): Mit diesem Wort wird generell ein »Gegner« oder »Widersacher« im Alten Testament bezeichnet. Erst durch das Hiobbuch wird aus ihm der eigentliche Widersacher Gottes.
- *Teufel* (griech. *diabolos*): Diabolos ist im Grunde ein »Durcheinanderwerfer«, einer der in die wohlgeordnete Schöpfung (Gen 1,31) das Chaos bringt. Nicht umsonst erhofft man sich sowohl im Alten als auch im Neuen Testament von Gott eine Neuschöpfung (vgl. nur Offb 21,1–5).
- *Luzifer* (lat.): »Lichtträger« oder »Lichtbringer« – diese Bezeichnung geht auf biblische Vorstellungen zurück. In Jes 14,12–15 findet sich ein Spottlied auf den König von Babel. Dort wird er als »Helel, Sohn des Schachar«, bezeichnet. »Schachar« ist jedoch der Name einer ugaritischen Gottheit der Morgenröte. Diese heißt auf griechisch »Eos«. Deren Sohn wird im griechischen AT als »Eosphoros« (wörtl. »Morgenrötebringer« – in der lat. Übersetzung als *lucifer* [Lichtträger bzw. Lichtbringer]) bezeichnet. Es war vor allem der Kirchenvater Augustin, der Jes 14 in den Zusammenhang mit der Vision Jesu vom Satanssturz (Lk 10,18) brachte, sodass sich die Bezeichnung »Luzifer« für den Satan durchsetzte (vgl. Offb 12,7–9).

- *Beelzebul* (hebr./griech.): Die im Neuen Testament auftauchende Bezeichnung (Mt 10,25; 12,24.27; Mk 3,22; Lk 11,15) geht wahrscheinlich auf das hebräische *baal zaphon* zurück und bezeichnet den »Baal aus dem Norden«. »Baal« (hebr. »Besitzer, Herr«) war ein kanaanäischer Fruchtbarkeitsgott, dessen Kult vom Jahwepropheten Elia strikt abgelehnt wurde (vgl. nur 1Kön 18). Von dieser Rivalität aus wurde im NT »Beelzebul« zum Gegenspieler Gottes.
- *Leviathan* (Hi 3,8; 40,25; Jes 27,1) ist der Name eines Seeungeheuers der jüdischen Mythologie. In christlicher Zeit wird Leviathan mit dem Teufel in Verbindung gebracht.

4.4 Unterschiedliche Lösungsversuche der Theodizeefrage

4.4.1 Dualistische Lösungsversuche

Jeder dualistische Lösungsversuch kann sich – zumindest konzeptionell – auf das NT berufen. Gleichwohl gehen viele in der Theologiegeschichte gemachte Vorstellungen über das NT hinaus.

a) Markion (ca. 85–160 n.Chr.)
Zufolge Markion ist die Schöpfung nicht vollkommen. Verdrängung des Schwächeren durch den Stärkeren, Vergiftungen durch Schlangenbisse, Krankheiten, Leiden, … all das macht für ihn deutlich, dass die Schöpfung das Werk eines Bosheit stiftenden und Böses vergeltenden Gottes sein muss. Dagegen wird der gute Gott gestellt, der Sünden nicht vergilt, sondern vergibt. Jesus ist die Erscheinungsform dieses guten Gottes. Er war kein richtiger Mensch, sondern hatte lediglich einen Scheinleib. Durch seinen Kreuzestod, seine Höllenfahrt und seine Auferstehung erkauft er die Erlösten aus der Hand des Schöpfergottes und dessen missglückter Schöpfung. Die Erlösung wird wirksam in denjenigen, die sich durch Taufe und Askese von der Welt abwenden. Deshalb ist die jüdische Bibel (das Alte Testament) abzulehnen. Markion kreiert für seine Kirche eine Bibel mit dem von alttestamentlichen Anspielungen und Zitaten »gereinigten« Lukasevangelium und in gleicher Weise bearbeiteten Paulusbriefen (es ist davon auszugehen, dass diese Bibel

der markionitischen Kirchen die Entstehung des neutestamentlichen Kanons entscheidend vorangebracht hat).

b) Mani (216–276)

Mani verkündigt den Dualismus zwischen dem Gott des Lichtes und dem Gott der Finsternis. Seiner Meinung nach stammen die Seelen der Menschen aus dem Reich des Lichts. Sie sind auf der Erde aber in ihren Körpern, den Elementen der Finsternis, gefangen. Heil kann nur durch die Scheidung der beiden Prinzipien erlangt werden. Deshalb kann die menschliche Seele nur durch Askese, vor allem durch Verzicht auf Zeugung für die Rückkehr ins Lichtreich bewahrt werden. Zwar vermögen dies nur die Erwählten und Reinen; aber die gläubigen Hörer dieser Botschaft können Anteil haben an den Verdiensten der Reinen. Nach dem Ende des Römischen Reiches hat das manichäische Christentum auf dem Balkan und in Südfrankreich erst durch die Kreuzzüge seine beherrschende Stellung verloren.

Fragen zum Weiterdenken:

1. Ist es legitim, den Schöpfergott derart gegen den Gott Jesu Christi auszuspielen? Was spricht theologisch dagegen?
2. Ist die Erde tatsächlich ein Schlachtfeld zwischen einem göttlichen und einem widergöttlichen Prinzip?
3. Welche Möglichkeiten haben die Menschen, sich auf diesem Schlachtfeld zu positionieren?
4. Welchen Vorteil hat die Vorstellung von einem widergöttlichen Prinzip?
5. Welchen Nachteil hat diese Vorstellung?
6. Mit den antiken Menschen, die ein dualistisches Weltbild hatten, verbindet den heutigen Menschen durchaus die Erfahrung, dass längst nicht alles im Leben steuerbar ist und die persönliche oder allgemeine Katastrophe schnell über die Menschen hereinbrechen kann. Brauchen wir aber in unserer heutigen Theologie noch den Teufel und die Dämonen?
7. Welche Rolle spielt im Leben eines Christen das Bekenntnis zu Gott, dem Allmächtigen?
8. Was meint Martin Luther, wenn er jede Auslegung im Kleinen Katechismus einleitet mit dem Satz »Wir sollen Gott fürchten und lieben«?

4.4.2 Monistische Lösungsversuche

a) Augustin (354–430 n.Chr.)

Alles Nichtgöttliche geht zufolge Augustin aus einer Entfaltung des Göttlichen hervor. Dabei nimmt der Vollkommenheitsgrad von der höheren zu den niederen Lebewesen ab. Dennoch wird alles Seiende – wenn auch in unterschiedlichem Grade – vom Göttlichen durchdrungen. Der Mensch ist ein von Gott geschaffenes und auf ihn ausgerichtetes Wesen. Gott ist das höchste Sein (*summum esse*), das höchste Gut (*summum bonum*). Er allein ist vollkommen. Gott ist die Fülle des Seins, ist einheitlich und einfach. Alles, was von geringerer Seinsqualität, von geringerer Vollkommenheit ist, muss als Mangel bezeichnet werden. Das extrem Böse ist also nur ein Mangel alles Guten. Es besitzt folglich keine eigene Seinsqualität.

Fragen zum Weiterdenken:

1. Wenn das Böse nur ein Mangel an Vollkommenheit bzw. ein Mangel an Sein ist, weshalb hat Gott dann nicht eine vollkommene Welt geschaffen?
2. Wie können sich die Menschen in dieser Theorie positionieren?
3. Was ist die Stärke einer »Lösung« der Theodizeefrage, die ohne die Postulierung eines widergöttlichen Prinzips auskommt?

b) Gottfried Wilhelm Leibniz (1646–1716)

Leibniz will mit seinem Lösungsvorschlag »Gottes Gütigkeit, Weisheit und Gerechtigkeit als höchste Macht« verteidigen. Er will mit Hilfe der Vernunft das Übel und das Böse in der Welt in seiner notwendigen Funktion für das Ganze einsichtig machen. Hierfür postuliert Leibniz zunächst ein »metaphysisches Gesetz«; nach diesem gehört es zum Begriff des Geschöpfes und aller Kreaturen, dass sie endlich sind. Die Welt muss (!) demnach aus endlichen, unvollkommenen Wesen bestehen. Die Annahme einer vollkommenen Welt mit vollkommenen Geschöpfen ist ihm zufolge eine logische Unmöglichkeit. Das Böse ist also – ähnlich wie bei Augustin – der Beitrag zur Vollkommenheit des harmonischen Ganzen.

Auch Gott ist diesem metaphysischen Gesetz unterworfen, das heißt: Eine vollkommene Welt konnte selbst er nicht erschaffen, auch wenn er es gewollt hätte. Er hat aber im Rahmen der Möglichkeiten des metaphysischen Gesetzes die beste aller möglichen Welten erschaffen. Oder anders gesagt: Das Übel in der Welt ist in Wirklichkeit die kleinstmögliche technische Unvollkommenheit der besten aller möglichen Welten.

Leibniz geht insofern über Augustin hinaus, als er – unter Verweis auf das metaphysische Gesetz – zu begründen sucht, weshalb die Welt in abgestuften Vollkommenheitsgraden erschaffen wurde. Bei Augustin wurde das einfach vorausgesetzt.

Gott wird in beiden monistischen Konzeptionen verstanden als außerweltlicher und absoluter Herrscher der Welt. Ob das mit dem biblischen Gottesbild vereinbar ist, wird man bezweifeln können. Gottes Attribute sind aus menschlichen Vorstellungen durch Steigerung (Beispiel: Der Mensch ist wissend, Gott aber ist allwissend) oder Verneinung (Beispiel: Der Mensch ist sterblich, Gott ist unsterblich) gewonnen. Auch hier wird der Mensch verstanden als von Gott abhängig, gefangen in einer bestmöglichen, aber doch mit Übeln behafteten Welt. Vom Bösen befreien kann sich der Mensch bei Leibniz nicht.

Fragen zum Weiterdenken:

1. Wie steht es um die Vorstellung von Gottes Allmacht bei Leibniz?
2. Welche Möglichkeiten hat der Mensch, sich auf Gottes Seite zu stellen?

4.4.3 Der Mensch als Ursache des Bösen

a) Lösungsversuch unter dem Postulat Gott (Immanuel Kant)

Kant lehrt das radikal Böse, d.h. das Böse kommt aus der Freiheit des Menschen. Der böse Gebrauch dieser Freiheit schließt für Kant aus, dass der Mensch es je zu einem eindeutig guten Ende der Geschichte bringen könnte. Das radikal Böse ist nicht ein Akt der menschlichen Willkür, sondern besteht darin, dass die Freiheit des Menschen ihn dazu drängt, sich für das Böse zu entscheiden. Dieses Böse ist von vornherein da, ist radikal-wurzelhaft, grundlegend und unzeitlicher Aspekt jeder bösen Absicht und jeder bösen Tat. Nach Kant ist der Mensch im Grunde unfähig, ethisch richtig, d.h. gut zu handeln. Das Böse ist in seiner Freiheit verankert. Der Mensch kann sich eben jederzeit gegen den kategorischen Imperativ (»Handle so, dass die Maxime deines Handelns jederzeit und für alle gelten könnte!«) entscheiden. Im Subjekt »Mensch« findet sich von vornherein (*a priori*) eine böse Grund-Maxime.

Gott ist für Kant so etwas wie ein »moralischer Welturheber«, der dem Menschen deutlich macht, dass er einen Drang zum Bösen hat.

b) Religionskritische Lösung (Karl Marx)

Ausgangspunkt der Philosophie des Karl Marx ist dessen Verständnis des Menschen. Nach Marx ist der Mensch »gesellschaftliches« Wesen, das heißt: Die menschliche Naturaneignung durch Arbeit ist wesentlich nicht ein individueller, sondern ein korporativer Prozess. Sein Ziel ist kollektive Bedürfniserfüllung. Das Wesen des Menschen erfüllt sich in seiner Vergesellschaftung, in der sowohl die Trennung in Individuen als auch die in Klassen, Nationen usw. aufgehoben ist. Allein der Mensch ist das Subjekt seines Wesens, und in diesem Sinn der Schöpfer und Erlöser seiner selbst.

Zufolge Karl Marx kann sich der Mensch sehr wohl auch für das Gute entscheiden, weil das Böse nicht seinen Grund in der Freiheit des Menschen, sondern in den unmenschlichen gesellschaftlichen Verhältnissen hat. Das Fundament der Gesellschaft ist aber der Arbeitsprozess. Deshalb muss der Mensch aus seiner Arbeit heraus begriffen werden. Durch die Arbeit macht er sich zu dem, was er ist. Die Verwirklichung des Menschen vollzieht sich durch die Arbeit. Die ökonomischen Verhältnisse sind die Basis für Humanität und Inhumanität. Die Herrschaft von Menschen über Menschen entfremdet den Menschen von seinem eigenen Wesen. Deshalb hat die Überwindung des Bösen bei den gesellschaftlichen Strukturen anzusetzen. Dadurch kann der Mensch seine Menschlichkeit zurückgewinnen. Die antisozialen Geburtsstätten des Bösen sind nach Marx zu zerstören. Wenn der Mensch von den Umständen gebildet wird, so muss man die Umstände menschlich bilden.

Religion, Kirche und Gott sind – nach Marx – abzulehnen, weil (a) die Wissenschaft die Religion widerlegt habe und (b) die Religion Produkt des Elends des Volkes sei. Sie ist zu bezeichnen als »Opium für's Volk« ist, d.h. sie sorgt dafür, dass die Menschen auf ein besseres Jenseits vertröstet und so betäubt werden für die Ungerechtigkeiten im Diesseits. Religion macht abhängig, wirkt wie Opium und macht unfähig, die wirklichen Zustände zu sehen und sie zu verändern. Die Religion ist somit Garant des Status quo und insofern strikt abzulehnen, zumal sie nur illusorischer Glücksbringer ist. Erst wenn die Religion ganz abgeschafft ist, gibt es wirkliches Glück. Der Glaube an einen Gott verlängert die Entfremdung, weil ein Ausgleich des gegenwärtigen Elends durch die Jenseitshoffnung das Freiwerden systemverändernder Kräfte verhindert.

Fragen zum Weiterdenken:

1. Ist der Mensch tatsächlich ausschließlich Produkt der Gesellschaft?
2. Welche Rolle spielen Erbanlagen, Erziehung und Umwelt bei der Entwicklung eines Menschen?
3. Ist das heutige Verständnis von christlicher Verkündigung betroffen, wenn man es auf die Vertröstung auf ein positives Jenseits reduziert?
4. Wie ist es zu erklären, dass es evangelische Christen und Kirchen waren, die die Keimzelle der friedlichen Revolution in der DDR im Jahr 1989 bildeten?

4.5 Der Atheismus Ludwig Feuerbachs (1802–1872)

Der reformierte Theologe Karl Barth (1886–1968) sagte gelegentlich, es gebe zwei Arten von Gottlosigkeit, die gedankliche und die praktische. Er hielt letztere für die schlimmere. Die gedankliche Gottlosigkeit leugnet Gott in ihren Taten. Man könne sich im Grunde gar nicht mit ihr auseinandersetzen. Ob Gott existiert oder nicht, ist dem »praktischen Atheisten« egal. Er könne durchaus existieren, nur dass man gleichwohl »praktisch« nicht davon und danach lebt! Diesen Gedanken verwendete Barth des Öfteren in einem weiteren Zusammenhang – er erinnerte die Christen an das Jesuswort, dass man bei der Klage über den Splitter im Auge des Nächsten immer leicht den Balken im eigenen Auge übersieht. Oder anders: Der Schaden, den man anderen zum Vorwurf macht, haftet häufig irgendwie einem selbst an. Und während man den anderen etwa als Atheisten ansieht, behandelt und meidet, zeigt die Geschichte oft, dass man die viel schlimmere praktische Gottlosigkeit, in der man selbst steckt, verkennt und verdrängt.

Barth war deshalb der gedankliche Atheismus aus zwei Gründen lieber: Erstens machen diese Menschen sich ihren Atheismus bewusst (dabei erwiesen sie sich – wie er meinte – durch ihre Lebensweise häufig als gläubiger als manch einer, der sich als »Christ« bezeichnet), und zweitens könne man sich mit diesen Menschen theologisch und philosophisch gut auseinandersetzen.

Vielleicht hat Barth hier auch an den Atheismus Ludwig Feuerbachs gedacht.

4.5.1 Hintergrund

Innerhalb der Theologie ist man sich bewusst, dass man Gott mit Hilfe des menschlichen Denk- und Begriffsvermögens nicht angemessen beschreiben kann, weil Gott jenseits des menschlichen Verstandes ist. In der Bibel wird von Gott in erzählender Redeweise gesprochen, aber die Theologie hat immer wieder versucht, auf denkerische Art und Weise Eigenschaften Gottes zu benennen. Seit Dionysius Areopagita (um 500 n.Chr.) werden diese Eigenschaften Gottes traditionell auf drei Wegen erschlossen:

- auf dem Weg der Verneinung (*via negationis*): Gott ist, was das Weltliche nicht ist, z.B. ewig und unendlich
- auf dem Weg der Überhöhung (*via eminentiae*): Gott ist in umfassender Weise das, was das Geschöpfliche in begrenztem Maße ist, z.B. allmächtig und allgegenwärtig.
- auf dem Weg der Ursächlichkeit (*via causalitatis*): Gott ist der Ursprung aller von ihm in den Geschöpfen hervorgebrachten Vollkommenheiten, z.B. heilig und gerecht.

Probleme: Bei der Gewinnung göttlicher Eigenschaften muss man sich menschlicher Sprache bedienen. Man kann im Grunde Gott nur »menschengestaltig« (*anthropomorph*) beschreiben, d.h. man überträgt menschliche Vorstellungen auf Gott als einen nichtmenschlichen »Gegenstand«.

4.5.2 Der Gottesgedanke als Projektion bei Ludwig Feuerbach

Feuerbach studierte evangelische Theologie in Heidelberg, brach dieses Studium jedoch ab und wandte sich der Philosophie, die er in Berlin studierte, zu. 1826 ging er nach Erlangen und promovierte 1828 zum Dr. phil. 1830 veröffentlichte er anonym die Schrift »Gedanken über Tod und Unsterblichkeit«, in der er den Gedanken einer individuellen Unsterblichkeit verwarf und für ein diesseitsorientiertes Leben eintrat. Nachdem Feuerbach als Autor der Schrift bekannt geworden war, erhielt er keine feste Anstellung an der Universität Erlangen. Im Wesentlichen arbeitete er im Folgenden als freier Schriftsteller und Religionsphilosoph. 1841 erschien seine Hauptschrift »Das Wesen des Christentums«. Nachdem die Porzellanfabrik seiner Frau Berta Löw, die er 1837 geheiratet hatte, um 1855 in finanzielle Schieflage geraten war und schließlich verkauft werden musste, wurde Feuerbach praktisch mittellos. 1860 übersiedelte er nach Rechenberg bei Nürnberg, wo er seine letzten Lebensjahre verbrachte.

Feuerbachs religionsphilosophische Gedanken werden häufig in dem Satz auf den Punkt gebracht: »Der Mensch schuf Gott nach seinem Bilde« (vgl. Gen 1,28). Tatsächlich ist er der Meinung, dass das christliche Gottesbild eine menschliche Fiktion ist. Ausgangspunkt seiner Gedanken ist die Beobachtung, dass sich der Mensch in vielerlei Hinsicht als begrenzt erfährt und immer wieder versucht, diese Grenzen zu übersteigen: Seine Erkenntnis hat Grenzen, aber er möchte diese Grenzen erweitern; seine Macht hat Grenzen, aber er möchte immer mächtiger sein. Der Tod ist eine letztlich unübersteigbare Grenze, die der Mensch im Grunde seines Herzens auch durchbrechen möchte. Diese Grenzen des Menschen sind dazu da, sie zu durchbrechen und sich gegebenenfalls eine Wunschwelt jenseits der wirklichen Welt zu erschaffen. Gott in seiner Allmacht, Allwissenheit und Ewigkeit ist somit nur das Produkt menschlicher Wünsche und Bedürfnisse. Gott ist für Feuerbach ein ins Jenseits projizierter Traum nach menschlicher Entgrenzung. Mit anderen Worten: Gott ist das Ergebnis der Projektion menschlicher Sehnsüchte. Theologie ist in Wahrheit Anthropologie, das heißt: Alle Aussagen über Gott sagen in Wirklichkeit nur etwas über den Menschen (und dessen Sehnsüchte) aus.

Das Problem der Theologie ist aber, dass sie sich dessen nicht bewusst ist. Sie behauptet Gott als ein dem Menschen entgegengesetztes Wesen. Sie verkündet, dass Gott das ist, was der Mensch nicht ist bzw. nicht sein kann (ewig, allmächtig, allgütig, heilig, …). Nach Feuerbach muss dem Menschen deutlich gemacht werden, dass er hier nur sein eigenes Wesen ins Unendliche projiziert und in seinem Gottesbild im Grunde nur seinem eigenen Idealbild ins Angesicht blickt. »Gott« beschreibt im Grunde nur das gewünschte Wesen des Menschen, »Gott« ist nur der erdichtete Wunsch des menschlichen Herzens; insofern kann man tatsächlich in Anlehnung an Gen 1,28 mit Feuerbach sagen: »Der Mensch schuf Gott nach seinem Bilde.«

Deshalb schlägt Feuerbach vor, den Menschen auch ethisch an die Stelle Gottes treten zu lassen. Aus der von der christlichen Religion geforderten Gottesliebe soll wahre Nächstenliebe treten, denn die auch von der christlichen Verkündigung geforderte Nächstenliebe ist nur abgeleitet und letzten Endes immer nur Selbstliebe. Denn ein Nächstenliebe übender Christ erhofft sich Belohnung von seinem Handeln durch seinen Gott im Jenseits. Insofern ist die christlich geübte Nächstenliebe falsch. Wahre Nächstenliebe kann nach Feuerbach nur der Atheist praktizieren, weil er auf diesen erhofften Lohn im Jenseits nicht angewiesen ist bzw. nicht mit ihm rechnet. Das christliche Gottesbild ist nach Feuerbach Illusion bzw. ein Traum; und es wäre wichtig, den Menschen aus diesem Traum aufzuwecken, damit dieser erkennt, wozu er fähig sein kann.

4.5.3 Zur Beurteilung Feuerbachs

a) Tatsächlich erschließen sich viele Christinnen und Christen ihr Gottesbild aus menschlichen Attributen – die mittelalterliche Theologie macht dies durch die Wege, wie man auf die Eigenschaften Gottes kommt, deutlich. Feuerbachs Ansatz zeigt die Problematik dieser Versuche schonungslos auf. Man erschafft sich seinen Gott entsprechend seinem eigenen Wunschbild. Im realen (Glaubens-)Leben ist es tatsächlich so, dass sich im Grunde jede und jeder das eigene Gottesbild »zusammenbastelt«. Es ist das Verdienst Feuerbachs, auf diese Problematik hingewiesen und sie als Projektion entlarvt zu haben.
b) Nach christlichem Verständnis entsteht Glaube allerdings nicht dadurch, dass der Mensch (von sich aus) projiziert, sondern dadurch, dass er von Gott angesprochen wird bzw. dadurch, dass Gott ihm den Glauben schenkt. D.h. Glaube entsteht nicht vom Menschen aus, sondern von Gott aus. Es sei Feuerbach allerdings zugestanden, dass er auf diesen Einwand wahrscheinlich antworten würde: Das bildet sich der Mensch nur ein!
c) Hauptargument gegen Feuerbachs Projektionstheorie ist jedoch das bereits von Eduard von Hartmann in seiner »Geschichte der Meta-

physik, Bd. 2« vorgebrachte: »Nun ist es ganz richtig, daß darum etwas noch nicht existiert, weil man es wünscht, aber es ist nicht richtig, daß darum etwas nicht existieren könne, weil man es wünscht … Wenn die Götter Wunschwesen sind, so folgt daraus für ihre Existenz oder Nichtexistenz gar nichts.« Deshalb muss, wenn man Feuerbachs Religionskritik darstellen möchte, zum Begriff der Projektion stets auch der Begriff der Illusion treten; sonst verpufft die gesamte Kritik Feuerbachs.

Fragen zum Weiterdenken:

1. Wird die lutherische Rechtfertigungslehre und damit die Verkündigung der lutherischen Kirche überhaupt von dem Argument Feuerbachs getroffen, ein Christ übe nur Nächstenliebe, weil er sich davon Belohnung im Jenseits erhoffe?
2. Was hat christliche Verkündigung zur Behauptung Feuerbachs zu sagen, die Vorstellung »Gott« sei wie ein Vampir, der selbst Liebe beansprucht und somit wahre Nächstenliebe verhindert?

5

Was ist der Mensch? Christliche, philosophische und psychologische Entwürfe

5.1 Einleitung: Wie viel ist der Mensch wert?

Am geringsten taxiert der Chemiker den Wert eines Menschen. Er berechnet den Gehalt eines Erwachsenen an Wasser, Zellulose, Eiweiß und Kalk mit ungefähr 15 €.

Amerikanische Versicherungsgesellschaften halten den Menschen für wertvoller. Nach ihrer Ansicht ist ein Neugeborener ungefähr 20.000, ein Zehnjähriger 25.000 € wert. Der Wert eines Menschen steigt mit dem Alter. Er summiert sich aus den Kosten der Berufsausbildung und dem Einkommen. Frauen sind deshalb nur halb so viel wert wie Männer, weil sie in der Regel früher aus dem Beruf ausscheiden, weniger verdienen und nicht so häufig eine Berufsausbildung abschließen.

Der Wert eines Künstlers errechnet sich aus den Einnahmen beim Verkauf seiner Werke: Manuskripte, Noten, Bücher, Funkhonorare, Urheberrechte und CDs. Demnach waren bei ihren Lebzeiten Heinrich von Kleist, Franz Schubert oder Vincent van Gogh weit weniger wert als etwa Katharina Witt; sie haben aber nach ihrem Tod einen Wertzuwachs erfahren, der sie dieser Künstlerin an finanziellem Wert immer noch weit überlegen sein lässt.

Schweizerische Versicherungsgesellschaften berechnen den Wert eines Menschen aus dem Produkt des Jahreseinkommens und der Dauer der Berufstätigkeit in Jahren. Ein Mensch mit einem Monatseinkommen von 800 € und einer voraussichtlichen 40-jährigen Berufstätigkeit wäre demnach 400.000 € wert.

Im Konzentrationslager Auschwitz war der Mensch 1629 Reichsmark wert. Das wurde folgendermaßen berechnet: Täglicher Verleihlohn 6 Mark abzüglich 60 Pfg. für Ernährung und 10 Pfg. für Bekleidung. Durchschnittliche Lebensdauer neun Monate, macht 1431 RM. Dazu »Erlös« aus rationeller Verwertung der Leiche (Zahngold, Kleidung, Wertsachen, Geld) rund 200 RM, abzüglich 2 Mark Verbrennungskosten, macht 1629 Reichsmark. Diese »Rentabilitätsrechnung« ist dokumentarisch überliefert.

Amerikanische Militärwissenschaftler stehen auf dem Standpunkt, ein Objekt könne nicht mehr wert sein, als für seine Vernichtung ausgegeben werde. Sie errechnen deshalb den Wert eines Menschen aus den Kosten eines Krieges, geteilt durch die Zahl der Gefallenen. Demnach ist dieser Wert im Lauf der Geschichte enorm gestiegen. Bei Cäsars Feldzug in Gallien kostete es durchschnittlich 3 €, einen Menschen zu töten. Zu Napoleons Zeiten war der Mensch nach dieser Rechnung schon 10.000 € wert, im Ersten Weltkrieg 85.000 € und im Zweiten Weltkrieg 200.000 €. Für den nächsten Krieg schätzt der amerikanische Verteidigungsminister zehn Megatote in den USA! Zehn Megatote sind eine nullensparende Kurzform für 10 Millionen Opfer. Seit dieser Feststellung sind zwar die Preise gestiegen, aber die Technik ist auch vollkommener geworden, sodass man, auf die ganze Welt gerechnet, vierzig Megatote prophezeit. Da die Wasserstoffbombe billiger und ihre Wirkung stärker geworden ist, kostet die Vernichtung eines Menschen in Zukunft wohl bedeutend weniger als im letzten Krieg.

5.2 Das biblische Menschenbild

5.2.1 Altes Testament

Das alttestamentliche Menschenbild ist ein ganzheitliches. Der Mensch wird nicht unterteilt in (unsterbliche) Seele und sterblichen Körper (dichotomisches Menschenbild) oder in Geist, Seele und Leib (trichotomisches Menschenbild). Wenn die häufigsten Hauptwörter in der Regel mit »Herz«, »Seele«, »Fleisch« und »Geist« übersetzt werden, dann hängt das häufig mit der griechischen Übersetzung des Alten Testaments, der Septuaginta (um 150 v.Chr.), zusammen. Betrachtet man die hebräische Bedeutung dieser Wörter, dann wird sehr schnell deutlich, dass sie niemals einen Teil des Menschen bezeichnen, sondern in der Regel den Menschen als ganzen unter einem bestimmten Aspekt.

Beispiel: Was in der Lutherbibel als »Seele« auftaucht, steht in der griechischen Übersetzung als *psyche*. Dies ist im Grunde eine korrekte Übersetzung. Das hebräische Ursprungswort heißt *naefaesch* und hat ein ganz weites Spektrum: Kehle, Hals, Begehren, Seele, Leben, Person. Besonders deutlich wird die Ganzheitlichkeit in den Psalmen: Wenn in Ps 103,1 aufgefordert wird »Lobe den Herrn, meine Seele, und was in mir ist, seinen heiligen Namen!«, so ist damit gemeint, dass der Psalmbeter sich selbst auffordert, Gott zu loben und zu preisen, im Sinne von »Ich will den Herrn loben!« Tatsächlich legt es sich häufig nahe, das hebräische *nafschi* (»meine Seele«) schlicht mit »ich« zu übersetzen.

Ähnlich verhält es sich mit dem Begriff »Herz« (hebr. *leb*). Das »Herz« ist in alttestamentlicher Anthropologie (häufig zusammen mit den Nieren) der Sitz der Entscheidungsfindung, aber auch des Wünschens (vgl. nur 1Sam 16,7; Ps 44,22 bzw. »Herz und Nieren« in Ps 7,10; 26,2 u.ö.).

Auch als Adam, der nach der Ackererde (hebr. *adamah*) benannt ist, nach dem Sündenfall verheißen wird, dass er nach dem Tod wieder zu Erde werde, davon er genommen sei (Gen 3,19), fällt kein Wort von einer wie immer gearteten Seele, die den Tod überdauern könnte.

Bibelkundlich gesehen finden wir die zentralen Aspekte alttestamentlicher Anthropologie in der sog. Urgeschichte (Gen 1–11). In diesen ersten elf Kapiteln der Bibel geht es noch nicht um Israel und die Geschichte Israels, sondern um die gesamte Menschheit. In diesen Kapiteln finden sich die beiden Schöpfungsgeschichten (Gen 1 und 2), die Geschichte vom Sündenfall und Brudermord (Gen 3 und 4), die Sintflut (Gen 6–9) und die Geschichte vom Turmbau zu Babel (Gen 11).

Der Mensch ist Geschöpf Gottes (Gen 1 und 2)

Der Mensch ist nicht mit Gott identisch; nichts in ihm ist göttlich. Er ist genauso geschaffen wie seine Umwelt. Die Besonderheit dieser Erkenntnis wird deutlich, wenn man sich die Entstehungszeit des ersten Schöpfungsberichts bewusstmacht. Gen 1 wurde im babylonischen Exil vefasst

(587–539 v.Chr.), und zwar in Abgrenzung zu den wesentlich älteren babylonischen Schöpfungsmythen. Dort wurde unter anderem behauptet, die Erde sei entstanden aus einem Kampf zwischen Marduk und dem Urdrachen Tiamat. Marduk habe Tiamat besiegt und aus ihren Eingeweiden die Erde erschaffen. Der Mensch sei schließlich aus dem Blut von Tiamat gemacht worden. Hält man diesen Mythos als Folie vor Gen 1, dann wird deutlich, wie modern die Schöpfungsgeschichte von Gen 1 eigentlich ist, denn ihr zufolge ist nichts in und an der Welt göttlich, alles ist geschaffen (und von daher naturwissenschaftlich untersuchbar).

Die Schöpfungsgeschichten machen aber auch deutlich, dass der Mensch von Gott abhängig ist, weil dieser ihn erschaffen hat. Gott ist es, der ihm seine Bestimmung erläutert. Auch wenn der Mensch selbst nicht göttlich ist, liegen sein Ursprung und dementsprechend auch sein Ziel nicht im innerweltlichen Bereich, sondern bei Gott.

Der Mensch ist »Ebenbild Gottes« (Gen 1,27)

Dem Menschen kommt eine Sonderstellung im Kosmos zu. Er ist zwar Teil der Schöpfung, aber er ist aus allen Geschöpfen herausgehoben, denn er ist Ebenbild Gottes. Damit ist nicht gemeint, dass er wie Gott aussieht. Vielmehr erläutert der folgende Vers das Verständnis der Gottesebenbildlichkeit. Zufolge Gen 1,28 bekommt der Mensch den Auftrag, über die Schöpfung zu herrschen. Auch hier lohnt ein Blick auf den babylonischen Schöpfungsmythos. Es ist der Gott Marduk, der die Menschen erschafft, damit sie ihm dienen. Der biblische Schöpfungsbericht bezieht dazu dezidiert eine Gegenposition. Auch der Begriff der »Gottesebenbildlichkeit« ist der alttestamentlichen Umwelt entlehnt. Sowohl in Babylon als auch in Ägypten galt allenfalls der König bzw. Pharao als Ebenbild eines Gottes und war entsprechend zu verehren bzw. anzubeten. Wenn in Gen 1,27f deutlich gemacht wird, jeder Mensch habe als Gottes Ebenbild zu gelten, wird deutlich, welche Würde dem Menschen in der Bibel zuerkannt wird. Die logische Folge der Gottesebenbildlichkeit aller Menschen ist der Auftrag zum Herrschen über die Schöpfung – an alle Menschen. In diesem Sinne bedeutet Ebenbildlichkeit Stellvertreterschaft Gottes.

Der Mensch ist »Sünder«

Den schöpfungsgemäßen Auftrag, in Stellvertreterschaft Gottes über die Erde zu herrschen (Gen 1,28) bzw. sie zu bebauen und zu bewahren (vgl. Gen 2,15), verfehlt der Mensch immer wieder. Er ist auf sich selbst fixiert, überschreitet Grenzen, die ihm gesetzt sind, ist gleichgültig gegenüber seinen Mitmenschen und will sich selbst immer wieder »einen Namen machen«. Tatsächlich ist die Urgeschichte (Gen 1–11) eine Aneinanderreihung von Katastrophen:

Anfangs ist noch alles »sehr gut« (Gen 1,31). Doch dann übernehmen die Menschen »das Kommando«; und es geht stetig bergab. Die Folgen aus den Taten der Menschen sind dabei nicht einfach eine Strafe Gottes, sondern sie sind unausweichliche und logische Folge des bösen Tuns (Tun-Ergehen-Zusammenhang, s.o.). Tatsächlich ist die biblische Urgeschichte (Gen 1–11) eine Aneinanderreihung von (selbstverschuldeten) Katastrophen:

Nach Gen 1,31 ist die Schöpfung »sehr gut«. Als aber der Mensch aktiv wird, beginnt die Verhängniskette:

- Adam und Eva essen die Frucht vom Baum der Erkenntnis (»Sündenfall«) und müssen das Paradies verlassen (Gen 3,16–19).
- Kain tötet seinen Bruder Abel und muss ruhelos umherziehen (Gen 4).
- Das böse Tun der Menschen zieht die Sintflut nach sich (Gen 6–9).
- Die Menschen wollen sich einen Namen machen und bauen den Turm von Babel; deshalb werden ihre Sprachen verwirrt (Gen 11).

Die Urgeschichte des Alten Testaments (Gen 1–11) lässt keinen Zweifel daran: Das »Dichten und Trachten des menschlichen Herzens ist böse« (Gen 6,5). Dies ist der Grund für die Sintflut. Nun könnte man meinen: Nachdem alle bösen Menschen ausgerottet sind, wird alles gut. Das heißt: Auch die gegenwärtige Menschheit ist gut, weil sie die Nachkommenschaft des guten Noah ist. Aber weit gefehlt! Die Begründung dafür, dass keine Sintflut mehr kommen soll, ist dieselbe wie die für die Sintflut: »Ich will hinfort nicht mehr die Erde verfluchen um der Menschen willen, denn das Dichten und Trachten des menschlichen Herzens ist böse von Jugend auf«, spricht Gott nach Gen 8,21. Mit anderen Worten: Auch die nach-noachitische Menschheit ist von sich aus unfähig zum Guten. Ganz anders hatte etwa Sokrates über den Menschen geurteilt. Seiner Meinung nach weiß der Mensch im Grunde seines Herzens um Gut und Böse. Und wenn dieses Wissen durch die Fragen des Philosophen wieder gelegt ist, handelt er automatisch auch entsprechend gut.

Auch in der Psychologie ist es eine immer wieder gestellte Frage: Ist der Mensch im Grunde gut, oder ist er böse?

Der Psychologe Philip Zimbardo von der Stanford University in Palo Alto wollte das Gefängnisleben in seiner Auswirkung auf die Psyche von Menschen untersuchen. Aus den Bewerbern für sein Experiment wählte er zwanzig Studenten aus, die er für reif dafür hielt, und teilte sie per Münzwurf in Gefangene und Gefängniswärter auf. Als Gefängnis dienten drei kleine Laborräume im Keller des Psychologiegebäudes, bei denen man die Türen durch Gitter ersetzt hatte. Nach der Verhaftung der zehn Häftlinge wurden sie in Häftlingskleider gesteckt und am Fuß mit einer Kette versehen. Dann wurden ihnen 16 Regeln vorgelesen. Dort hieß es z.B., dass Gefangene während der Ruhepausen und Mahlzeiten nicht sprechen dürften, außerdem müssten sich sie auch untereinander nur mit der Häftlingsnummer ansprechen. Die Nichtbefolgung der Regeln zog Strafen nach sich. Immer wieder – auch nachts – konnten die Gefangenen zum Zählappell zusammengerufen werden. Bei diesem Appell mussten sie ihre Häftlingsnummer und die 16 Regeln auswendig aufsagen. Anfangs dauerte der Appell zehn Minuten, später oft mehrere Stunden.

Für Wärter wie für Gefangene verwischten sich langsam die Grenzen zwischen Experiment und Realität. Immer häufiger mussten die Wärter daran erinnert werden, dass keine körperliche Gewalt erlaubt war. Die Macht über die Häftlinge schien auch aus grundsätzlich pazifistisch eingestellten Studenten sadistische Gefängniswärter zu machen. Nach fünf Tagen musste Zimbardo das Experiment abbrechen.

Fragen zum Weiterdenken:

1. Machen die Umstände den Menschen oder der Mensch die Umstände?
2. Steckt ein KZ-Aufseher in jedem Menschen?

Gott nimmt den Menschen an

Dass der Mensch Sünder ist, bleibt im Alten Testament so nicht stehen, ist nicht Gottes endgültiges Urteil. Die Lebensminderungen, die der Mensch wegen seiner Bosheit auf sich zu nehmen hat, lassen Gott nicht kalt. Er nimmt sich des Sünders an:

Alle vier Katastrophen (Sündenfall, Brudermord, Sintflut, Turmbau) der Urgeschichte, die ja lediglich Folgen aus dem bösen Handeln der Menschen sind, werden von Gott »abgefedert«:

a) Adam und Eva müssen das Paradies zwar verlassen, aber Gott gibt ihnen Kleider (Gen 3,21).
b) Kain muss zwar ruhelos umherirren, aber Gott gibt ihm ein Schutzzeichen (Gen 4,15).

c) Es bleibt dabei: Alles Dichten und Trachten des menschlichen Herzens ist böse von Jugend an (Gen 8,21), aber Gott will nicht noch einmal eine Sintflut kommen lassen; der Regenbogen ist hierfür das Bundeszeichen (Gen 8,21f).
d) Nach der Sprachverwirrung beginnt Gott mit Abraham eine neue Heilsgeschichte. Diese hat als Ziel Gottes Segen für alle Geschlechter auf Erden (Gen 12,3).

Somit wird bereits in der Urgeschichte der Aspekt der Annahme des Sünders durch Gott sichtbar.

5.2.2 Neues Testament

1. Das Menschenbild Jesu

Jesus von Nazareth teilt das alttestamentliche Menschenbild. Er muss nicht mehr begründen, dass der Mensch Gottes Geschöpf und zugleich Sünder ist. Beide Aspekte werden von ihm schlicht vorausgesetzt:

Der Mensch ist Geschöpf Gottes

In der Verkündigung Jesu erscheint der Mensch immer wieder als Geschöpf Gottes. Gott als der Herr des Himmels und der Erde (Mt 11,25; Lk 10,21) lässt seine Sonne aufgehen über Gerechte und Ungerechte (Mt 5,45). Ohne seinen Willen fällt kein Haar vom Haupt des Menschen (Mt 10,29–31). Gott trägt Sorge für die Vögel und die Lilien, um wie viel mehr wird er für die Menschen sorgen (Mt 6,25–33)? Dass Gott der Schöpfer der Welt ist, muss von Jesus nicht explizit gesagt, sondern kann vorausgesetzt werden. Die beigebrachten Aussagen machen deutlich, dass hier der Schöpfer zugleich als Erhalter und Bewahrer seiner Schöpfung verstanden ist. Der Aspekt der Gottesebenbildlichkeit wird von Jesus nicht erwähnt, aber die Tatsache, dass der Mensch aus der Schöpfung auch nach dem Verständnis Jesu herausgehoben ist (vgl. Mt 6,25–33), ist keine Frage.

Der Mensch ist Sünder

Auch dass der Mensch von sich aus böse ist und seine Bestimmung immer wieder verfehlt, braucht Jesus offenbar nicht noch einmal zu begründen. Im Rahmen der Aufforderung, Gott um das zu bitten, was man zum Leben benötigt, nimmt Jesus Bezug auf die Eltern-Kind-Beziehung der Zuhörer (Mt 7,11): »Wenn nun ihr, die ihr doch böse seid, dennoch euren Kindern gute Gaben geben könnt, wie viel mehr wird euer Vater im Himmel Gutes geben denen, die ihn bitten!« Praktisch im Vorbeigehen wird der Zuhörerschaft die eigene Bosheit vorgehalten. Ein möglicher Widerspruch durch die Zuhörer Jesu ist in diesem Zusammenhang nicht überliefert. Es ist für sie offenbar auch keine Frage: Der Mensch ist böse. Dem entspricht auch die Bitte um Vergebung im Vaterunser (Mt 6,12; Lk 11,4), die voraussetzt, dass der Beter schuldig geworden ist. Der Mensch ist hinter den Forderungen Gottes zurückgeblieben und weiß sich angewiesen auf Gottes Vergebung. Auch die Beispielerzählung vom Pharisäer und vom Zöllner (Lk 18,10–14) macht die Sündhaftigkeit beider (!) deutlich.

Gott nimmt den Sünder an

Die drei Gleichnisse vom Verlorenen (Groschen, Schäfchen, Sohn) werden eingeleitet mit einer Notiz, dass Jesus Gemeinschaft mit Zöllnern und Sündern gepflegt habe (Lk 15,1f).

Exkurs: »Zöllner« im Neuen Testament

Die römische Besatzungsmacht erhob drei Arten von Steuern in den unterworfenen Provinzen: (1) Kopfsteuer (*tributum capitis*): Jeder Bürger musste einen gewissen Betrag jährlich an den Staat zahlen. (2) Bodensteuer (*tributum soli*): Jeder Grundbesitzer hatte einen Betrag entsprechend der Größe seines Grundbesitzes jährlich an den Staat zu entrichten. (3) Zoll (Wegezoll, Brückenzoll, Marktzoll): Das Zollrecht verkauften die Römer an den meistbietenden Juden. Diese Vorauszahlungen wieder zu erwirtschaften und womöglich darüber hinaus noch Gewinn zu erzielen, lag dann in den Händen der Steuerpächter bzw. Zöllner, die schlaue Geschäftsmanner zu sein hatten. Macht man sich bewusst, dass die erste und zweite Steuer jährlich gegenüber Staatsbeamten zu entrichten war, der Zoll jedoch permanent erhoben wurde, ist es verständlich, dass die galiläische Landbevölkerung Zöllnern gegenüber auf Distanz ging. Zöllner standen nicht nur dauerhaft (zumindest teilweise wohl auch zu Recht) im Verdacht, zu viel Zoll zu erheben, sondern galten auch als »Kollaborateure« der römischen Staatsmacht. Mit diesen Menschen wollte der jüdische Normalbürger sowenig wie möglich zu tun haben.

Obwohl die Zöllner in der Regel Juden waren, galten sie als »unrein« (vgl. Mk 2,15–17) und als »Sünder« (vgl. Mk 2,17; Lk 7,34). Diese Praxis durchbricht Jesus mit der Gemeinschaft, die er gerade mit denjenigen pflegt, die von der Gesellschaft gemieden werden.

Diese Praxis illustriert Jesus mit Hilfe von Gleichnissen und Parabeln. In Lk 15,11–32 wird die Annahme des zurückgekehrten Sohnes deutlich: »Als er aber noch weit entfernt war, sah ihn sein Vater, und es jammerte ihn; er lief und fiel ihm um den Hals und küsste ihn« (Lk 15,20); und dies, noch bevor er dem Vater eingestanden hat: »Vater, ich habe gesündigt gegen den Himmel und vor dir ...« (Lk 15,21). Wenn der Vater sodann in seiner Entgegnung auf das Sündenbekenntnis gar nicht einzugehen scheint (»Aber der Vater sprach zu seinen Knechten: Bringt schnell das beste Gewand her und zieht es ihm an und gebt ihm einen Ring an seine Hand und Schuhe an die Füße ...«), dann geht es hier vor allem darum, dass die Schuldvergangenheit des Sohnes vom annehmenden Vater für irrelevant erklärt wird. Dementsprechend betont der Vater zweimal: Mein Sohn »war tot und ist wieder lebendig geworden; er war verloren und ist gefunden worden« (Lk 15,24.32). Man wird sich davor hüten müssen, aus dieser Geschichte die Sündenerkenntnis als Voraussetzung für die Annahme zu behaupten. Sicherlich musste der Sohn sich zunächst auf den Weg zu seinem Vater machen, aber auf die erneute Annahme als Sohn konnte und durfte er nicht hoffen. Zieht man die beiden vorangegangenen Gleichnisse (verlorenes Schaf, verlorener Groschen) hinzu, dann wird auch hier deutlich, dass in beiden Fällen das Verlorene wiedergefunden wird (passiv!).

Durch die Annahme Gottes gewinnt der Mensch neue Handlungsperspektiven

Die Tatsache, dass Gott den Sünder annimmt, hat vonseiten des Sünders zwar keine Voraussetzung, aber sie zeitigt Folgen. Am deutlichsten ist das zu erkennen an der Begegnung Jesu mit dem Zöllner Zachäus (Lk 19,1–10). Jesus lädt sich bei dem von seiner jüdischen Umwelt ausgegrenzten schwerreichen Oberzöllner ein: »Zachäus, steig herunter, denn ich muss heute in deinem Haus einkehren« (Lk 19,5). Von irgendeiner Voraussetzung (etwa in der Art: »Zachäus, sofern du bereit bist, den von dir Betrogenen ihr Geld zurückzugeben, kehre ich heute bei dir ein!«) findet man im Text nichts. Was während des Festes gesprochen wird oder was während des Festes in Zachäus vorgegangen ist, überliefert Lukas auch nicht. Ebensowenig schreibt der Evangelist etwas davon, dass Jesus Zachäus ins Gewissen geredet habe. So wird man schlicht vermuten dürfen, dass es ein fröhliches Bankett war, zumal Zachäus Jesus »mit Freuden« (Lk 19,6) aufnahm. Und am Ende des Festes gibt Zachäus von sich aus ein Versprechen ab: »Siehe, Herr, die Hälfte von meinem Besitz gebe ich den Armen, und wenn ich jemanden betrogen habe, so gebe ich es vierfach zurück« (Lk 19,8). An dieser Handlungsweise wird deutlich, dass die Annahme durch Jesus in Zachäus etwas bewirkt. Zachäus ist damit kein Jesusjünger, der alles verlässt wie etwa Petrus oder Levi (Lk 5,11.28), Jesus nachfolgt und damit seine eigene Existenzgrundlage zerstört. Aber er zeigt den Leserinnen und Lesern des Lukasevangeliums mit seiner freiwilligen Handlungsweise Möglichkeiten der Antwort auf das Bewusstsein auf, von Jesus angenommen zu sein. Theologisch gesehen hat das Festmahl mit Jesus den Zöllner befreit von seiner Gier, möglichst viel materiellen Reichtum anhäufen zu müssen. Ihm scheint klargeworden zu sein, dass es im Leben um etwas ganz anderes geht.

Die Negativfolie hierzu bildet der reiche Kornbauer aus der Beispielgeschichte Jesu in Lk 12,16–21, der eine sehr große Ernte einfährt, alles für sich behalten möchte und am Ende sein Leben verliert.

2. Das Menschenbild des Paulus

Das Menschenbild des Paulus könnte zwar mit den vergleichbaren Kategorien wie das Menschenbild Jesu von Nazareth beschrieben werden, ist aber ganz anders begründet.

Vor allem im Römerbrief (Kap. 7–8) lassen sich die anthropologischen Überzeugungen des Paulus ablesen. Am deutlichsten wird sein Verständnis des in Gal 2,16 und Röm 3,20. Dort heißt es beide Male mit der gleichen Formulierung: »… aus Werken des Gesetzes wird kein Fleisch (!) gerechtfertigt«.

Macht man sich aber bewusst, dass dieser Nebensatz ein Zitat aus Ps 143,2 ist, dann fällt auf diesen Satz ein besonderes Licht. Dort heißt es nämlich: »vor dir wird kein Lebewesen gerechtfertigt«. Paulus ändert die neutrale Formulierung »Lebewesen« in »Fleisch« (griech. *sarx*). Dies zeigt das Interesse des Paulus: Insofern der Mensch »Fleisch« ist – und niemand ist von dieser anthropologischen Verfasstheit ausgenommen – wird auch die Rechtfertigung aus den Werken, die das Gesetz fordert, zu einer objektiven Unmöglichkeit. Der fleischliche Mensch kann das geistliche Gesetz (Röm 7,14) nicht erfüllen. Das Gesetz (die Tora) hat nicht die Macht, diesen »sarkischen« Zustand des Menschen zu überwinden und ihrem Täter eine lebenschaffende Gerechtigkeit zu verleihen. Die Tora, die eigentlich zum Leben gegeben wurde, führt nach Meinung des Paulus paradoxerweise nur zur Erkenntnis der Sünde (Röm 3,20).

Hintergrund dieser Argumentation ist ein Dualismus, innerhalb dessen Gott und Mensch streng getrennt sind und im Grunde nicht zueinander kommen können.

Eigentlich ist der Mensch qua Fleischlichkeit dazu verdammt zu sündigen und letzten Endes zu sterben. In Röm 7 macht Paulus deutlich, dass es seiner Meinung nach unmöglich ist, das Gute zu vollbringen:

»Das Wollen habe ich wohl, aber das Gute vollbringen kann ich nicht. Denn das Gute, das ich will, das tue ich nicht, sondern das Böse, das ich nicht will, das tue ich« (Röm 7,18f). Anders als bei Sokrates, bei dem die Erkenntnis des Guten unweigerlich zum Tun des Guten führt, macht Paulus deutlich, dass das so nicht funktionieren kann, weil der Mensch »gefangen im Gesetz der Sünde« (Röm 7,23) ist. Und entsprechend fragt er am Ende von Röm 7: »Ich elender Mensch! Wer wird mich erlösen von diesem todverfallenen Leib?« (Röm 7,24); denn nach Paulus ist der Tod der Sünde Sold (Röm 6,23).

Es ist also eine anthropologische Konstante, die Fleischlichkeit, die dafür sorgt, dass der Mensch die Tora, die ihm eigentlich zum Leben gegeben war (Röm 7,10), nicht erfüllen kann; denn die Tora ist geistlich (Röm 7,14; vgl. Röm 7,12). Der Mensch wäre also in einer ausweglosen Situation gefangen, wenn nicht Gott die Initiative ergriffen hätte.

Im vorliegenden Zusammenhang ist Röm 8,3f die zentrale Stelle: »Denn was dem Gesetz unmöglich war, weil es durch das Fleisch geschwächt war, das tat Gott: Er sandte seinen Sohn in der Gestalt des sündigen Fleisches und um der Sünde willen und verdammte die Sünde im Fleisch, damit die Gerechtigkeit, vom Gesetz gefordert, in uns erfüllt würde, die wir nun nicht nach dem Fleisch leben, sondern nach dem Geist«.

Normalerweise sind für Paulus Kreuz und Auferweckung die zentralen Heilstatsachen (vgl. nur Röm 14,8f; 1Kor 15,3–5), aber hier benennt er aus gegebenem Anlass als zentralen Punkt die Fleischwerdung Jesu (die Inkarnation). Durch diese Tat Gottes in Jesus ist der Dualismus aufgebrochen. Es ist so, als habe der dicke Strich zwischen Gott und dem Menschen ein Loch bekommen. Die Glaubenden sind zwar noch Fleisch, aber sie sind nicht mehr »fleischlich«, sondern »geistlich gesinnt«. Und dieser Gottesgeist, den die Glaubenden bzw. die Gerechtfertigten (Röm 3,21–28) empfangen haben, ist eine »Anzahlung« (Luther übersetzt »Unterpfand« – man könnte auch fast von einer »Garantie« sprechen) auf das endzeitliche Heil. Mit Hilfe dieses Geistes sind die Glaubenden befreit zur »herrlichen Freiheit der Kinder Gottes« (Röm 8,21; vgl. Röm 8,14–16). Paulus hält daran fest, dass diese Rettung vor dem endzeitlichen Tod bzw. der endzeitlichen Verdammnis eine Rettung »auf Hoffnung« ist, dass diese Geistgabe zugleich aber auch Auswirkungen auf die Gegenwart hat: »Ist Gott für uns, wer kann wider uns sein?« (Röm 8,31). Er ist der Überzeugung, dass derjenige, der den Gottesgeist empfangen hat, auch »durch den Geist die Taten des Fleisches tötet« (Röm 8,13). Oder wie er in Gal 5,25 argumentiert: »Wenn wir im Geist leben, so lasst uns auch im Geist wandeln«. Von daher kann Paulus sogar behaupten, dass derjenige, der »in Christus« ist, bereits eine »neue Kreatur« sei (2Kor 5,17).

Noch einmal: Die Glaubenden sind nach Paulus zwar nach wie vor fleischlich, aber sie haben den Gottesgeist als Anzahlung bereits erhalten. Bei der Auferstehung der Toten wird auch – so Paulus – der fleischliche bzw. der natürliche Leib durch einen »geistlichen Leib« ersetzt werden: »Es wird gesät ein natürlicher Leib und wird auferstehen ein geistlicher Leib. Gibt es einen natürlichen Leib, so gibt es auch einen geistlichen Leib« (1Kor 15,44).

3. Vergleicht man die Argumentation des Paulus mit den vier Aspekten, die im Hinblick auf das Menschenbild Jesu herausgearbeitet worden sind, so lassen sich – trotz der unterschiedlichen Gedankenführung – vergleichbare Grundlinien feststellen:

- Auch für Paulus ist es keine Frage, dass die Welt und somit der Mensch Gottes Schöpfung sind (vgl. 1Kor 8,6; Röm 9,5 u.a.).
- Sehr ausführlich breitet Paulus dann die Problematik aus, dass alle Menschen Sünder sind (Röm 1,18 – 3,20): »Denn es ist hier kein Unterschied: Sie sind allesamt Sünder und ermangeln des Ruhms, den sie bei Gott haben sollten« (Röm 3,22f).
- Die Annahme des Sünders geschieht bei Paulus durch seine Rechtfertigungslehre, wonach der Mensch gerecht wird »ohne des Gesetzes Werke, allein durch den Glauben« (Röm 3,28; Gal 2,16). Diese Annahme geschieht auch bei Paulus ohne menschlichen Verdienst.
- Schließlich gewinnt der durch den Glauben an Christus Gerechtfertigte auch bei Paulus neue Handlungsperspektiven. Er kann handeln in Freiheit, weil er seine Existenz in Gott gesichert weiß (vgl. nur Röm 12,9–21).

5.3 Zur theologischen Anthropologie

Die Grundfragestellung theologischer Anthropologie versucht, den Menschen in seiner Zweidimensionalität als Geschöpf und Sünder in den Blick zu nehmen. Wenn die Theologie von der Natur des Menschen spricht, meint sie nicht den Menschen an sich, sondern den Menschen in seinem Verhältnis zu Gott als Geschöpf und Sünder. Geschöpflichkeit und Sündersein müssen aber unterschieden werden, weil (a) der Mensch auch nach dem Sündenfall (Gen 3) noch Geschöpf ist, (b) Gott in Jesus Mensch wurde, ohne jedoch Sünder zu sein, (c) in der Heiligung des Menschen die Sünde nicht gerechtfertigt wird und (d) in der Endzeit der Mensch auferstehen wird, nicht aber die Sünde. Theologisch ist nun zu fragen, wie sich Geschöpflichkeit und Sündersein zueinander verhalten:

a) Zeitliches Nacheinander: Nach dem Sündenfall hat der Mensch auch seine Geschöpflichkeit, seinen Bezug zu Gott, verloren. Diese Auffassung ist jedoch biblisch nicht begründbar.
b) Bleibendes Beieinander:

- Der Mensch ist teils Sünder, teils Geschöpf: Eine Unterscheidung im Wesen des Menschen wird vorgenommen: Gut und Böse werden auf verschiedene Schichten verteilt. Die Konsequenz für die Erlösungslehre ist ein Zusammenwirken von Gott und Mensch: Der gute Teil des Menschen ist fähig, sich vom Bösen immer wieder zu lösen oder wenigstens entscheidend daran mitzuwirken.
- Der Mensch ist völlig Sünder und völlig Geschöpf: Beide Aspekte liegen in unauflösbarer Spannung vor. Das Sündersein lässt sich ebensowenig wie das Geschöpf-Sein begrenzen.

5.3.1 Das Menschenbild bzw. die Rechtfertigungslehre der katholischen Theologie

Nach dem Sündenfall (Gen 3) ist der Mensch nicht mehr fähig, so viele gute Taten zu vollbringen, dass die schlechten dadurch aufgewogen werden könnten. Aus eigener Kraft kann der Mensch nicht mit Gott ins Reine kommen. Die katholische Rechtfertigungslehre begreift den Vorgang der Rechtfertigung als reale Gerechtmachung, d.h. als realen

Wandlungsvorgang. Rechtfertigung ist ein qualitativer Umwandlungsprozess, für dessen endgerichtlichen Abschluss das Mitwirken des Menschen maßgeblich ist. Dieser Rechtfertigungsprozess ist in drei Phasen zu gliedern: (a) Zunächst ermöglicht Gott die Vorbereitung zum Gnadenempfang. Er schenkt die vorauslaufende Gnade und beruft damit den Menschen. Dieser antwortet, indem er erkennt, dass Gottes Offenbarung und Verheißung wahr sind und dass er ein Sünder ist. Deshalb empfindet er Hass und Abscheu gegenüber der Sünde. Das Ergebnis dieses Prozesses ist der Entschluss, sich taufen zu lassen. (b) Die zweite Phase ist die Rechtfertigung selbst als Werk Gottes. Gott macht den Menschen gerecht (effektiv) und »gießt« ihm die Gnade ein in Form von Glaube, Liebe und Hoffnung. Die Wirksamkeit Gottes hat ihre Wirkung darin, dass sie den Menschen dazu befähigt, wozu er aus sich selbst nicht fähig ist: zu glauben, zu hoffen und zu lieben. (c) Dieser Glaube, diese Hoffnung und diese Liebe sind vom Menschen aus zu aktualisieren. Durch die geforderte permanente Aktualisierung wird die Fähigkeit, das Gute zu tun, vertieft; die Gerechtigkeit des Menschen wächst und damit auch der endzeitliche Lohn. Der Hinweis auf den Verdienstcharakter der guten Werke ist als Motiv zu sehen, die gnadenhafte Fähigkeit durch Vergegenwärtigung der empfangenen Gnade zu vertiefen und zu vermehren. Demnach gibt es nach diesem Verständnis Stufen höherer und niederer Gerechtigkeit – je nachdem, welche bzw. wie viele gute Werke getan werden.

Frage zum Weiterdenken:

- Wie steht es in dieser Konzeption mit der Heilsgewissheit des Christenmenschen?

5.3.2 Das Menschenbild bzw. die Rechtfertigungslehre nach Martin Luther (1483–1546)

Die lutherische Rechtfertigungslehre ist ein göttlicher Akt mit zwei Momenten: Dem Sünder werden die Sünden vergeben und die Gerechtigkeit Christi zugeeignet, d.h. es ist und bleibt eine fremde Gerechtigkeit, die dem Sünder geschenkt wird. Anschaulich wird diese Gerechtigkeit nicht im Tun der Menschen, sondern im Gehorsam Christi. Der Glaube wird angesehen als Werk Gottes im Menschen, durch das der

Mensch die im Evangelium angebotene Rechtfertigung um Christi willen erkennt und ihr Vertrauen schenkt. Glaube ist durch und durch Geschenk Gottes, auch wenn es der Glaube des Menschen ist: Die guten Taten *folgen* aus dem Glauben.

Das Menschenbild Martin Luthers lässt sich von daher am besten auf den Punkt bringen in dem Satz: Der Mensch ist Gerechtfertigter und Sünder zugleich (*simul iustus et peccator*). Luther betont damit ganz besonders die beiden biblischen Momente, wonach der Mensch Sünder (vgl. Gen 6,5; 8,21; Mt 7,11; Röm 1,18 – 3,20), aber auch von Gott Angenommener ist (vgl. Lk 15; Röm 3,21–28). Er meint damit: Der Mensch für sich gesehen ist durch und durch Sünder. Aber das, was an sich ist, wird entkräftet durch das, was in Christus gilt. Deshalb übersetzt Luther die Genitivverbindung »Gerechtigkeit Gottes« (Röm 1,17; 3,21f) auch durchgängig mit »Gerechtigkeit, die vor Gott gilt«. Der Christ ist stets beides, Gerechtfertigter (vor Gott) und Sünder (für sich gesehen). Er hat nie eine Stufe seines Heiligungsweges erreicht, die er als absolviert hinter sich wissen und zur Basis seiner nächsten Schritte machen könnte. Er darf sich aber – wo er Christus ins Auge fasst – immer bereits am Ziel wissen. Jetzt lebt er aus dem Glauben, dass Gott dem Sünder gnädig ist. Luther kann sagen: Wir sind Sünder dem Tatbestand nach, Gerechte aber in der Hoffnung (*peccator in re – iustus in spe*). Beides gleichzeitig und doch so, dass beide – Sünder und Gerechter – im Menschen gleichwertig nebeneinander stehen. Dabei ist der Kampf (von Gott her!) eigentlich schon zugunsten des Gerechten entschieden. Damit ist im Glauben kein Mensch geistlich Gott näher als ein anderer – auch Pfarrerin oder Pfarrer oder Religionslehrkraft nicht. Alle bedürfen in gleicher Weise der Rechtfertigung Gottes im Glauben an Jesus Christus.

Die Rechtfertigung des Sünders geschieht Luthers Meinung nach aus Glauben durch Jesus Christus aus Gottes Gnade und Barmherzigkeit. Damit betont Luther ausdrücklich, dass das Heil des Menschen außerhalb vom Menschen gegründet und verankert ist. Das Problem, wie der Mensch dann noch zu guten Werken motiviert werden könne, löst Luther mit dem Hinweis auf ein biblisches Bildwort: »Ein guter Baum bringt gute Früchte« (Mt 7,17). Die guten Werke sind Folge aus dem geschenkten Heil. Sie sind aber nicht so zu verstehen, dass Gott dem Menschen hier nachträglich die Rechnung dafür präsentiert, dass er ihn rechtfertigt und ihm seine Liebe schenkt. Die Gerechtigkeit, die Gott dem Sünder zuspricht, ist keine »geleaste« Gerechtigkeit, die der Sünder erst dann sein eigen nennen könnte, wenn er durch »gute Taten« die Leasingraten bezahlt hat. Der »Vorteil« dieser Einstellung ist, dass dem gerechtfertigten Sünder klar wird, dass er sich gar nicht mehr um sein eigenes Seelenheil zu kümmern braucht. Er wird befreit zum vorbehaltlosen Dienst am Nächsten. Oder anders gesagt: Mit seinen guten Werken kann und braucht er Gott nicht näher zu kommen, weil er als Gerechtfertigter längst am Ziel ist.

Fragen zum Weiterdenken:

1. Wie kommen nach Luther gute Taten überhaupt noch zustande?
2. Wie kann sich nach Luther der Christenmensch seines Heils gewiss werden?

5.4 Die Frage nach dem freien Willen

Nach wie vor ist es in der Theologie, der Philosophie, aber auch in den Naturwissenschaften umstritten, ob der Mensch einen freien Willen hat. So fand der Hirnforscher Benjamin Libet 1979 heraus, dass es den freien Willen möglicherweise gar nicht gibt. Ausgangspunkt seiner Versuchsreihe war das Ergebnis eines Experiments von Hans Helmut Kornhuber und Lüder Deecke aus dem Jahr 1965. Diese hatten nämlich herausgefunden, dass etwa eine Sekunde vor einer bewussten einfachen Handbewegung sich bereits Vorbereitungen im Gehirn in Form messbarer Hirnaktivität feststellen lassen. Benjamin Libet lud Studierende ein, genau dies, nämlich das Abknicken des Handgelenks, in einem Versuch sichtbar zu machen. Diesmal sollte aber nicht nur die dazugehörige Gehirnaktivität bzw. deren Beginn gemessen werden, sondern durch eine vor den Augen der Probanden laufende Uhr sollten diese nach dem Abknicken des Handgelenks sagen, wo die Uhr stand, als sie den Entschluss gefasst hatten, das Handgelenk zu knicken.

Das Ergebnis war erstaunlich: Zeitlich stellte es sich für Libet durchweg folgendermaßen dar: Zuerst war die Gehirnaktivität messbar (Libet nannte es das »Bereitschaftspotential«), dann – etwa 0,2 bis 0,5 Sekunden später – behauptete der Proband, er habe sich entschieden, und weitere 0,2 bis 0,5 Sekunden später wurde das Handgelenk geknickt.

Wie ist dieses Ergebnis zu interpretieren? Möglicherweise ist der freie Wille eine reine Illusion. In Wirklichkeit ist alles im Gehirn bereits arrangiert, ehe der vermeintlich freie Wille einsetzt, auf den dann die Ausführung folgt. Oder anders gesagt: Der vermeintlich freie Wille ist zuerst von unbewusster Hirnaktivität angestoßen worden.

Fragen zum Weiterdenken:

1. Was mag diese Erkenntnis für unser Strafrecht und unsere Justiz bedeuten?
2. Kann man Menschen für Straftaten überhaupt noch zur Verantwortung ziehen, wenn man der Überzeugung ist, sie hätten sich gar nicht anders entscheiden können?

5.4.1 Erasmus von Rotterdam: Von freien Willen (De libero arbitrio [1524])

Der schon zu Lebzeiten hochberühmte Humanist Erasmus von Rotterdam (1466–1536) veröffentlichte 1524 den Traktat »Vom freien Willen«. In dieser Schrift begründet er seine Überzeugung, dass jeder Mensch einen freien Willen habe, mit drei Argumenten: (a) Wenn es keinen freien Willen gäbe, würde kein Schwacher den ewigen und mühevollen Kampf gegen sein Fleisch aushalten und kein Böser würde danach streben, sein Leben zu bessern. (b) Wenn die Menschen nur Ton in der Hand des Töpfers wären und keinen freien Willen hätten, warum müssten sie dann im Endgericht vor Gottes Richterstuhl treten? (c) Wozu gibt es so viele Ermahnungen und Gebote, Drohungen und Ermunterungen in der Bibel, wenn der Mensch keinen freien Willen hätte?

5.4.2 Martin Luther: Von unfreien Willen (De servo arbitrio [1525])

Martin Luther sah sich gezwungen, auf die zunächst durchaus einleuchtende Argumentation des Erasmus zu antworten. Er war sich der Tatsache bewusst, dass die Behauptung der Unfreiheit des menschlichen Willens der subjektiven Selbsterfahrung widerspricht. Aber seine Rechtfertigungslehre und die damit verbundene Heilsgewissheit führten ihn zu der Überzeugung, dass der menschliche Wille prinzipiell unfrei sein müsse.

Der menschliche Wille ist nach Luther wie ein Reittier, das entweder von Gott oder vom Satan geritten wird. Und das Reittier will auch immer das, was sein Reiter will. Dabei ist aber in Rechnung zu stellen, dass – wenn es von Gott »geritten« wird – es wahrhaft frei ist.

Sowenig wie das Reittier sich für oder gegen seinen Reiter entscheiden kann, kann sich auch der Mensch niemals für oder gegen Gott entscheiden (alle Voraussetzungen seiner Rechtfertigungslehre liegen ja bei Gott). Sollte sich der Mensch tatsächlich frei zwischen Gut und Böse, zwischen Gott und dem Satan, entscheiden können, würde er sich – nach Luther – immer gegen Gott entscheiden; denn für sich genommen ist er ja durch und durch Sünder. Einen freien Willen hat nur Gott. Wer behauptet, der Mensch habe einen freien Willen, lästert zufolge Luther Gott. Wirklich frei ist der Mensch erst dann, wenn Gott ihn »reitet«.

5.4.3 Der freie Wille in der katholischen Theologie (Konzil von Trient)

Das Konzil von Trient (1545–1563) verwirft die Position Luthers in Bezug auf die Freiheit des Willens bei der Bekehrung des Sünders. Der menschliche Wille ist nach dieser Auffassung dazu frei, an der Vorbereitung zum Empfang der Gnade mitzuwirken – der Mensch ist an dieser Vorbereitung mitbeteiligt. Der freie Wille ist nach dem Sündenfall zwar geschwächt, aber immer noch durchaus vorhanden und wirkt mit bei der Vorbereitung zum Gnadenempfang.

5.4.4 Zur Beurteilung dieser Kontroverse

In der modernen Humanwissenschaft wird heute in der Tat eine gewisse Determiniertheit des menschlichen Willens angenommen. Das »Böse« wird zum großen Teil nicht vom Menschen produziert, sondern ist durch Gene, Erziehung, Milieu, Gesellschaft schon vorgegeben. Menschliches Fehlverhalten kann auf diese Weise entschuldigt werden. Diese Einsicht kann die Theologie aufnehmen, zugleich weiß sie aber, dass der Mensch in seinem Handeln vor Gott letztlich unentschuldbar ist. Sie weiß einerseits um den fatalen Charakter des Bösen, andererseits aber ebenso um die Verantwortlichkeit des Menschen. Dem tragen letztlich auch die modernen Wissenschaften Rechnung. Zugleich betonen Psychologie und Sozialwissenschaften, man müsse primär die Verhältnisse ändern, damit aufgrund der Determiniertheit der Mensch sich ändere. Auch hierzu kann die Theologie »Ja« sagen, allerdings in der Gewissheit, dass der gute Mensch als Möglichkeit des Menschen selbst immer Utopie bleiben wird. Zu beachten ist auch, dass sich wissenschaftliche Aussagen über die Vorherbestimmtheit auf welthaftes Handeln des Menschen beziehen, die theologischen dagegen auf das Handeln des Menschen zum Heil gegenüber Gott. Damit liegen von vornherein zwei grundsätzlich zu unterscheidende Aussagebereiche vor.

5.5 Die Vorherbestimmung (Prädestination) als Folge des unfreien Willens

Das Wort »Prädestination« kann auf zwei verschiedene Weisen verstanden werden.

Prädestination ist der Glaube, dass der souveräne Gott über Heil und Unheil des Menschen entscheidet und dabei den menschlichen Willen unbeachtet lässt. Der Mensch kann an dieser Entscheidung Gottes nichts ändern. Innerhalb dieses Verständnisses gibt es zwei Denkrichtungen: Die »einfache« und die »doppelte Prädestination«.

Die einfache Prädestination setzt voraus, dass Gott im Voraus diejenigen erwählt, die zu ihm kommen werden. Die doppelte Prädestination denkt im Grunde die »einfache Prädestination« nur konsequent weiter. Sie bedeutet, dass Gott im Voraus die einen für den Himmel, die anderen für die Hölle bestimmt hat.

5.5.1 Augustinus (354–430)

Augustinus war der Erste, der eine systematische Lehre der Prädestination entwickelte. Er sah sich gezwungen, den Gedanken der unverdienten und willkürlichen Gnade Gottes zu verteidigen; dies führte ihn dazu, die Lehre der von der Prädestination zu entwickeln. Seiner Meinung nach existiert ein Plan Gottes, und entsprechend seines Plans erwählt er die Menschen.

5.5.2 Martin Luther (1483–1546)

Zufolge Martin Luther hat sich Gott in Jesus Christus zum Heil für die Menschen entschieden. Er schenkt den Glauben und ermöglicht durch Jesus Christus die Rechtfertigung des Sünders. Was mit denen passiert, die nicht zum Glauben kommen, lässt Luther offen. Es geht ihm darum, dass möglichst viele Menschen zum Glauben kommen. Von daher wird man sagen können, dass er für die sog. einfache Prädestination eintritt.

5.5.3 Jean Calvin (1509–1564)

Mit Prädestination bezeichnet Calvin den ewigen Ratschluss Gottes, durch den er mit sich selbst beschließt, was mit einem Menschen für immer geschehen soll. Es sind nicht alle geschaffen worden zu gleichen Voraussetzungen, sondern einige sind vorherbestimmt zum ewigen Leben, andere zur ewigen Verdammnis. Calvin lehrt also die klassische doppelte Prädestination und denkt insofern Luthers Überlegungen konsequent weiter.

Dann stellt sich ihm die Frage: Wie kann ein Christ nun erkennen, ob er von Gott erwählt ist oder nicht? Calvin beantwortet diese Frage mit dem Hinweis auf das Bildwort der Bergpredigt: »So bringt jeder gute Baum gute Früchte; aber ein fauler Baum bringt schlechte Früchte« (Mt 7,17). Dies bedeutet nach Calvin, dass der Mensch auf seine Werke blicken muss: Sind sie gut und von Erfolg gekrönt, kann er sich seines Heils gewiss sein. Calvin lehrt also – anders als Luther – die Anschaulichkeit des Heils in den menschlichen Werken. Diese Denkbewegung nennt man den *syllogismus practicus.*

Hieraus resultiert die Forderung Calvins, dass Christen nicht nur über die Bibel Bescheid wissen müssten, sondern auch vorbildlich zu leben hätten. Pfarrer müssten nicht nur im Hinblick auf ihr theologisches und biblisches Wissen, sondern auch im Hinblick auf ihr Leben examiniert werden. Reformierte Christen tun also gute Werke, nicht um in den Himmel zu kommen, sondern um sich selbst immer wieder zu beweisen, dass sie von Gott erwählt sind.

5.6 Philosophische Anthropologie

5.6.1 Platon (427–347)

Platon stellt sich – ausgehend von seiner Ideenlehre (s.o.) die Frage: Wieso ist der Mensch, selbst Glied der Körperwelt, überhaupt befähigt, die Ideen zu erkennen?

Er erklärt dies so, dass er den ontologischen Dualismus auch in die Anthropologie überträgt: Der Mensch ist eben nicht nur Glied der Körperwelt. Vom vergänglichen Körper ist die unvergängliche Seele als das Eigentliche des Menschen zu unterscheiden. Man nennt dies ein dichotomisches Menschenbild (im Unterschied zum ganzheitlichen biblischen Menschenbild). Die Seele weilt in einer vor-leiblichen Existenz im Reich der Ideen und hat diese unmittelbar geschaut. Darum kann sie sich angesichts der irdischen Abbilder die transzendenten Urbilder vergegenwärtigen. Die Erinnerung ist zunächst durch die Sinnenwelt verdeckt, sie kann aber durch denkendes Bemühen erweckt, jedoch auch durch triebhafte Selbstpreisgabe an die Sinnenwelt ganz vergessen werden. Denken ist Erinnerung (anamnesis).

Genauer differenziert Platon drei Seelenkräfte:

– das *logistikon*	– die Denkfähigkeit
– das *thymoeides*	– die Willenskraft
– das *epithymetikon*	– den Trieb zur Stillung der leiblichen Bedürfnisse

Das Rechtsein des Menschen wird verwirklicht, wenn die drei Seelenkräfte in der rechten hierarchischen Ordnung stehen: das Denken soll kraft der Besinnung auf die Ideen der Willenskraft die rechten Ziele weisen, die Willenskraft ihrerseits soll die Triebe zügeln und auf die Stillung der notwendigen Bedürfnisse beschränken.

In diesem Zusammenhang entwickelt Platon die Konzeption der vier Grundtugenden:

- Als Weisheit (*sophia*) versteht er das Streben nach Einsicht bzw. die Tugend der Denkfähigkeit.
- Die Tapferkeit (*andreia*) ist die Tugend der auf die rechten Ziele gelenkten Willenskraft.
- Die Besonnenheit (*sophrosyne*) ist nach Platon das Maßhalten, also die Tugend der durch die Seelenkräfte gezügelten Triebhaftigkeit.
- Schließlich ist seiner Meinung nach die Gerechtigkeit (*dikaiosyne*) die Rechtschaffenheit der Seele im Ganzen, die darin besteht, dass jede der Seelenkräfte in rechter gegenseitiger Zuordnung das ihr Zukommende tut.

Von diesem Ansatz her hat Platon weitgespannte gesellschaftliche und politische Reformprojekte entwickelt und diese auch – freilich erfolglos – in die Praxis umzusetzen versucht.

Fragen zum Weiterdenken:

1. Kann man die anthropologische Unterscheidung von vergänglichem Leib und unvergänglicher Seele noch nachvollziehen?
2. Kann man noch der Überzeugung sein, hinter den Allgemeinbegriffen der Sprache stehe ein unveränderlicher, vom Menschen und den geschichtlichen Verhältnissen unabhängiger Sinn?
3. Gibt es Ähnlichkeiten und Gegensätze zur christlichen Theologie?

5.6.2 Moderne philosophische Anthropologie

a) Max Scheler (1874–1928)

Max Scheler entwickelte eine Stufenleiter des Lebendigen. Die Pflanze bezeichnete er als ganz bewusstlos. Dagegen weise das Tier zwar auch psychische Leistungen auf, allerdings nur instinkthaft. Beim Menschen sind diese psychischen Leistungen wesensmäßig höherstehend ausgeprägt. Er hat eine Sonderstellung, weil er Geist besitzt. Anders als das Tier ist der Mensch nach Scheler nicht »umweltgebunden«. Er kann sich unbegrenzt »weltoffen« verhalten. Es ist der Geist, der den Menschen befähigt, Geschichte zu gestalten, Kultur zu schaffen und sein Handeln nach Normen und Werten auszurichten.

Tatsächlich ist zufolge Scheler der Geistbesitz das, was den Menschen über seine Umwelt weit erhebt. Scheler bezeichnet in diesem Zusammenhang den Menschen als eine Gestalt der Transzendenz, weil er durch seinen Geistbesitz »transzendieren«, könne. Der Mensch sei nicht »Teil der Welt«, sondern Teil der idealen Wirklichkeit, d.h. ein Wesen, »das Gott sucht«. In diesem Sinne ist der Mensch nach Scheler »theomorph« (*theos* – Gott; *morphe* – Gestalt; ergibt: »gottesgestaltig«).

Frage zum Weiterdenken:

- Was unterscheidet und was verbindet die Konzeption eines Max Scheler mit dem biblischen Schöpfungsbericht aus Gen 1?

b) Arnold Gehlen (1904–1976)

Zufolge Gehlen ist der Mensch ein »Sonderentwurf« der Natur, und in diesem Sinn ein einzigartiges »Mängelwesen«. Diese Bezeichnung begründet er mit dem Hinweis darauf, dass der Mensch im Grunde an keine spezielle Umwelt angepasst ist. Er kann im Grunde (ohne Hilfsmittel) nirgendwo auf der Welt leben. Weil der Mensch »unfertig« ist, muss er seine Umwelt umgestalten. Diese Umgestaltung der Umwelt geschieht aus Notwendigkeit, weil er sonst nicht überleben könne. Gehlen nimmt Schelers Gedanken von der Weltoffenheit des Menschen auf, begründet diese aber nicht mit dessen Geistbesitz, sondern in der mangelhaften Gestalt des Menschen. In keinen einzigen konkreten Umweltausschnitt auf der Erde passt der Mensch genau hinein – so wie ein Eisbär auf das Leben in der Arktis ausgerichtet ist und ein Wüstenfuchs auf das Leben in der Wüste. Der Mensch hat keinen abgrenzbaren Lebensraum auf der Erde. Diesen organischen Mangel interpretiert Gehlen jetzt aber positiv: Weil das so ist, ist der Mensch überall potentiell lebensfähig, sogar im Weltall – vorausgesetzt, er wandelt seine Umwelt in eine Kultur um, die ihm lebensdienlich ist. Der Mensch entlastet sich von seinen biologischen Mängeln, indem er die Natur um sich herum in eine ihm lebensdienliche Kultur (Sprache, Technik, Kunst …) verwandelt. Das ist das Besondere des Menschen gegenüber dem Tier.

Frage zum Weiterdenken:
- Kann man die Vorstellungen Arnold Gehlens in Zeiten fortschreitender Umweltzerstörung heute so noch teilen?

5.7 Biologische Anthropologie

Es ist auch unter Biologen keine Frage, dass der Mensch in der Natur eine Sonderstellung innehat. Evolutionstheoretiker bezeichnen die Entstehung des Menschen als einen äußerst erstaunlichen Fall innerhalb der Evolution. Dabei entsteht durchaus auch die Frage – gerade im Hinblick auf die menschlichen Vorfahren, die Primaten: Wann beginnt der Mensch, und wann hört das Tier auf? In diesem Zusammenhang werden zwei unterschiedliche Modelle diskutiert:

- Komplikationsmodell: Im Laufe der Evolution wurden die Organismen immer komplizierter. Durch die Vielzahl der Veränderungen entstand nach und nach eine völlig neue Qualität des Lebens: Der Mensch als Besitzer eines zentralen Nervensystems? Es bleibt die Frage: Wann fand der Umschlag vom Tier zum Menschen statt?
- Hiatusmodell: Die Entstehung des Menschen war eine unableitbare Neuerung in der Tierentwicklung. Zwischen Mensch und Tier besteht eine unübersteigbare Grenze. So hat der Mensch ein Selbstbewusstsein, geht aufrecht, hat die Fähigkeit zum einsichtigen Handeln, kann Werkzeuge herstellen, hat Sprache, kann Geschichte schreiben … Auch hier bleibt die Frage, wann das Wesen erstmals als Mensch bezeichnet werden kann und was den Menschen zum Menschen macht. Die Biologie kann hier nur beschreiben und Modelle anbieten; eine Antwort kann sie kaum geben.

  Dabei ist sie, gerade was die Evolution betrifft, auch auf Glaubensaussagen angewiesen. Auf die Frage nach dem Motor der Evolution gibt es, grob gesagt, zwei Antwortmöglichkeiten:
- Zufall: Das Prinzip der Evolution basiert auf erbarmungsloser Auslese und auf Zufälligkeiten. Es gibt innerhalb der Natur keine zielgerichtete Entwicklung. Die Wahrscheinlichkeit dafür, dass es im Weltall bzw. konkret auf der Erde einmal Leben gibt, sei gleich null gewesen. Das heißt im Umkehrschluss: Auch der Mensch ist ein Produkt des Zufalls, denn das Weltall ist dem Menschen gegenüber völlig gleichgültig.

- Vollkommenheit als Ziel: Betrachtet man die Evolution, lässt sich erkennen, dass sich eine immer höhere Entwicklungsstufe aus einem Vorgänger entwickelt hat. Daraus ist zu schließen, dass alles nach Vollkommenheit strebt. Die niedrigere Stufe ist das Material für die nächsthöhere. Jede Stufe ist eine Durchgangsstufe für einen Prozess, an dessen Ende die Einheit des Universums in Harmonie steht.

Frage zum Weiterdenken:

- Welche Glaubensaussage ist einleuchtender: »Die Entstehung des Menschen ist ein Produkt des Zufalls« oder: »Die Entstehung des Menschen ist gottgewollt«?

5.8 Psychologische Anthropologie: Sigmund Freud (1856–1939)

Sigmund Freud entwickelte ein Drei-Instanzen-Modell:
Von Geburt an hat der Mensch Bedürfnisse und Wünsche. Das Kleinkind kann diese durch Schreien bereits deutlich machen. Diese Instanz nennt Freud das Es bzw. das Lustprinzip. Der Mensch versucht, diese Bedürfnisse zu befriedigen, weil er sich selbst erhalten will und nach Unabhängigkeit, Liebe, Bestätigung, Nahrung und geschlechtlicher Ergänzung strebt. Außerdem möchte er möglichst viel besitzen und entwickelt Aggressionen.

Im Lauf seiner Entwicklung werden dem Menschen aber bestimmte Werte und Normen beigebracht, nach denen er zu handeln hat. Ihm wird klar, dass er sich nicht dauerhaft nur seinen Wünschen und Trieben hingeben darf, sondern sich in die Gesellschaft berechenbar einzufügen hat. Diese Instanz nennt Freud das Über-Ich bzw. das Moralitätsprinzip. Die Stimme des Moralitätsprinzips kommt dem relativ nahe, was man häufig »Gewissen« nennt.

Es ist das zwischen beiden dargestellten Prinzipien stehende Realitätsprinzip, das Ich, welches versuchen muss, die Identität des Menschen zu sichern, den Menschen zu steuern und einen guten Weg zu finden zwischen Lust- und Moralitätsprinzip. Es ist die Aufgabe des Realitätsprinzips, die Forderungen des Es und des Über-Ich abzuwehren bzw. zu steuern.

Die Freudsche Einteilung des Menschen in Über-Ich, Ich und Es ist sehr gut nachvollziehbar. Kaum jemand kennt nicht den inneren Kampf zwischen dem Es und dem Über-Ich. Man kann diesen Kampf zwischen Über-Ich und Es auch sehr gut mit Paulus in Röm 7,19 ins Gespräch bringen: »Das Gute, das ich will, das tue ich nicht; sondern das Böse, das ich nicht will, das tue ich.«

6

Die »Gemeinschaft der Heiligen« (Kirche, Taufe und Abendmahl)

6.1 Kirche

6.1.1 Neutestamentliche Gesichtspunkte zum Thema Kirche

Die wichtigste Bezeichnung der Kirche bzw. der Einzelgemeinde im Neuen Testament ist *ekklesia*. Oft steht der Genitiv »Gottes« noch dabei (Apg 20,28; 1Kor 1,2 u.ö.). Kirche ist also nicht nur eine Größe, die eine Gemeinschaft von Menschen bezeichnet (horizontal), sondern auch die Gemeinschaft mit Gott (vertikal). Paulus hat die Kirche als »Leib Christi« bezeichnet (1Kor 10,17; 12,27 u.ö.). Weitere Bezeichnungen sind »Heilige« (1Kor 1,2), »Haus Gottes« (Hebr 10,21; 1Petr 2,5), »königliches Priestertum« (1Petr 2,9), »Volk Gottes« (Hebr 4,9) u.a.

Im Neuen Testament gehören »Kirche« und »Gemeinschaft« eng zusammen. Dies zeigt die idealisierte Darstellung der Urgemeinde durch Lukas in der Apostelgeschichte (Apg 2; 4). Nach Paulus (1Kor 1) bildet die Kirche eine Einheit. Sie kann als der Leib Christi nicht aufgeteilt sein, weil Christus selbst einer ist.

6.1.2 Katholisches Kirchenverständnis

Nach katholischer Überzeugung ist die Kirche das »Ursakrament« und die Institution zur Heilsvermittlung. Sie steht vor und über den einzelnen Christen, in ihr ist Christus gegenwärtig. Sie ist die Urgestalt aller leibhaft-konkreten Realität, mit der Christus die Verheißung seiner Gegenwart verbunden hat. Die kirchliche Hierarchie besteht aufgrund göttlichen Rechts. Das Bischofsamt ist durch Christus selbst eingesetzt (Mt 16,18) und ist nur in »apostolischer Sukzession« übertragbar, d.h. von Christus über Petrus (Mt 16,18) und von ihm aus weiter in ununterbrochener Handauflegungskette bis hin zum gegenwärtigen Papst und jedem einzelnen Bischof und Priester. Mit der Zurückführung auf die Einsetzung durch Christus wird dem Bischof die Lehr-, Weihe- und Jurisdiktionsgewalt zugesprochen. Der Papst ist unfehlbar bei Lehrentscheidungen, die *ex cathedra*, d.h. aufgrund seiner Lehrautorität, gefällt werden (seit 1870 dogmatisiert, d.h. als Glaubenssatz festgestellt). Damit ist insgesamt jedenfalls eine bestimmte Gestalt der Kirchenverfassung als göttlichen Ursprungs und für alle Zeiten und Orte der Kirche verbindlich behauptet. Auch für die katholische Kirche hat die Heilige Schrift, die allein von der Kirche ausgelegt werden kann, oberste Autorität. Da es aber – so die Argumentation – die Kirche gewesen sei, die die Heiligen Schrift durchgesetzt habe, könne auch die Tradition der Kirche als Maßstab der Heiligen Schrift angenähert werden, solange diese der Schrift nicht widerspricht. Konkret heißt dies: Die katholische Kirche kann ihren Glaubenden gewisse Wahrheiten vorlegen, die die Angehörigen der römisch-katholischen Kirche glauben müssen. Die letzten drei Dogmen waren:

a) 1854 (Papst Pius IX.): Maria wurde unbefleckt empfangen.
b) 1879 (1. Vatikanisches Konzil): Der Papst ist, wenn er eine Glaubenswahrheit, d.h. ein Dogma, verkündet, unfehlbar.
c) 1950 (Papst Pius XII.): Maria wurde leibhaftig in den Himmel aufgenommen.

Das letzte Dogma ist das bisher einzige, bei dem der Papst von seiner Unfehlbarkeit Gebrauch machte.

6.1.3 Protestantisches Kirchenverständnis

Zur römisch-katholischen Interpretation von Mt 16,18 (»Du bist Petrus, und dir will ich die Schlüssel des Himmelreiches geben«) merken die protestantischen Kirchen immer wieder an, dass hier von einem Nachfolger des Petrus nicht die Rede ist. Die Kennzeichen der Kirche sind die reine Verkündigung des Evangeliums und die der göttlichen Einsetzung gemäße Verwaltung der Sakramente (Augsburgische Konfession, Art. 7). Unter »reiner Verkündigung des Evangeliums« verstehen die protestantischen Kirchen die grundlegende, auf Paulus zurückgehende und von Martin Luther neu entdeckte Rechtfertigungslehre, wonach der Sünder gerechtfertigt wird aus Glauben (allein aus Glauben – *sola fide*) an Jesus Christus (allein durch Christus – *solus Christus*) aus Gottes Gnade und Barmherzigkeit (allein aus Gnade – *sola gratia*). Alles Weitere folgt aus diesem Handeln Gottes für die und an den Menschen.

Kirche ist die Gemeinde, die Christus selbst durch Wort und Sakrament um sich sammelt und bei sich erhält. Die einzige das Institutionelle berührende Einrichtung, für die ausdrücklich göttliche Einsetzung und Unabdingbarkeit für das Kirchesein der Kirche behauptet wird, ist der Dienst der Evangeliumsverkündigung und Sakramentsverwaltung (Augsburgische Konfession, Art. 5). Alle übrigen Ordnungen gehen in ihrer jeweils bestimmten Gestalt nur auf menschliches Recht zurück. Sie können von den Menschen in der Kirche auch umgestaltet werden, wenn Zeit und Situation es erfordern. Allerdings dürfen sie niemals in Widerspruch zum Evangelium treten, d.h. zur Rechtfertigungsbotschaft. Auch das Bischofsamt ist als Ausgliederung des Pfarrdienstes menschlichen Ursprungs. Alle Ämter und Dienste sind auf den Dienst an der Gemeinde bezogen.

Die Heilige Schrift hat höchste Autorität (allein durch die Schrift – *sola scriptura*), während protestantischen Kirchen ihre Bekenntnisse (z.B. das Augsburgische Bekenntnis von Philipp Melanchthon oder den Kleine Katechismus Martin Luthers) nicht wie Dogmen verstehen, die die Gemeindeglieder zu glauben hätten. Vielmehr ist man der Überzeugung, dass der Glaube aus der Kenntnis der Heiligen Schrift durch den Heiligen Geist gewirkt wird. Die Bekenntnisse als Artikulation des Glaubens folgen daraus.

6.1.4 Die Sakramente und die Kirche

Taufe und Abendmahl sind die zentralen Sakramente der evangelisch-lutherischen Kirche. Das lutherische Sakramentsverständnis findet bis heute seine Begründung in der reformatorischen Hauptschrift Martin Luthers von 1520: »Von der babylonischen Gefangenschaft der Kirche«. Hier definiert Luther, welche Kriterien ein Sakrament zu erfüllen habe: a) Es muss von Christus eingesetzt sein, das heißt: Jesus muss befohlen haben, es zu praktizieren. b) Es muss Heil vermitteln; es ist also nicht einfach nur ein Symbol oder ein Zeichen für ein geistliches Geschehen. c) Es hat ein sichtbares Element. Alle drei Anforderungen treffen nur auf Taufe und Abendmahl zu. Wenn Jesus auch geboten hat, Buße zu tun (Mt 1,15), dann könnte das nur näherungsweise als Sakrament bezeichnet werden, weil hier das sichtbare Element fehlt.

Gegen Luther hält die römisch-katholische Kirche (seit dem Konzil von Florenz 1439 bzw. erneuert auf dem Konzil von Trient 1563) an sieben Sakramenten fest: Taufe, Firmung, Eucharistie, Beichte, Ehe, Priesterweihe und Krankensalbung, wobei auch hier Taufe und Abendmahl als zentrale Sakramente gelten. Prinzipiell gilt jedoch, dass nach katholischem Verständnis die Kirche das Ursakrament ist, aus dem die anderen Sakramente hervorgehen.

6.2 Taufe

Als der Priester Don Camillo das neugeborene Kind seines Widersachers, des kommunistischen Bürgermeisters Peppone, taufen sollte, stellte er – gehüllt in den Talar und am Taufbecken stehend – die Frage: »Wie wollt ihr ihn nennen?« Darauf antwortete Peppones Gattin: »Lenin Libero Antonio«. »Lass ihn in Russland taufen«, sagte Don Camillo und deckte das Taufbecken wieder zu.

Die Geschichte war damit nicht zu Ende, denn nach der anschließenden Rauferei in der Kirche, bei der Don Camillo den Bürgermeister k.o. schlug, wollte dieser seinen Sohn plötzlich »Camillo Libero Antonio« nennen. Doch jetzt schüttelte der Priester Don Camillo den Kopf: »Nein, nennen wir ihn lieber Libero Camillo Lenin ... Ja, auch Lenin.

Wenn nämlich ein Camillo dabei ist, können die anderen nichts mehr anrichten.« »Amen«, murmelte Peppone und tastete noch einmal sein Kinn ab.

Die rührende Geschichte von Giovanni Guareschi »Don Camillo und Peppone« thematisiert die traditionelle Vorstellung der Taufe als Namengebungszeremonie. Mitunter begegnet dieser Gedanke auch heute noch. Tatsächlich hat die Kirche bei der Namengebung eines Kindes nicht mitzureden – anders als der Standesbeamte. Namengebung ist das ureigenste Privileg der Eltern. Oder anders gesagt: Ein Kind ist kein Schiff! Und wenn ein Säugling zur Taufe gebracht wird, dann hat er bereits einen Namen. Was bedeutet Taufe aber dann?

6.2.1 Neutestamentlicher Befund

Biblisch wird in der Tradition die Taufe auf den Taufbefehl von Mt 28,16–20 zurückgeführt: »Machet zu Jüngern alle Völker und tauft sie auf den Namen des Vaters und des Sohnes und des Heiligen Geistes«. Weitere mögliche Herleitungen sind in Jesu eigener Taufe (Mk 1,9–11) und in dem Rat des Petrus, sich taufen zu lassen (Apg 2,38), begründet.

Letztlich kann aber von einer historischen Einsetzung der Taufe durch Jesus nicht gesprochen werden. Mt 28,16–20 ist stark liturgisch und damit nachösterlich geprägt. Gleichwohl zeigen die Paulusbriefe (vgl. 1Kor 1 und bes. Röm 6), dass die Taufe von Anfang an in der Gemeinde geübt wurde.

Die Taufe bezeichnet neutestamentlich die Unterstellung eines Menschen unter den gekreuzigten und auferstandenen Christus, seine Einholung in die neue Lebensmöglichkeit, die Gott durch sein Kommen zum Menschen in Christus in Kraft gesetzt hat, in das Leben unter dem Rechtfertigungsurteil Gottes und damit auch in der heiligenden Kraft der Gemeinschaft mit Gott. Taufe ist endzeitliches Zeichen und Eingliederung in die Gemeinde. Besonders in Röm 6,4 wird deutlich, dass nach Paulus die Praxis der Taufe das Sterben des alten Menschen und das künftige Auferstehen mit Christus abbildet.

Tatsächlich finden sich in Apg 2,38 im Grunde alle wichtigen theologischen Elemente urchristlicher Tauftheologie: Buße, [Taufe] auf den Namen Jesu Christi, Vergebung der Sünden, Verleihung des Heiligen Geistes.

Zentraler Deutungsgegenstand ist das christologische Geschehen der Taufe; es geht stets um die in ihr gegebene Christusverbindung und ihre Folgen. Insofern ist das Taufgeschehen nicht gleichnishaft zu verstehen, sondern wirkmächtig.

Im Neuen Testament tauchen dabei ganz unterschiedliche Bilder auf, die der Leserschaft die Bedeutung der Taufe illustrieren. Exemplarisch hierfür seien im vorliegenden Zusammenhang genannt:

- Taufe als Bad (1Kor 6,11; Apg 22,16; Tit 3,5; Eph 5,26; Hebr 10,22): Die Vorstellung der Taufe als Reinigungsbad rückt das Moment der Sündenvergebung in den Mittelpunkt.
- Taufe als Siegel (2Kor 1,21f): Das Siegel ist Eigentumszeichen, das Christus dem in sein Eigentum übergegangenen Menschen aufgeprägt hat: Der Geist ist die Anzahlung, durch die die Übereignung rechtlich perfekt geworden ist.
- Taufe als Wiedergeburt oder Geburt von oben (Joh 3,5; 1Petr 1,3.23): Taufe bedeutet einen radikalen Neuanfang, die Gabe eines durch den Geist bestimmten neuen Lebens. Sie ist ein neuer Schöpfungsakt (vgl. 2Kor 5,17).
- Taufe als Herrschaftswechsel (Röm 6): Paulus deutet den Taufritus weder als Abbildung noch Nachvollzug des Sterbens und Auferstehens Jesu; auch reflektiert er nicht über die Möglichkeit der Vergegenwärtigung des Todes Jesu durch die Taufe. Vielmehr spricht er von dem Faktum, das in der Taufe vermittelt wird, und seiner die gesamte menschliche Situation verändernden Wirkung. Diese besteht darin, dass die Getauften zu Jesus gehören und durch ihn neue Handlungsperspektiven erhalten. Paulus meint dies, wenn er schreibt, sie seien »für die Sünde tot«, um »für Gott in Christus Jesus zu leben« (Röm 6,11). Der Christ steht damit unter der Herrschaft Christi, des Gekreuzigten, nicht mehr unter der Macht der Sünde, aber die Auferstehung ist für ihn noch Zukunft, und er hat hier noch den Kampf gegen die Sünde zu führen.

Das in der Taufe erlangte Heil hat die Struktur des Indikativs, dem der Imperativ des neuen Wandelns folgt. Taufe ist für Paulus demnach ein rechtlicher Akt. In ihr wird das durch Jesu Sterben bewirkte Erlöschen des Anspruchs der Sünde auf die Getauften übertragen, und der Getaufte wird der Herrschaft Christi unterstellt.

Auch wenn sowohl Paulus als auch Lukas in der Apostelgeschichte immer wieder betonen, die Taufe geschehe auf den Namen Jesu Christi, hat sich in Bezug auf den Taufritus die trinitarische Formel durchgesetzt, wie wir sie bei Matthäus finden: »Taufet sie auf den Namen des Vaters und des Sohnes und des Heiligen Geistes« (Mt 28,19).

6.2.2 Das Taufverständnis der mittelalterlichen Kirche

Die mittelalterliche Theologie verstand die Taufe als Tilgung der Erbsünde. Die Einzelsünden sind allerdings weiterhin möglich; es bleibt also eine Anfälligkeit, ihnen nachzugeben.

Exkurs: Erbsünde

Der Begriff »Erbsünde« stammt von Augustin (354–430). Er hatte Röm 5,12 in der Weise interpretiert, dass in Adam alle Nachkommen gesündigt hätten. Sie sind durch diese Grund- bzw. Erbsünde (*peccatum originale*) an Leib und Seele vergiftet. Die ganze Menschheit ist verloren (*massa perditionis*) und hat keine Kraft zum Guten mehr. Durch den Sündenfall von Adam und Eva, das Essen der Frucht vom Baum der Erkenntnis, wurde die menschliche Natur verwandelt. Alle Menschen sind durch Abstammung mit Adams Schuld und Strafe belegt. Sie empfangen durch Zeugung und Geburt jenen Zustand, in den Adam geraten war. Augustin liegt daran, sowohl die Verfallenheit aller Menschen an die Sünde zu betonen als auch den individuellen Schuldcharakter jedes einzelnen zu wahren.

Problematisch an der Erbsündenlehre ist nicht nur, dass sie biblisch nur mit Mühe begründbar ist, sondern auch, dass nach Erkenntnis der modernen Naturwissenschaften die heutige Menschheit nicht auf ein einziges ursprüngliches Menschenpaar (Adam und Eva) zurückzuführen ist. Die traditionelle Erbsündenlehre steht in der Gefahr der Biologisierung und Historisierung der Sünde.

6.2.3 Lutherisches Taufverständnis

Nach Luther verschwindet die Erbsünde nicht einfach mit der Taufe aus dem Glaubenden. Vielmehr kann sich der Glaubende gewiss sein, dass Gott ihm seine Sünden vergeben wird. Taufe ist für Luther der Grundvollzug des Rechtfertigungsurteils, wonach der Sünder gerechtgesprochen wird im Glauben an Jesus Christus aus Gottes Gnade und Barmherzigkeit. In der Taufe sagt Gott zu, dass er die Sünde einst ganz wegschaffen wird. Damit ist die Taufe wirksam zum Heil. Durch sie wird die Gnade Gottes – die Vergebung der Sünden und die Wiedergeburt zu einem neuen Leben – dem Täufling zuteil. Diese Gabe ist »objektiv« für jeden da, der getauft wird. Deshalb steht in vielen lutherischen Kirchen der Taufstein in der Mitte der Kirche. So wurde z.B. auch im Zuge der acht Jahre währenden Restaurierung der Bayreuther Stadtkirche der Taufstein aus dem Seitenschiff in die Mitte des Hochchores versetzt.

Säuglingstaufe ist deshalb nötig, die Taufe ist heilsnotwendig. Aber wie die Wassertaufe solches nur wirkt kraft des Wortes der Verheißung, das mit ihr verbunden ist, so wird sie zum Heil nur empfangen in dem Glauben, der sich an dieses Wort hält.

Exkurs: Säuglingstaufe

Hier wird bereits deutlich, dass Taufe und Glaube zusammengehören. Diese Überzeugung ist nur schwer mit der Praxis der Kindertaufe vereinbar. Deshalb stellt Luther hierzu fest: Der Glaube macht nicht die Wirksamkeit der Taufe, er hält sich an sie. Die Taufe ist zwar ein einmaliges Ereignis, umgreift aber das ganze Leben der Christen. Die Zusage Gottes steht über diesem Leben. Damit sie zum tragenden Grund des Lebens eines Christen werden kann, sollte er sich auch auf sie verlassen. Aber die Zusage Gottes wird nicht automatisch ungültig, wenn sich der Getaufte von Gott abwendet. Für Luther ist entscheidend, dass der Glaube auf der Taufe ruht und nicht die Taufe auf dem Glauben: »Mein Glaube macht nicht die Taufe, sondern er empfängt die Taufe.« Luther spricht im Zusammenhang der Kindertaufe auch von einem taufgewirkten Kleinkinderglauben. Seiner Meinung nach wirkt Gott durch die Taufe auch in den unmündigen Kindern Glauben, auch wenn man sich diesen nicht vorstellen kann.

Eine wichtige Anfrage an diese These ist, dass im Neuen Testament nirgendwo Taufe in Hoffnung auf künftigen Glauben geschieht, sondern stets unter dem Vorzeichen des gegenwärtigen Glaubens als Übereignung an Gott.

Deshalb ist auf lutherischer Seite auch immer wieder auf die Möglichkeit hingewiesen worden, von einem stellvertretenden Glauben der Eltern und Paten zu sprechen und so die Praxis der Kindertaufe theologisch zu retten. Dies ließe sich sogar neutestamentlich begründen, insofern in 1Kor 1,16 und Apg 16,15 jeweils behauptet wird, eine Person habe zum Glauben gefunden (Stephanas bzw. Lydia) und sich taufen lassen »und mit ihr ihr ganzes Haus«.

Eine Geschichte aus dem Jahr 1633 kann dies gut illustrieren: Eine Mutter erklärte ihrem fünfjährigen Sohn die Taufe in Anspielung auf das Kinderevangelium Mk 10,13–16 folgendermaßen: »Da werden die kleinen Kinder dem Heiland in die Arme gelegt.« Darauf sagte der Knabe jubelnd: »O, da wird der liebe Heiland sagen, wenn mich einmal die Engel zu ihm tragen: Das ist ja der kleine Willy, den man mir als Kindlein in die Arme gelegt hat; den kenne ich schon!«

6.2.4 Taufe und Ökumene

Die Taufe ist ein großes ökumenisches Sakrament, das heißt: Auch ein evangelisch getaufter Christ, der später zum Katholizismus konvertiert, wird vom katholischen Priester nicht erneut getauft. Mit anderen Worten: Die Taufe wird gegenseitig anerkannt. Auch halten beide Kirchen die Taufe im Grunde für heilsnotwendig. Deshalb gibt es bei beiden die Institution der Nottaufe, denn im Fall der Todesgefahr darf jeder getaufte Christ einen Nichtchristen taufen.

Wie Ökumene praktiziert werden kann, zeigt eine Geschichte aus der Praxis. Etwa zur gleichen Zeit bekamen die Frauen zweier Brüder ein Kind. Weil die Mutter des einen Kindes katholisch und die des anderen evangelisch war, sollte das eine Kind katholisch, das andere evangelisch getauft werden. Die beiden Familien hätten gerne einen identischen Tauftermin gehabt, hätten es aber seltsam gefunden, wenn sie eine Taufe in der evangelischen Kirche gefeiert hätten und dann gemeinsam in die katholische Kirche zu einer zweiten Taufe gegangen wären. Nach Rücksprache mit dem katholischen Pfarrer vor Ort wurden beide Kinder in der katholischen Kirche getauft, eines vom katholischen und eines vom evangelischen Pfarrer.

Hintergrund dieser großen ökumenischen Offenheit auch der katholischen Kirche ist der sogenannte Ketzertaufstreit aus dem 4. Jahrhundert. Die überwiegende Mehrzahl der nordafrikanischen Bischöfe unter Führung eines gewissen Donatus (daher auch: »Donatistenstreit«) sah ihre Kirchen und Gemeinden als heilig an, weil ihre Priester frei seien von Todsünden. Deshalb könnten sie die Sakramente wirkungskräftig verwalten. Die Donatisten bestritten zugleich, dass die Großkirche in ihrer Priesterschaft eine echte »Kirche« sei und wirkungskräftige Sakramente austeilen könne. Daher vollzogen sie an den aus Europa nach Nordafrika kommenden Christen die Wiedertaufe. Während der römische Bischof die Heiligkeit der Kirche an den Besitz der Institutionen band, knüpften die Donatisten die Heiligkeit der Kirche an die Heiligkeit der Priesterschaft. In der Disputation von Karthago im Jahr 411, an der auch Augustinus teilnahm, sprach der damalige Kaiser Honorius der römischen Kirche den Sieg zu; die Macht der Donatisten war gebrochen. Seither wird die Gültigkeit eines Sakraments nicht mehr von der Vorbildlichkeit und Heiligkeit des Priesters abhängig gemacht.

6.3 Abendmahl/Eucharistie/Kommunion

Die Terminologie ist zuweilen etwas verwirrend. In der römisch-katholischen Kirche wird meist von Eucharistie (abgeleitet von dem griechischen Wort *eucharistein* – danken) gesprochen, während es in den protestantischen Kirchen in Erinnerung des letzten Mahls Jesu mit seinen Jüngern »Abendmahl« genannt wird, das am Abend vor seiner Verhaftung stattfand (1Kor 11,23–25; Mt 26,26–28; Mk 14,22–24; Lk 22,19–20). Der Begriff »Kommunion« (von lat. *communio* – Gemeinschaft) macht dagegen deutlich, dass es sich um ein Gemeinschaftsmahl handelt; er wird von beiden Kirchen verwendet.

Welche Auswirkungen so ein Gemeinschaftsmahl auf den Alltag haben kann, zeigt eine Geschichte, die von dem baptistischen Londoner Pfarrer Charles H. Spurgeon erzählt wird. Er habe sich als jugendlicher in Cambridge einer Ortsgemeinde angeschlossen und dort auch am Abendmahl teilgenommen. Dabei – so erzählt er – kam ich neben einem älteren Herrn zu sitzen, der mir nach der liturgischen Sitte den Kelch mit den Worten gab: »Trink, Bruder, von dem Kelch des Herrn!« Darüber hinaus habe dieser aber kein Wort mit ihm geredet. Als Spurgeon ihm später auf der Straße begegnete, grüßte er ihn freundlich und sagte in jugendlicher Naivität zu ihm: »Wie geht es Ihnen, mein Bruder?« Der ältere Herr schaute ihn verwundert an und entgegnete: »Danke, ganz gut – aber ich kenne dich gar nicht«. Darauf erwiderte ihm Spurgeon: »Sie haben mich doch in der Kirche beim Abendmahl als ›Bruder‹ angeredet.« Man erzählt, dass der Angesprochene außerordentlich erfreut gewesen sei und den jungen Mann sofort zu einer Tasse Tee bei sich eingeladen habe. Von da an seien die beiden die besten Freunde gewesen.

6.3.1 Der neutestamentliche Befund

Die vier Überlieferungen der Einsetzungsworte (1Kor 11,24–25; Mk 14,22–24; Mt 26,26–28; Lk 22,19–20) sind sich erstaunlich ähnlich bzw. in vielen Teilen sogar identisch. Auffällig ist allerdings, dass sich das Kelchwort bei Paulus (1Kor 11) und Lukas deutlich von dem des Matthäus und des Markus unterscheidet: Bei Paulus und Lukas wird der Kelch gedeutet (»Dieser Kelch ist der neue Bund in meinem Blut ...«), bei Markus und Matthäus der Wein im Kelch (»Dies ist mein Blut des Bundes, das für viele vergossen wird.«). Die Frage, was hier ursprünglich ist, ist schwer zu beantworten. Die älteste schriftliche Fixierung ist wohl die bei Paulus im ersten Korintherbrief. Möglich ist außerdem, dass die Fassung bei Markus und Matthäus dem Brotwort angeglichen wurde, denn in allen Fassungen lautet dieses: »Das ist mein Leib«. Dem würde die Formulierung »Das ist mein Blut« exakt entsprechen. Von daher ist es wahrscheinlicher, dass die Fassung bei Paulus und Lukas die ursprüngliche ist.

Bei Paulus und Lukas spricht Jesus ausdrücklich vom »neuen« Bund (lat. »Testament«). Das bedeutet theologisch, dass durch das Blut der Lebenshingabe der »neue Bund« gesetzt wird. Darüber hinaus wird einzig bei Paulus der Mahlfeier ein heilsgeschichtlicher Ort zugewiesen: Sie ist Verkündigung des Todes des Herrn bis zu seiner Wiederkunft, d.h. bis an ihre Stelle das Mahl der Heilszeit tritt.

Das Abendmahl ist verbunden mit den Anfängen eines eigenen christlichen Gottesdienstes. Lukas überliefert zwar, die Urgemeinde habe noch am Tempelgottesdienst teilgenommen (Lk 24,52; Apg 3,11; 5,12), doch entstand sehr bald die Mahlfeier als eigenständige christliche Form der Gemeinschaft. Indem man am »Tisch des Herrn« zusammenkam und miteinander das Brot brach (Apg 2,42.46; 20,7.11; 1Kor 10,16), erfuhr man sich als Gemeinde Jesu Christi.

In der Jerusalemer Gemeinde hat man das Mahl vermutlich täglich begangen (Apg 2,46); in den hellenistischen Gemeinden bürgerte sich seine Feier am Herrentag, dem ersten Tag der Woche (1Kor 16,2; Apg 20,7), sehr früh ein. Es wurde wechselweise in den Häusern der Gemeindeglieder gehalten (1Kor 16,15) und hatte die Form einer Sättigungsmahlzeit, die durch Brotbrechen und Brotwort eröffnet und durch den »Segenskelch« (1Kor 10,16) mit dem an Jesu Sterben erinnernden Becherwort abgeschlossen wurde (1Kor 11,25) – vermutlich begleitet von einer Predigt über Jesus.

Durch die Feier als Sättigungsmahl schlichen sich Ungerechtigkeiten ein: Die Begüterten brachten ihr Essen mit und aßen es zügig auf, sodass – wenn die Bedürftigen kamen – nichts mehr übrig war. Demgegenüber macht Paulus deutlich: Das Mahl ist ein Gemeinschaftsmahl. Wer daran teilnimmt, hat auch Verantwortung für die Schwestern und Brüder. Daraus folgt ein neues Sein: Die »Vielen« werden zu einem Leib (1Kor 10,17). Mit seiner Weisung 1Kor 11,34a löst Paulus das Abendmahl von

Sättigungsmahl. Deshalb verlagerte sich der Charakter des Abendmahls bereits in neutestamentlicher Zeit auf das Kultisch-Sakramentale.

6.3.2 Katholisches Abendmahlsverständnis

Seit dem 5. Lateranischen Konzil (1215) ist in der katholischen Kirche die Transsubstantiationslehre dogmatisiert. Dieser liegt die aristotelische Vorstellung zugrunde, dass bei jedem Ding eine »Akzidenz« (mehr oder weniger zufällig dazukommender Aspekt, z.B. das Aussehen, der Geschmack ...) von der »Substanz« unterschieden werden könne. Wenn der Priester die Einsetzungsworte »Dies ist mein Leib. Dies ist mein Blut« über den Elementen (Brot bzw. Hostie und Wein) spricht, wandelt sich nach dieser Lehre die Substanz von Brot und Wein in Leib und Blut Christi. Das heißt: Beide Elemente sehen zwar noch aus wie Brot und Wein und schmecken auch entsprechend (das ist ihre »Akzidenz«), aber ihre Substanz hat sich gewandelt. Diese Wandlung kann nicht mehr rückgängig gemacht werden. Von daher musste man sich fragen, was mit denjenigen Elementen geschehen soll, die vom Abendmahl übriggeblieben sind.

Die Hostien können im Tabernakel (ein Schränkchen im Altar) aufbewahrt werden – deshalb wird das Abendmahl auch nicht mit echtem Brot gefeiert, das (a) bröseln könnte und (b) nach einer Woche hart werden würde.

Beim Wein ist das schwieriger. Die katholische Kirche löst das Problem dadurch, dass nur der Priester den Wein trinkt, weshalb er eben nur ein bisschen Wein in Blut Jesu wandelt. Dadurch wird außerdem die Gefahr minimiert, dass evtl. etwas von dem Wein verschüttet werden könnte.

Der profane Zauberspruch »Hokus pokus« hat in der lateinischen Messe seinen Ursprung. Wenn der Priester auf lateinisch die Einsetzungsworte »Dies ist mein Leib« bzw. auf lateinisch *Hoc est corpus meum* sagte, verstanden die Gläubigen häufig nur *Hokus pokus*.

Das römisch-katholische Abendmahlsverständnis weist noch einen weiteren wichtigen Aspekt auf. Nach Überzeugung der katholischen Kirche ist die Wandlung der Elemente durch den Priester die unblutige Wiederholung des Kreuzesopfers Jesu. Als solches konnte es auch als Verdienst angesehen werden für denjenigen, der eine Totenmesse lesen ließ. Dieser Messopfergedanke wird deutlich, wenn der Priester im Rahmen des Abendmahls Gott stellvertretend für die Gemeinde bittet: »Schau nicht auf unsere Sünden, sondern auf den Glauben Deiner Kirche; denn sie stellt Dir das Lamm vor Augen, das geopfert wurde.«

6.3.3 Lutherisches Abendmahlsverständnis

Luther lehnt die Unterscheidung von Substanz und Akzidenz strikt ab. Brot und Wein bleiben auch im Abendmahl Brot und Wein. Allerdings lautet ja das Einsetzungswort »Dies ist mein Leib« und »Dies ist mein Blut«. Luther stellt dazu in der Schrift »Von der babylonischen Gefangenschaft der Kirche« (1520) fest: »Ich jedenfalls, wenn ich doch nicht begreifen kann, auf welche Weise das Brot Christi Leib ist, will meinen Verstand gefangen geben in den Gehorsam Christi, an seinen Worten einfältig hangend, glaube ich festiglich, nicht nur dass Christi Leib im Brot, sondern, dass das Brot Christi Leib sei. Was tut's wenn die Philosophie das nicht versteht? Der Heilige Geist ist größer als Aristoteles.« In der lutherischen Theologie hat sich die Formel herausgebildet, Leib und Blut Christi werde in, mit und unter Brot und Wein dargereicht und empfangen. Nach Beendigung des Abendmahls handelt es sich wieder um normales Brot und normalen Wein..

Abgelehnt wird der Messopfergedanke. Zufolge Luther ist das Abendmahl eine Gabe Jesu Christi an die Seinen. Ein Verständnis des Abendmahls als Erinnerung Gottes an das Kreuzopfer Christi ist weder biblisch noch nötig.

Aus diesem Abendmahlsverständnis ergibt sich zwangsläufig, dass die lutherische Kirche natürlich jedem Glaubenden Brot und Wein (Leib und Blut Christi) reicht, was Luther in seiner Schrift von 1520 auch vehement fordert. Heißt es doch ausdrücklich in den Einsetzungsworten: »Nehmt hin und trinket alle daraus!« Luthers Landesherr Friedrich der Weise soll sich auf seinem Totenbett 1525 das Abendmahl »unter beiderlei Gestalt« gereicht haben lassen und dadurch offen deutlich gemacht haben, dass er sich als Christ evangelisch-lutherischer Konfession verstand.

6.3.4 Reformiertes Abendmahlsverständnis

Das Marburger Religionsgespräch im Jahr 1529 zwischen Ulrich Zwingli und Martin Luther hat im Hinblick auf das Abendmahl keine Einigung erbracht. Zwingli beharrte auf dem Standpunkt, die Einsetzungsworte hätten heißen müssen: »Dies bedeutet mein Leib« und: »Dies bedeutet mein Blut.« Anders wäre es nicht zu verstehen, da Jesus ja jetzt nach Auferstehung und Himmelfahrt zur Rechten Gottes säße. Luther widersprach mit Hinweis auf die Schrift. Er akzeptierte zwar den Einwand, dass Jesus jetzt zur Rechten Gottes im Himmel wäre, aber aufgrund seiner Göttlichkeit könne er durchaus an mehreren Orten gleichzeitig sein (»Ubiquität« – von lat. *ubique*: überall).

Das Abendmahlsverständnis der reformierten Kirche geht davon aus, dass die Sakramente ein Spiegelbild eines himmlischen Vorgangs seien. Was für die Seele das himmlische Gut des Sakraments ist, das ist für den Leib das irdische Gut. Insofern ist die Abendmahlsfeier ein Spiegelbild eines himmlischen Vorgangs. Das heißt: Christus ist in den Elementen nicht einfach gegenwärtig. Und doch geschieht im Abendmahl mehr als eine bloße Gedächtnisfeier der Gemeinde. Mit dem nur symbolisch bedeutsamen leiblichen Vorgang von Essen und Trinken verbindet sich ein geistliches Geschehen: Die Seele des Glaubenden wird durch den Heiligen Geist zu Christus erhoben und auf geistliche Weise mit seinem Leib und Blut gespeist. Dies widerfährt aber nur den Glaubenden; die Nichtglaubenden empfangen einfach nur Brot und Wein.

6.3.5 Ökumene zwischen lutherischer und reformierter Kirche

Nach vielen Streitigkeiten zwischen Lutheranern und Reformierten (man vergleiche nur die Konkordienformel von 1577) einigte man sich im Jahr 1976 auf die Leuenberger Konkordie, durch die die volle Abendmahlsgemeinschaft zwischen Reformierten und Lutheranern hergestellt wurde – dank der gefundenen Kompromissformel: »Im Abendmahl schenkt sich der auferstandene Jesus Christus in seinem für alle dahingegebenen Leib und Blut durch sein verheißendes Wort *mit* Brot und Wein. Er gewährt uns dadurch Vergebung der Sünden und befreit uns zu einem neuen Leben aus Glauben. Er lässt uns neu erfahren, dass wir Glieder an seinem Leibe sind. Er stärkt uns zum Dienst an den Menschen.« Seither haben reformierte und lutherische Kirche, die in vielen Ländern Deutschlands sowieso schon vereinigt sind, volle Kirchengemeinschaft.

6.3.6 Ökumene zwischen Katholiken und Protestanten

Anders als bei der Taufe ist eine Anerkennung des lutherischen Abendmahls durch die römisch-katholische Kirche noch nicht in Sicht. Dabei sind beide Abendmahlsverständnisse gar nicht so weit auseinander. Lutheraner wie Katholiken halten fest an der Realpräsenz Jesu in Brot und Wein (trotz der lutherischen Ablehnung der Transsubstantiationslehre). Was theologisch den Lutheranern noch Probleme macht, ist der katholische Messopfergedanke.

Das Hauptproblem ist aber das Priesterverständnis: Nach katholischer Überzeugung kann nur der geweihte Priester, d.h. der Mann, der das Sakrament der Priesterweihe besitzt, die Wandlung vollziehen. Eine lutherische Pfarrerin bzw. ein lutherischer Pfarrer kennen keine Priesterweihe nach katholischem Vorbild, sondern sind »nur« ordiniert, d.h. zur Verwaltung von Wort und Sakrament beauftragt.

Den Unterschieden im Abendmahlsverständnis zum Trotz lädt die evangelisch-lutherische Kirche stets ganz bewusst alle Getauften zum Abendmahl ein und verbietet ihren Gemeindegliedern ebenso wenig die Teilnahme am katholischen Abendmahl.

Nach Vorgabe aus Rom dürfen katholische Christen allerdings nicht am evangelischen Abendmahl teilnehmen, weil sie dadurch deutlich machen würden, dass sie das evangelische Abendmahl (und den evangelischen Pfarrer bzw. die evangelische Pfarrerin) anerkennen. Auch evangelische Gläubige dürfen nach katholischem Verständnis am katholischen Abendmahl nicht teilnehmen, weil sie nach Ansicht der römisch-katholischen Kirche ja gar nicht zur Kirche gehören (Martin Luther ist seit dem 3. Januar 1521 exkommuniziert – bis heute). Für konfessionsverbindende Ehen bedeutet dies, dass sie aufgrund der Vorgaben aus Rom eigentlich niemals gemeinsam zu einem Abendmahl gehen dürfen.

Doch Papier ist geduldig! Vor Ort geschieht glücklicherweise ökumenisch viel mehr als eigentlich erlaubt. So habe ich selbst einmal als evangelischer Prediger in einer katholischen Messe im Talar an einem katholischen Abendmahl teilgenommen. Der katholische Amtsbruder hatte mich kurz vor dem Gottesdienst in der Sakristei ausdrücklich dazu eingeladen.

7

Christliche Beurteilung von Gesundheit und Heil des Menschen (Sterbehilfe)

7.1 Durfte Immaculada Echevarría sterben?

Infolge eines unheilbaren Muskelschwunds konnte die Spanierin Immaculada Echevarría nur noch ihre Fingerspitzen und die Gesichtsmuskulatur bewegen. In einem Krankenhaus im spanischen Granada war sie gut zehn Jahre lang an ein Beatmungsgerät angeschlossen, da ihre Atemmuskulatur zu schwach geworden war. Echevarría bat um das Entfernen des Beatmungsgerätes. Sterbehilfe ist in Spanien allerdings verboten. Aber nach einem halben Jahr Kampf um das Entfernen erteilten die spanischen Behörden ihre Zustimmung. Sie argumentierten, dass das Abstellen des Geräts keine aktive Sterbehilfe sei. Vielmehr hätte jeder Kranke das Recht, eine medizinische Behandlung abzulehnen. »Das ist einer der glücklichsten Tage meines Lebens«, erklärte Echevarría: »Ich hoffe, dass die Entscheidung möglichst bald umgesetzt wird.« Die katholische Kirche in Spanien hat umgehend gegen das Votum protestiert: »Einem Menschen eine lebenswichtige Apparatur abzuschalten, ist gleichbedeutend damit, ihm das Leben zu nehmen. Die Euthanasie ist illegal und ein Anschlag auf die Würde und das Leben.«

Die Haltung der katholischen Kirche führte dazu, dass Echevarría zum Sterben in ein anderes Krankenhaus verlegt werden musste. Das San-Rafael-Krankenhaus, das dem katholischen Orden San Juan de Dios unterstellt ist und in dem die Kranke behandelt worden war, hatte sich zwar zunächst bereit erklärt, den Wunsch der Patientin zu erfüllen. Es musste dann aber einen Rückzieher machen, denn die Ordensführung in Rom untersagte es den Ärzten, das Beatmungsgerät abzuschalten.

Mitte März 2007 stellten die Ärzte des Krankenhauses in Granada, in das Echevarría verlegt worden war, das Beatmungsgerät ab. Die 51-Jährige starb daraufhin.

7.2 Gesundheit im Alten und Neuen Testament

Das AT kennt zwar kein Konzept von Gesundheit an sich, auch kein eigenes Wort dafür, wohl aber Zustandsbeschreibungen, die inhaltlich Gesundheit meinen. Die Menschen (Noah, Abraham, Isaak, Jakob) erreichen ein »biblisches Alter«, weil sich gottesfürchtig sind. M.a.W.: Zu alttestamentlicher Zeit ist die Vorstellung von einem diesseitig funktionierenden Tun-Ergehen-Zusammenhang lange Zeit gegeben. Erst nach und nach wird man sich bewusst, dass diese Vorstellung nicht mehr aufrechtzuerhalten ist – angesichts erster Judenverfolgungen. Von daher kommt man zu dem Schluss, dass der Tun-Ergehen-Zusammenhang, wenn er schon diesseitig nicht mehr funktioniert, jenseitig aufrechterhalten werden wird: Wer böse handelt, wird im Jenseits bestraft werden – vgl. nur Dan 12,2: »Und viele, die unter der Erde schlafen liegen, werden aufwachen, die einen zum ewigen Leben, die anderen zu ewiger Schmach und Schande.«

Jedenfalls gelten jetzt Krankheit und Tod in neutestamentlicher Zeit nicht mehr als Folge von Schuld (vgl. Lk 13,1–9; Joh 9,2). Begriff und Einschätzung der Gesundheit im Neuen Testament sind von Jesu Rolle als Wunderheiler zu erfassen. Jesus wird im NT zwar nicht als »Arzt« bezeichnet, aber er ist der Heiler, derjenige, der die Gesundheit herstellt. Nach dem Zeugnis des NT hat Jesus Kranke geheilt (Mt 4,23f). Sein Heilen gehört zum »Schon jetzt« der mit ihm angebrochenen Gottesherrschaft (Lk 11,20). Jesus wendet sich den Menschen leiblich zu. Diese leibliche Dimension ist ihm wichtig genug, weil gerade sie das Unheil des Menschen ausdrückt, das der Heilung im Sinne der Erlösung des ganzen Menschen bedarf. Tatsächlich ist neutestamentlich gesehen das (exemplarische) Gesundwerden von Menschen Kennzeichen der mit Jesus angebrochenen Heilszeit (Mt 11,5; Lk 7,22).

Neutestamentlich gesehen ist Krankheit also ein Kennzeichen der Macht des Satans und seiner Dämonen – und zugleich wird deutlich, dass Gott (in Jesus) an der Seite der Kranken steht und sie heilen will.

Letzten Endes ist Jesus selbst ein von den widergöttlichen Mächten Gebrochener, insofern er den Weg ans Kreuz geht. Christen wissen, dass Gott in Jesus selbst das Gefühl der Gottverlassenheit auf sich genommen hat (»Mein Gott, mein Gott, warum hast Du mich verlassen?« [Mt 27,46; Mk 15,34 – Zitat aus Ps 22,2]). Es ist ja bezeichnend, dass Jesus im Markusevangelium nicht schon als Gottessohn erkannt wird, als er Kranke heilt (Mk 6,53–56), Menschen speist (Mk 6,30–44; 8,1–9) oder auf dem Wasser wandelt (Mk 6,45–52), sondern erst, als er leidend am Kreuz stirbt (Mk 15,39: »Der Hauptmann aber, der dabeistand, ihm gegenüber, und sah, dass er so verschied, sprach: Wahrlich, dieser Mensch ist Gottes Sohn gewesen.«). Theologisch gesehen ist das sehr bedeutsam: Gott sendet nicht seinen Sohn als Supermann auf die Erde, der, wenn es nicht so läuft und ein »Malheur« passiert, notfalls die Zeit zurückdreht – so geschehen im ersten Superman-Film mit Christopher Reeve, als am Schluss dessen Freundin Lois stirbt und er durch dieses Zurückdrehen Lois wieder lebendig macht. Jesus macht sein Kreuz nicht rückgängig, sondern nimmt es auf sich und lernt dabei die tiefsten Tiefen menschlicher Verzweiflung kennen. Auch sagt er am Kreuz eben nicht: »Vater, ich freue mich schon auf übermorgen. denn dann werde ich auferstehen und den Menschen beweisen, dass ich Recht hatte!« Das abrupt beendete Leben Jesu zeigt, dass auch »fragmentarisches Leben« seinen Wert und seine Bedeutung hat. Jesu Leben weist in seinem gewaltsamen Ende über sich hinaus auf die Auferweckung. Diese macht deutlich, dass Zerstörung und Tod nicht das letzte Wort haben werden, sondern das Leben.

Ähnlich ist auch das Leben des Paulus einzuordnen. Zufolge Apg 9,15f ist er ein »Werkzeug« in Gottes Hand. Dieses »Werkzeug« lebt dann aber kein Leben in Saus und Braus, sondern erduldet eine Steinigung (Apg 13,8–20), mehrere Gefangennahmen und Bedrängung »von allen Seiten« (2Kor 4,8–11; vgl. die »Kataloge« in 2Kor 6,4–10; 2Kor 11,2–29) sowie Schmerzen. Paulus überliefert aber das berühmte Wort: »Und er hat zu mir gesagt: Lass dir an meiner Gnade genügen; denn meine Kraft ist in den Schwachen mächtig« (2Kor 12,9). Genau dies ist die Erfahrung, die Menschen bis heute machen können, dass sie trotz aller Schwachheit und Krankheit Gottes Kraft in sich spüren können.

7.3 Gesundheit und Heil in der Theologie

Tatsächlich erkennen auch wir heute die Größe und die Stärke eines Menschen erst angesichts von Krankheit und Einschränkungen. Ein »Supermann« wird nicht unbedingt an seinen Fähigkeiten erkannt, sondern daran, wie er mit seiner Schwäche fertig wird – wie etwa der nach einem Reitunfall vom Hals ab gelähmte Superman-Darsteller Christopher Reeve, der nicht aufgab, sondern weiterhin sein Leben in die Hand genommen, bei Filmen Regie geführt und eine Stiftung gegründet hat.

Christen bekennen Gott als Quelle des Lebens, allerdings nicht als Garanten von Gesundheit. Gesundheit ist ein Gut und nicht eine Selbstverständlichkeit. Tatsächlich glauben Christen, dass Gott will, dass die Menschen gesund sind bzw. werden. Jesu Wirken hat dies immer wieder exemplarisch deutlich gemacht. Und tatsächlich kann das endzeitliche Heil in einer körperlichen Heilung zeichenhaft deutlich werden. Dies bleibt aber ungesichert – und Christen dürfen sich gewiss sein, dass in Jesus Christus ihr endzeitliches Heil über das derzeitige Leben hinausgeht. Christen vertrauen darauf, dass Gott ihnen »Leib und Seele, Augen, Ohren und alle Glieder, Vernunft und alle Sinne gegeben hat und noch erhält« (Martin Luther, Kleiner Katechismus, Auslegung zum ersten Glaubensartikel).

Leben und Gesundheit sind stets ein unverdientes Geschenk. Christen glauben Gott als den Geber und Erhalter des Lebens.

Leben ist Fragment. Alles in diesem Leben ist im Grunde nur vorläufig, nichts ist ewig. Damit hängt zusammen, dass vieles von dem, was Menschen beginnen, nur fragmentarisch bleibt. Damit hängt auch zusammen, dass ein ganzes Leben ein Fragment bleibt, wenn es durch einen Unfall oder durch eine schwere Krankheit früh beendet oder stark eingeschränkt wird.

Leiden ist Bestandteil dieses Lebens. Leiden bedeutet Minderung von Lebensqualität – und zugleich gehört es zum Leben dazu. Vielfach zeigt sich gerade im Leiden menschliche Größe bzw. Gottes Kraft (vgl. 2Kor 12,9). Von daher kann Leiden auch zur Kraftquelle werden. Und wohl nicht ganz zufällig wird vom heidnischen Hauptmann auch Jesus im Angesicht des Leides als Sohn Gottes erkannt (Mk 15,39).

Christen erwarten die endzeitliche Aufhebung von Leid und Schmerz. Zufolge Offenbarung 21,1–5 werden Leid, Geschrei, Schmerz und Tod in der Endzeit von Gott aufgehoben werden. Christen wissen sich an die Seite derer gestellt, die leiden, weil ihnen deutlich ist, dass Leid nach Gottes Willen nicht sein soll (vgl. die Werke der Barmherzigkeit in Mt 25,31–46: Hungernde speisen, Durstigen zu trinken geben, Fremde aufnehmen, Nackte kleiden, Kranke und Gefangene besuchen).

7.4 Sterbehilfe – Definitionen

Der berühmte Theologieprofessor August Tholuck aus Halle fragte auf einer italienischen Reise im Jahr 1831 einen einfachen Kutscher, was der grüßte Wunsch seines Herzens sei. Daraufhin antwortete jener: »*Morire in pace con Dio* – im Frieden mit Gott zu sterben.« Dazu soll Tholuck gesagt haben: »Nichts von all dem Herrlichen und Großen, das ich in Italien gesehen habe, hat mir einen solch tiefen Eindruck gemacht wie diese Worte des armen Mannes in den Abruzzen.«

Da der Begriff »Euthanasie« durch seinen Missbrauch im Dritten Reich stark vorbelastet ist, spricht man in der heutigen Euthanasie-Diskussion meist von »Sterbehilfe«. Hierbei sind folgende Unterscheidungen nötig:

1. Hilfe im bzw. beim Sterben: menschlich-seelsorgerliche, pflegende Begleitung; Sterbebeistand

2. Verzicht auf lebensverlängernde Behandlungen einschließlich deren Abbau oder Abbruch (passive Sterbehilfe)

a) bei zwangsläufig Sterbenden
   - mit deren bewusster Einwilligung
   - ohne deren Einwilligung

b) bei nicht zwangsläufig Sterbenden
   - auf bewusstes Verlangen bzw. mit deren Einwilligung
   - ohne Verlangen bzw. Einwilligung

3. Tötung (und bewusste gezielte Lebensverkürzung – aktive Sterbehilfe)

a) von zwangsläufig Sterbenden
   - aufgrund ihres Verlangens
   - ohne bewusste Einwilligung

b) von nicht zwangsläufig Sterbenden
   - auf deren ausdrücklichen Wunsch hin
   - ohne deren Einwilligung bzw. wider Willen (Vernichtung von als »lebensunwert« eingestuftem Leben bzw. Mord)

7.5 Sterbehilfe – die Rechtslage in Deutschland

1. Fremdtötungsverbot

An erster Stelle ist das prinzipielle Verbot der Tötung eines anderen zu nennen. Insoweit ist ein strenges Tabu aufgestellt: Der andere Mensch darf in keinem Fall getötet werden. Davon gibt es nur drei wichtige Ausnahmen: Notwehr, Tötung im Krieg sowie (in manchen Ländern) die Todesstrafe.

2. Selbsttötungsfreiheit

Jenem Tötungsverbot steht die Straffreiheit der Selbsttötung gegenüber, vorausgesetzt freilich, dass sie auf einem sogenannten »freiverantwortlichen« Willen beruht.

Exkurs: »Selbstmord«

a) Selbstmord in der Bibel: Im Alten Testament wird nur fünfmal von einem Selbstmord berichtet: Zufolge Ri 9,54 tötet der Waffenträger Abimelechs diesen auf dessen Bitte hin; nach Ri 16,21–30 tötet der Richter Simson sich selbst und nimmt unzählige Philister mit in den Tod. Simson ist von daher ein biblisch verbürgter Selbstmordattentäter. In 1Sam 31,4f wird erzählt, wie Saul sich im Angesicht der Niederlage gegen die Philister in sein Schwert stürzt. Ahitofel erhängt sich, weil sein Rat nicht befolgt wird und er die Rache Davids fürchtet (2Sam 17,23). Und als der durch einen Putsch an die Königswürde im Nordreich gekommene Simri erkennt, dass Omri gegen ihn eine aussichtsreiche Revolution durchführt, verbrennt er sich zusammen mit seinem ganzen Haus (1Kön 16,18). Jeder einzelne Selbstmord wird von den alttestamentlichen Erzählern völlig teilnahmslos und wertfrei überliefert. Von Ahitofel (2Sam 17,23) wird sogar noch die Bestattung erzählt. Auffällig ist, dass an keiner Stelle der Selbstmord als verwerflich bezeichnet wird.

b) Selbstmord aus Sicht der Kirchen: Trotzdem sprechen sich die christlichen Kirchen übereinstimmend und ausdrücklich gegen den Selbstmord aus. Das unverfügbare Leben wird als unverdientes Geschenk Gottes angesehen, das man nicht achtlos wegwerfen darf. In der mittelalterlichen Kirche galt Selbstmord sogar als Todsünde, die den Eintritt in das Paradies verhindert. Heute wird das wesentlich differenzierter gesehen, zumal man sich bewusst ist, dass Menschen, die sich mit Selbstmordgedanken tragen, im Grunde ihres Herzens gar nicht sterben wollen, sondern verzweifelt einen Weg suchen, einer für sie unerträglichen Situation zu entkommen. In Deutschland nehmen sich jährlich mehr als 11.000 Menschen das Leben. 40 Kinder und Jugendliche versuchen täglich in Deutschland, sich umzubringen; und im Schnitt sind drei dieser Versuche ›erfolgreich‹. Die christlichen Kirchen sind sich der Tatsache bewusst, dass ein Selbstmord nicht als »Freitod« bzw. »freiwilliger« Tod qualifiziert werden können, sondern dass er der Ausdruck von Verzweiflung und somit eine Anfrage an das persönliche Umfeld, aber auch an die ganze Gesellschaft ist.

Zwischen diesen beiden »Polen« (Fremdtötungsverbot und Selbsttötungsfreiheit) gibt es eine Grauzone und – etwas vergröbernd ausgedrückt – vier verschiedene Aspekte:

»Tötung auf Verlangen«

Jene beiden Grundsätze des Fremdtötungsverbotes einerseits und der Selbsttötungsfreiheit andererseits geraten nun zwangsläufig in Konflikt miteinander, wenn sich der zum Sterben Entschlossene für sein Ausscheiden aus dem Leben der Hilfe eines anderen bedienen will. Das deutsch Recht hat sich für einen Mittelweg entschieden, indem es für den, der »durch das ausdrückliche und ernstliche Verlangen des Getöteten bestimmt worden ist« – so der Wortlaut des § 216 StGB –, eine gegenüber dem »normalen« Totschlag gemilderte Strafandrohung (von 6 Monaten bis 5 Jahren) vorsieht.

Suizidteilnahme

Das bedeutet, dass es bei aktiver Hilfe zum Sterben entscheidend darauf ankommt, ob diese als strafbare »Tötung auf Verlangen« oder lediglich als straflose »Beihilfe zur Selbsttötung« zu verstehen ist. Solange die Letztentscheidung über die Herbeiführung des Todes bei dem Betroffenen selbst verbleibt, sind Hilfeleistungen dazu als straflose Beihilfe zur Selbsttötung anzusehen. Sobald dagegen die Entscheidung über den Todeseintritt letztentscheidend in der Hand des Dritten liegt, handelt es sich um strafbare Tötung auf Verlangen.

Einverständliches Sterbenlassen (passive Sterbehilfe)
Aufgrund eines verlässlich feststellbaren mutmaßlichen Willens des Patienten darf die Behandlung auch schon vor Einsetzen des finalen Sterbevorgangs abgebrochen werden.

Indirekte Sterbehilfe
Gabe von schmerzstillenden Medikamenten, durch deren Nebenwirkungen der Tod wahrscheinlich schneller herbeigeführt wird als ohne die Gabe dieser Medikamente.

Bei der Begleitung Sterbender ist es wichtig zu wissen, dass diese Bedürfnisse in (1) körperlicher (z.B. Schmerzen), (2) psychischer (z.B. Angst), (3) sozialer (z.B. Einsamkeit) und (4) spiritueller (z.B. Gebet, Gottesbild, Zukunft) Hinsicht haben. Was dabei als wichtig oder unwichtig, angenehm, unangenehm oder als Leiden empfunden wird, entscheidet der Sterbende selbst und nicht das »wohlmeinende« Umfeld.

7.6 Hospize und Palliativstationen

7.6.1 Die Hospizbewegung

Das Hospiz ist kein Ort, an dem sich die Menschen einrichten, sondern eine Haltung, in der die Menschen einander begegnen und miteinander unterwegs sind. Die Menschen sollen auch als Schwerkranke, Sterbende und Trauernde einen Platz in der Gesellschaft haben.

Der Begriff kommt aus dem Mittelalter. »Hospitium« war eine christliche Herberge für Reisende und Pilger. 1902 wurde in London das erste Haus mit dem Namen »Hospiz« mit 30 Betten von den »Schwestern der Barmherzigkeit« erbaut. 1967 gründete Cicely Saunders im Süden Londons ihr erstes eigenes Hospizhaus, das St. Christopher's Hospice. Menschen konnten dort aufgenommen werden und medizinisch, pflegerisch, psychosozial und seelsorgerlich-spirituell begleitet werden. Das Modell der inzwischen weltweiten Hospizbewegung war entstanden.

Deutschlandweit wurden im Lauf der folgenden Jahre zahlreiche ambulante Hospizvereine gegründet. Die Schwerstkranken und Sterbenden sollten nach Möglichkeit bis zum Lebensende in ihrer vertrauten Umgebung bleiben. Dafür bietet der Hospizverein kostenlose Hilfe an. Die Religionszugehörigkeit oder eine Mitgliedschaft im Verein spielen keine Rolle. Geschulte Mitarbeiter, Männer und Frauen aus allen Berufs- und Altersgruppen, stehen als ehrenamtliche Mitarbeiter den Hilfesuchenden zur Verfügung. Die Begleitung und Hilfe gilt auch für die Angehörigen der kranken Menschen.

7.6.2 Palliativstationen

Ein international verwendeter Begriff für den medizinischen Teil der Hospizarbeit ist die Palliativmedizin. Der Begriff leitet sich von *pallium* (lat.) – »Schutzmantel« ab und soll ausdrücken, dass es darum geht, den Patienten zu wärmen, zu schützen und zu umhüllen. Die Palliativmedizin kümmert sich um Patienten mit weit fortgeschrittenen Erkrankungen, für die es keine Heilung mehr gibt. Der Schwerpunkt liegt auf Lebensqualität, also der Behandlung und Linderung von Beschwerden, z.B. Schmerzen, Übelkeit, Hustenreiz, Erbrechen, Angst, Atemprobleme und weiteren Tumorbeschwerden.

Das Wohlbefinden des Patienten in allen Bereichen, physisch, psychisch, sozial und spirituell, steht im Mittelpunkt der Arbeit. Die Angehörigen werden stets mitbetreut.

Wenn sich der Zustand des Kranken gebessert hat, ist die Entlassung in die gewohnte Umgebung und die hausärztliche Betreuung das Ziel. In Deutschland gibt es inzwischen einige Palliativstationen, die stets – anders als ein Hospiz – ein Teil des Krankenhauses sind.

7.6.3 Richtlinien für die Hospiz- und Palliativarbeit

Für die Hospiz- und die Palliativarbeit gilt: Sterben und Tod sollen als Teil des Lebens akzeptiert werden. Der Tod wird weder beschleunigt noch hinausgezögert.

Folgende Qualitätskriterien sind für die Hospiz- und die Palliativarbeit wichtig:

- Die Behandlung des Patienten erfolgt in der Umgebung seiner Wahl (ambulant, stationär, zu Hause, Pflegeheim o.ä.).
- Die physischen, psychischen, sozialen und spirituellen Bedürfnisse von Patienten, Angehörigen und Behandlungsteam werden beachtet (ganzheitlicher Ansatz).
- Bei der Behandlung tritt das Menschliche in den Vordergrund, das medizinisch mit viel technischem Aufwand Machbare in den Hintergrund. Ziel der Therapie ist die Lebensqualität des Patienten.
- Die individuelle Behandlung jedes Patienten erfolgt durch ein multidisziplinäres Team.
- Offenheit und Wahrhaftigkeit sind die Grundlage des Vertrauensverhältnisses zwischen allen Beteiligten.
- Die Symptomkontrolle (Schmerzen, Durst, Luftnot u.a. Symptome) erfolgt durch Spezialisten.
- Die fachliche Pflege wird von speziell geschulten Pflegekräften geleistet.
- Ehrenamtliche werden in die Behandlung integriert.
- Das Behandlungsteam wird zentral koordiniert.
- Die kontinuierliche Betreuung des Patienten und seiner Angehörigen dauert an bis zum Tod bzw. in die Trauerzeit hinein.
- Das Leben wird bejaht, während Sterben und Tod als Teil des Lebens akzeptiert werden. Der Tod wird weder beschleunigt noch hinausgezögert. Aktive Sterbehilfe wird strikt abgelehnt.
- Die Behandlungsergebnisse werden sorgfältig dokumentiert und ausgewertet.
- Ärzte, Pflegekräfte, Sozialarbeiter, Seelsorger und Ehrenamtliche sind für die Aufgaben in der Palliativstation speziell geschult bzw. ausgebildet.

7.6.4 Theologische Voraussetzungen: Menschliches Leben ist in allen Hochreligionen geschützt

In der Aussage »Das Leben ist eine Gabe Gottes« stimmen alle Hochreligionen überein. Kein Mensch kann sich selbst ins Dasein rufen. Gott ist der Schöpfer des Lebens; deshalb ist der Mensch für sein Leben und das seiner Mitmenschen Gott gegenüber verantwortlich.

Dieser Glaubensinhalt hat eine wichtige Funktion für den Schutz des Lebens: Was Gott gegeben hat, ist heilig und unantastbar. Niemand darf daher einem anderen das Leben nehmen. Auch Leben, das krank, schwach und scheinbar unnütz ist, steht unter dem Schutz Gottes, der allein den Sinn allen Lebens kennt und darüber entscheiden darf.

Wer das Gegebensein des menschlichen Lebens nicht als unantastbare Vorgegebenheit ansieht, verleugnet damit auch das Fundament, auf dem er selbst steht. Allerdings darf dieser Gedanke auch nicht zu einer Vergötzung des Lebens an sich führen. Biologische Lebendigkeit ist noch nicht Leben im vollen Wortsinn und kann deshalb nicht allem anderen übergeordnet werden.

Generell gilt jedoch: Gott will das Leben! Das menschliche Leben ist damit unantastbar. Das Leben von Todkranken darf weder vorzeitig beendet noch künstlich verlängert werden. Vielmehr soll den Todkranken in der schwersten Phase ihres Lebens durch Schmerztherapie und menschliche Zuwendung geholfen werden. Die Kirchen sprechen sich für ein »Sterben in Würde« aus. Sie halten es daher für zulässig, wenn Ärzte den Tod eines Patienten unbeabsichtigt beschleunigen, indem sie ihm starke Schmerzmittel geben (indirekte Sterbehilfe). Das Ziel ist die Linderung der Schmerzen. Die (mögliche) Nebenwirkung ist eine Herbeiführung des Todes. Auch soll das Sterben nicht unnötig hinausgezögert werden. Daher ist auch das Abschalten der Maschinen erlaubt, die einen Hirntoten am Leben erhalten (passive Sterbehilfe). Problematisch und umstritten ist jedoch das Abschalten der Maschinen in anderen Fällen (z.B. ein 15 Jahre währendes Wachkoma). Zur Bedeutung des fünften Gebotes (»Du sollst nicht töten«) ist zu sagen, dass dieses sich ursprünglich gegen das Ermorden eines Menschen aus niederen Beweggründen richtet und insofern nur bedingt in Anschlag zu bringen ist. Wesentlich hilfreicher ist auch hier Martin Luthers Auslegung im Kleinen Katechismus: »Wir sollen Gott fürchten und lieben, dass wir unserem Nächsten an seinem Leibe keinen Schaden noch Leid tun, sondern ihm helfen und beistehen in allen Nöten.« Worin dieser Beistand bestehen könnte, ist für jeden Einzelfall zu prüfen.

8 Ausgewählte christliche und philosophische Gewissensvorstellungen

Was ist eigentlich das Gewissen? Welche Stimme höre ich im Inneren, wenn mein Gewissen zu mir spricht? Wovon ist der Maßstab abhängig, nach dem sich das Gewissen meldet?

In dem Buch »Die Abenteuer des Huckleberry Finn« thematisiert der Autor Mark Twain an einer Stelle ausdrücklich das Gewissen, das sich bei Huck Finn zu Wort meldet. Hintergrund der Szene ist die Flucht von Huck vor seinem gewalttätigen Vater. Auf dieser Flucht begegnet ihm der seiner »Besitzerin« Miss Watson entlaufene Sklave Jim. Die beiden lassen sich auf einem Floß Mississippi-abwärts treiben und hoffen, die Stadt Cairo nicht zu verfehlen, denn in Cairo ist die Sklaverei abgeschafft. Jim wäre dort automatisch ein freier Mann.

> »Jim sagte, es mache ihn ganz zittrig und fiebrig, der Freiheit so nah' zu sein. Nun, ich kann nur sagen, mir ist's nicht besser ergangen, nur aus ganz anderer Ursache. Wie ich ihn nämlich so reden hörte, kam mir's auf einmal in den Sinn, dass er ja sowieso schon beinahe frei sei. Wer aber anders als ich trug die Schuld? Mein Gewissen hat mich arg bedrückt, ich konnte machen, was ich wollte, es ließ mir keine Ruhe. Nie vorher ist mir's so klar geworden, was ich eigentlich tue. Ich erzählte mir selber, dass ich doch eigentlich nix dafür könnte, denn ich hab' den Jim doch nicht geheißen, durchzubrennen und seinem rechtmäßigen Besitzer wegzulaufen. Aber das dumme Ding, mein Gewissen, antwortete jedesmal: ›Einerlei, du hast's gewusst und hättest nur ans Ufer rudern und ihn anzuzeigen brauchen!‹ Dagegen halfen keine Ausflüchte. Das Gewissen fragte: ›Was hat dir denn das arme Fräulein Watson getan, dass du's ruhig mit ansiehst, wie ihr einziger Nigger ihr durchgeht, ohne 'n Ton dazu zu sagen? Ist das nicht gemein? ...‹«

Das griechische Wort *syneidesis*, welches Martin Luther mit »Gewissen« übersetzt, taucht im Grunde erst in griechischen Texten aus dem ersten vorchristlichen Jahrhundert auf. Zunächst bezeichnet *syneidesis* allerdings das »Selbstbewusstsein« (in nichtmoralischem Sinne).

8.1 Antike

Das Empfinden des moralischen Gewissens spiegelt sich im frühen Griechenland in den Vorstellungen von den Rachegöttinnen, den »Erinnyen«, die den Übeltäter verfolgen. Auch Sokrates kennt noch keinen konkreten Begriff für »Gewissen«, spricht aber in seiner Apologie von einem *daimonion*, das ihn geleitet habe (Platon, Apologie 31 c d; 40 a b). Dieses *daimonion* ist – ähnlich wie der moderne Gewissensbegriff – auf das Handeln ausgerichtet.

8.2 Altes Testament

Auch im Alten Testament gibt es noch keinen Begriff für das, was heute unter »Gewissen« verstanden wird. Relativ nahe kommt dem heutigen Gewissensverständnis das Wort »Herz« (hebr. *leb*). Dieses wird verstanden als Planungs- und Entscheidungszentrum im Menschen. Das »Herz« ist zugleich ein vernehmendes Organ. Auch mit der Bitte um das »reine Herz« (Ps 51,12) wird vom Schuldigen die Neuschöpfung eines reinen Gewissens im Sinne einer neuen Lebensorientierung erbeten.

8.3 Neues Testament (Paulus)

Der Begriff »Gewissen« (*syneidesis*) erscheint im NT insgesamt 30-mal; zwar nie in der Jesusüberlieferung, aber 14-mal bei Paulus.

Gehäuft tritt er in der Auseinandersetzung um das Götzenopferfleisch in 1Kor 8 und 10 auf (8-mal). Der Hintergrund dieser Problematik bei Paulus ist folgender: Nahezu alles Fleisch, welches auf dem Markt (in Korinth) verkauft wurde, stammte aus dem Kult irgendeines heidnischen Gottes, war also – christlich gesagt – »Götzenopferfleisch«. Die Frage war nun: Dürfen Christen dieses Fleisch essen oder nicht?

Die (von Paulus so bezeichneten) Starken meinen: »Es gibt nur einen Gott. Die Götzen gibt es gar nicht, deshalb haben sie auch keine Macht und man darf das Götzenopferfleisch essen. Der Götzendienst ist menschliches Getue.«

Die (von Paulus so bezeichneten) »Schwachen« sagen: »Wir dürfen das Götzenopferfleisch nicht essen, weil das Essen die Teilnahme am heidnischen Opferkult einschließt. Auch die anderen dürfen nicht essen, weil sie sonst Götzendiener wären und somit unrein. Wir können mit ihnen keine Tischgemeinschaft mehr pflegen, sonst ist unser Gewissen ›befleckt‹.« Der »Schwache« meint, durch das Essen von Götzenopferfleisch am Götzendienst teilgenommen zu haben, und erfährt die Befleckung seines Gewissens als Verunreinigung seiner gesamten Existenz und damit als Verlust des Heils (1Kor 8,11).

In 1Kor 8,7–13 wendet sich Paulus an die Starken, um ihnen zu raten, wie sie mit den Gewissensrücksichten der Schwachen umgehen sollen: Sie sollen nicht ihre Erkenntnis, sondern die Liebe zum Maßstab ihres Handelns machen (8,1) und aus Rücksicht auf die Gewissen der Schwachen sowie im Interesse des Aufbaus der Gemeinde (8,1) auf ein Stück ihrer Freiheit verzichten.

Im zweiten Argumentationsgang (10,23–30) geht es darum, in welcher Weise die Starken vor dem Hintergrund des in 8,7–13 prinzipiell Gesagten mit dem Gewissen der Schwachen im konkreten Alltag umgehen sollen. Ausgangs- und Zielpunkt ist auch hier der Vorrang der Erbauung der Gemeinde vor der Überzeugung, dass alles erlaubt sei.

Die Starken sollen also sowohl auf dem Markt erworbenes als auch ihnen bei einer heidnischen Einladung gereichtes Fleisch essen, ohne aus Rücksicht auf das Gewissen des anderen (des Schwachen) nachzuforschen, ob es sich um Götzenopferfleisch handelt, es sei denn, sie würden hier wie dort ausdrücklich darauf hingewiesen; dann sollen sie nicht essen, weil ihr Essen Demonstrationscharakter erhielte und das Gewissen der Schwachen in dem in 8,10 geschilderten Sinne gefährdete. Die Freiheit der Starken besteht also darin, dass sie Fleisch essen können, ohne nach dessen Herkunft zu fragen, und diese Freiheit sollen sie nicht der Rücksicht auf ein fremdes Gewissen unterwerfen.

Das Gewissen ist bei Paulus also eine Instanz der Selbstbeurteilung anhand von vorgegebenen Normen.

Die Norm der Schwachen ist: »Flieht den Götzendienst!« Deshalb ist es verboten, Götzenopferfleisch zu genießen.

Die »Norm« der Starken wäre demnach: »Christus ist für uns gestorben und auferstanden.« Weil das aber gar keine richtige »Norm« ist, bedeutet es folglich: »Alles ist mir erlaubt« (vgl. 1Kor 6,12; 10,23).

Das Christusgeschehen (das wird durch den Konflikt in 1Kor 8; 10 deutlich) verändert jedoch die Normen, an denen sich das Gewissen orientiert, und befreit es von den alten Bindungen, auch wenn die Menschen sich dieser Freiheit ihres Gewissens nicht immer anvertrauen mögen. Paulus geht es immer wieder um die Erbauung der Gemeinde.

Als umfassendes anthropologisches Phänomen erscheint »Gewissen« in Röm 2,14f: »Denn wenn die Heiden, die das Gesetz nicht haben, von sich aus die Werke des Gesetzes tun, sind die, welche dieses Gesetz nicht haben, sich selbst Gesetz. Sie beweisen, dass das Werk des Gesetzes in ihre Herzen geschrieben ist. Das bestätigen ihnen ihr Gewissen und die Gedanken, die sich untereinander anklagen und verteidigen.«

Wenn Paulus hier – aber auch sonst – vom »Gesetz« spricht, meint er stets die jüdische Tora, d.h. die fünf Bücher Mose. Es geht ihm in Röm 1,18 – 3,20 um die negative Gleichstellung von Juden und Heiden vor Gott: Alle haben sie gesündigt und alle entbehren sie der Gnade Gottes (vgl. Röm 3,20). Um dieses Argumentationsziel zu erreichen, gesteht Paulus den Heiden in Röm 2,12–16 zwar keine Kenntnis des Gesetzes zu, aber doch, dass sie das Gesetz positiv erfüllen. Wie die Juden hatten auch die Heiden die Möglichkeit, nach dem Gesetz Gottes zu leben; wie die Juden sind auch die Heiden am Gesetz gescheitert. Das Gewissen als ein allen Menschen eigenes Phänomen bestätigt die Existenz des Gesetzes auch bei den Heiden. Das Gewissen kann hier als die sittliche Selbstbeurteilung des Menschen verstanden werden, als das Wissen des Menschen um sich selbst und sein Verhalten. Das Gewissen der Heiden, ihr Bewusstsein um sittliche Werte beweist für Paulus, dass das Gesetz von Gott nicht nur den Juden gegeben ist.

8.4 Die mittelalterliche Theologie (Thomas von Aquin)

Die scholastische (mittelalterliche) Theologie meinte, in den Ge-danken der vorchristlichen griechischen Philosophen (Sokrates, Platon, Aristoteles) wichtige Anstöße erkennen zu können, die mit der biblischen Theologie vereinbar wären: So interpretierte Thomas von Aquin (1225–1274) ausgehend von Röm 2,15 (unter Vernachlässigung von 1Kor 8 und 10) das sokratische *daimonion* als *syntresis*, d.h. als angeborene gute Veranlagung. Die *synteresis* sei das naturhaft gegebene Vermögen, allgemeingültige sittliche Grundwahrheiten irrtumsfrei zu erkennen. Dieses Gewissen könne niemals irren und stimme immer mit dem göttlichen Naturgesetz überein. Mit dieser Anlage sei der Mensch natürlicherweise ausgestattet.

Davon unterschied man den lateinischen Begriff *conscientia*; dieser galt als ein in der konkreten Situation erfahrener Gewissensspruch, dem der Mensch zwar unbedingt Folge leisten müsse, weil er bindend ist, der aber auch irren könne.

8.5 Katholisches Gewissensverständnis in der Gegenwart

Das Gewissensverständnis von Thomas von Aquin hat deutliche Auswirkungen auf die römisch-katholische Dogmatik bis heute. So interpretiert der Katholische Erwachsenenkatechismus das »Gewissen« folgendermaßen:

Eine mehr neuzeitliche Form der Gottesbeweise verweist nicht unmittelbar auf die Welt, sondern auf die Wirklichkeit des Menschen. Er ist ein durch und durch endliches Wesen, abhängig und bedroht von der ihn umgebenden Natur, dem Tod verfallen. Im Menschen meldet sich aber auch etwas Unbedingtes, Absolutes. Etwa in der Stimme des Gewissens, die sich immer wieder mahnend, tadelnd, anerkennend in uns zu Wort meldet. Gewiss, viele moralische Normen sind geschichtlich bedingt. Unbedingt aber ist der grundsätzliche Anspruch, das Gute zu tun und das Böse zu lassen. Wir müssten uns selbst aufgeben, würden wir nicht gegen himmelschreiendes Unrecht, etwa die mutwillige Tötung eines unschuldigen Kindes, protestieren. Wir können nicht aufhören zu hoffen, dass ein Mörder am Ende nicht triumphiert über seine unschuldigen Opfer. Auch wenn wir nirgends in der Welt vollendete Gerechtigkeit vorfinden, ja gar nicht damit rechnen können, sie jemals verwirklichen zu können, so dürfen wir die Forderung danach nicht aufgeben.

8.6 Martin Luther (1483–1546)

Martin Luther distanzierte sich von den altgriechischen Philosophen, die seiner Meinung nach »Heiden« waren, als auch von der in gewisser Weise mit diesen verbundenen mittelalterlichen Theologie.

Seiner Meinung nach hat der Mensch keine naturhafte Anlage in sich, das Gute zu erkennen. Ausgehend von seiner eigenen Lebensgeschichte unterscheidet er zwei unterschiedliche Gewissensaspekte:

Das Gewissen ist als »irrend« zu bezeichnen, wenn der Mensch in ihm Gottes Anspruch vernimmt, den er (immer wieder) nicht erfüllen kann und der ihn in die Verzweiflung treibt. Dieses Gewissen klagt an und spricht schuldig. Dieser Aspekt entspricht im Grunde dem mittelalterlichen Gewissensverständnis.

Das Gewissen ist als »befreit« zu bezeichnen, wenn sich der Glaubende seiner Rechtfertigung gewiss ist. Er steht dann unter der befreienden Herrschaft Christi. Sein Gewissen ist an Christus gebunden und deshalb befreit. Dieses getröstete und von der Sorge um sich selbst befreite Gewissen lässt sich gerne von Gottes Willen in Dienst nehmen.

Für Luther ist das Gewissen also ein Ort der Gottesbegegnung. Es begegnet dem Menschen entweder der fordernde und anklagende Gott oder der rechtfertigende Gott in Christus.

Wenn Luther vor dem Reichstag zu Worms 1521 den Widerruf mit dem Hinweis darauf ablehnt, er sei »überwunden in meinem Gewissen und gefangen in dem Worte Gottes«, und es sei »wider das Gewissen, etwas zu tun, weder sicher noch heilsam«, dann liegt hier nur scheinbar ein aufklärerisches Gewissensverständnis zugrunde (vgl. Immanuel Kant, s.u.). Tatsächlich muss Luther aus seiner Sicht den Widerruf der Schriften, in denen er seine Rechtfertigungslehre entwickelt hat, deshalb ablehnen, weil er sonst im Gewissen wieder dem fordernden und anklagenden Gott begegnet, der ihn in die Verzweiflung über seine Sünden stürzen würde.

Dieses Gewissensverständnis Martin Luthers liegt auch vielen Liedern aus dem Evangelischen Gesangbuch zugrunde, vgl. nur EG 88 »Jesu, dein Passion«, Str. 5:

> »Wenn mir meine Sünde will
> machen heiß die Hölle,
> Jesu, mein Gewissen still,
> dich ins Mittel stelle.
> Dich und deine Passion
> lass mich gläubig fassen;
> liebet mich sein lieber Sohn,
> wie kann Gott mich hassen?«
> (Text: Sigmund von Birken 1663; vgl. auch EG 72,3; 144,6; 353,7; 450,2; 495,1).

8.7 Dietrich Bonhoeffer (1906–1945)

Bonhoeffer übernimmt von Luther zwei unterschiedliche Gewissensaspekte, unterscheidet aber das natürliche Gewissen vom christlichen Gewissen. Generell betont er – wie auch Immanuel Kant – ausdrücklich, dass man auf keinen Fall dem Gewissensruf entgegen handeln darf.

Es ist ein Ruf aus der Tiefe jenseits des eigenen Willens und der eigenen Vernunft. Bonhoeffer redet in diesem Zusammenhang aber nicht von einer Gottesstimme im Menschen. Die Missachtung des Gewissensrufs zieht eine Zerstörung des eigenen Seins nach sich und ist nach Bonhoeffer im Grunde selbstmörderisch. Das Gewissen ist ein Organ der Autonomie des Menschen.

Die große Veränderung nach Bonhoeffer tritt in dem Augenblick ein, in dem das Wunder des Glaubens in Jesus Christus gefunden wird. Das natürliche Gewissen wird überwunden durch das in Jesus Christus befreite Gewissen. Bonhoeffer kann dann sogar sagen, dass Christus das Gewissen des Glaubenden geworden ist. Und gegen dieses Gewissen darf genauso wenig gehandelt werden. Nach Bonhoeffer ist Jesus Christus der Befreier des Gewissens zum Dienst Gottes und des Nächsten, der Befreier des Gewissens auch und gerade dort, wo der Mensch in die Gemeinschaft der menschlichen Schuld eintritt.

Bonhoeffer übernimmt von Luther formal die zwei unterschiedlichen Gewissensaspekte, wertet den ersten Aspekt aber – anders als Luther – nicht ab, sondern bezeichnet diesen als »natürliches Gewissen«. Er versteht darunter im Grunde das, was Immanuel Kant als »Gewissen« bezeichnet (s.u.). Von diesem »natürlichen Gewissen« unterscheidet Bonhoeffer das Gewissen eines Christen, und hier ist er auch relativ nah beim zweiten Aspekt Luthers. Christus spielt hier die entscheidende Rolle. Allerdings versucht Bonhoeffer diesen christlichen Aspekt mit dem Satz auf den Punkt zu bringen: »Christus ist mein Gewissen geworden«. Dadurch kann er andeuten, dass er sich durch sein Gewissen gegebenenfalls gezwungen fühlen kann, den Tyrannen zu töten – was durch das natürliche Gewissen (nach Kant) niemals geboten sein könnte.

8.8 Immanuel Kant (1724–1804)

Das Gewissen ist nach Immanuel Kant ein autonomer innerer Gerichtshof im Menschen. Ankläger, Richter und Angeklagter ist der Mensch selbst. Vor diesem inneren Gerichtshof werden die Taten des Menschen beurteilt bzw. erhält er Weisung für sein Tun. Beurteilt wird das Handeln stets nach dem Kategorischen Imperativ: »Handle nur nach derjenigen Maxime, durch die du zugleich wollen kannst, dass sie ein allgemeines Gesetz werde!« Auf diese Art und Weise wird sichergestellt, dass der Mensch im Grunde sich selbst der Gesetzgeber und somit eine eigenständige Persönlichkeit ist. Jeder Mensch kann und muss auf seinen inneren Richter hören. Weder darf man gegen diesen inneren Gewissensruf handeln noch darf man gezwungen werden, dagegen zu handeln. Dieses Gewissensverständnis liegt der Zusicherung der Gewissensfreiheit im deutschen Grundgesetz zugrunde (vgl. GG, Art. 4, Abs. 1: Die Freiheit des Glaubens, des Gewissens und die Freiheit des religiösen und weltanschaulichen Bekenntnisses sind unverletzlich).

8.9 Das Gewissensverständnis des Jean-Jacques Rousseau (1712–1778)

Rousseau ist stark beeinflusst von den altgriechischen Philosophen; deshalb sieht er im Gewissen eine Naturanlage des Menschen. Er bezeichnet das Gewissen als »göttlichen Instinkt« und als »unsterbliche himmlische Stimme«, die die Gottähnlichkeit des Menschen begründet.

Die Vergleichbarkeit mit dem mittelalterlichen sowie dem römisch-katholischen Gewissensverständnis ist nicht von der Hand zu weisen.

9

Was sollen wir tun? Ausgewählte Entwürfe und Modelle zur Frage christlichen Handelns innerhalb des Staates

9.1 Differenzierungen

Frank-Markus Barwasser, besser bekannt unter seinem Künstlernamen »Erwin Pelzig«, hat auf seiner CD »PISA – Pelzig in Sachen Abitur« auch eine »Abituraufgabe aus dem Fach Ethik« besprochen. Hierbei wird die Frage gestellt, ob es ethisch vertretbar sei, von einem Schwarzfahrer ein erhöhtes Beförderungsentgelt zu verlangen. Sehr schnell wird als richtige Lösung vorgestellt, es sei sehr wohl ethisch zu vertreten, weil der Schwarzfahrer eine Leistung der Gesellschaft in Anspruch nimmt, ohne eine entsprechende Gegenleistung (Beförderungsentgelt) zu erbringen. Pelzig selbst wendet dagegen ein, das sei keine Lösung für den Schwarzfahrer, »wenn er wohin muss. Vielleicht muss er ja die Straßenbahn nehmen, um sein armes, krankes Mütterle aus dem Bett zu heben, und dann ist es doch eine gute Tat …«

Was hier scherzhaft zu Sprache gebracht wird, ist tatsächlich eine ernsthafte ethische Alternative: Darf man – um etwas Gutes zu erreichen – auch einmal gewisse Gebote übertreten? Oder anders gefragt: Heiligt der gute Zweck die Mittel?

Eine Ethik, bei der das Gute das Ziel der Handlung ist, heißt *teleologische* Ethik (griech. *to telos* – das Ziel). Dagegen wird eine Ethik, die nicht nach den Zielen des Handelns fragt, sondern nach dem, was im konkreten Fall geboten ist (bei Erwin Pelzig wäre dies das Lösen einer Fahrkarte), als *deontologische* Ethik bezeichnet (griech. *to deon* – was zu tun ist, das Erforderliche, die Pflicht).

9.2 Grundlinien biblischer Ethik

9.2.1 Altes Testament

Die Voraussetzung alttestamentlicher Ethik ist das Handeln Gottes. Zu Beginn der 10 Gebote stellt sich der Gesetzgeber vor: »Ich bin der Herr, dein Gott, der ich dich aus Ägyptenland, aus der Knechtschaft geführt habe …« (Ex 20,2). Gott führt sein Volk aus der Knechtschaft, nicht etwa, weil es ethisch so vorbildlich wäre oder versprochen hätte, in Zukunft ethisch einwandfrei zu handeln, sondern weil es *sein Volk* ist. Vor aller Gesetzgebung steht das rettende Handeln Gottes. Der Indikativ (Gott handelt für sein Volk) kommt vor dem Imperativ (»Du sollst …«). Diese Denkbewegung gilt nicht nur für das Neue, sondern längst auch für das Alte Testament.

Durch die Befreiung aus Ägypten wird ein entsprechendes Licht auf die folgenden Gebote geworfen: Sie sind nicht als erneutes Joch gedacht, das dem Volk aufgeladen wird (Israel ist also nicht »vom Regen in die Traufe« gekommen), sondern sie sind dem Volk gegeben, damit es die gewonnene Freiheit nicht gleich wieder verspielt. Mit anderen Worten: Die Gebote sind dem Volk gegeben worden, damit es nach der Befreiung aus Ägypten in Schalom und Freiheit leben darf; die Gebote sind zum Leben und nicht zur Unterdrückung Israels gegeben. Diese Überzeugung ist zentral für das Judentum bis heute.

Aufgrund der Einsicht, dass das Dichten und Trachten des menschlichen Herzens böse ist (Gen 6,5; 8,21), können die Gebote, nach denen der Mensch handeln soll, niemals aus dem Menschen bzw. aus dessen Herzen kommen. Sie können niemals autonom (selbstgesetzt) sein, sondern müssen von außen gegeben werden (heteronom). Und genau das geschieht auf dem Berg Sinai. Gott gilt als Geber der Gesetze und Gebote.

a) Die 10 Gebote (der Dekalog)

Dabei sind die 10 Gebote zentral für die alttestamentliche Ethik. Sie sind dies zunächst aus zwei formalen Gründen: (1) Die 10 Gebote (der Dekalog) stehen ganz am Anfang (Ex 20) der gesamten Sinai-Überlieferung (in Ex 19 kommt das Volk am Sinai an; erst in Num 10 bricht das Volk vom Sinai wieder auf). Profan formuliert: Die 10 Gebote sind die ersten Gebote, die Mose vom Berg Sinai dem Volk mitbringt. (2) Die 10 Gebote werden zweimal überliefert (Ex 20; Dtn 5). Bibelkundlich am besten zu merken als: Ex 20 und Dtn 5. Beide Gebotsreihen unterscheiden sich zuweilen (s.u.).

1. Gebot: Ich bin der Herr, dein Gott, der dich aus Ägyptenland geführt hat. Du sollst keine anderen Götter haben neben mir.
Das erste Gebot macht deutlich: Israel rechnet durchaus damit, dass es andere Götter gibt. Aber der Gott Israels ist ein »eifersüchtiger Gott« (vgl. Ex 34,14), der es nicht duldet, dass neben ihm andere Götter verehrt werden. Dieses erste Gebot ist einzigartig in der damaligen Welt. Kein Volk kannte eine so geartete Verehrung.

Beispiel: Wenn die Römer in der Antike ein Volk unterwarfen, ließen sie diesem Volk seinen Glauben; allerdings verlangten sie auch die göttliche Verehrung mancher römischer Gottheiten, besonders aber die Verehrung des Kaisers. Dies war für kein unterworfenes Volk ein Problem – außer für die Juden, die aufgrund ihres ersten Gebotes von der Kaiserverehrung befreit waren.

(1./)2. Gebot: Du sollst Dir kein Bildnis noch irgendein Gleichnis machen. … Bete sie nicht an und diene ihnen nicht!

Exkurs: Zur Eigenständigkeit des Bilderverbots

Dieses Gebot ist aus der Gebotsreihe Martin Luthers im Kleinen Katechismus nicht einfach ausgelassen worden, sondern Luther verstand es als zum ersten Gebot gehörig. In der Tat spricht einiges dafür, dass die beiden Gebotsreihen in Ex 20 und Dtn 5 sich in diesem Verständnis unterscheiden. Ein Blick auf die beiden Begehrverbote am Schluss macht dies deutlich: Zufolge Ex 20 lautet das vorletzte Gebot: »Du sollst nicht begehren deines Nächsten Haus!« und das letzte: »Du sollst nicht begehren deines Nächsten Weib, Knecht, Magd, Vieh oder alles, was sein ist!« Dies bedeutet offenbar: Das letzte Gebot ist wie eine Explikation zum vorletzten Haus-Begehr-Verbot. Oder anders gesagt: Für die Reihe in Ex 20 sind das neunte und das zehnte Gebot ein einziges, das heißt: Um die Zehnzahl zu erreichen, muss nach diesem Verständnis das Bilderverbot ein eigenständiges Verbot gewesen sein.

Anders ist die Zählweise in Dtn 5. Dort lautet das vorletzte Gebot: »Du sollst nicht begehren deines Nächsten Weib!«; und das letzte: »Du sollst nicht begehren deines Nächsten Haus, Knecht, Magd, Vieh oder alles, was sein ist!« Zweifellos liegen hier zwei unterschiedliche Gebote vor, sodass nach dieser Zählung vorne – entsprechend dem Verständnis Martin Luthers – das Bilderverbot zum Fremdgötterverbot dazugehört.

Eine weitere Anmerkung dazu: Dass nach Ex 20 die Frau ohne Weiteres zu den Besitztümern des Mannes gezählt wird, ist auch im AT einmalig. M.E. hat der Schreiber der Gebotsreihe von Ex 20 dies nur deshalb getan, weil er das Bilderverbot als ein eigenständiges Gebot verstanden haben wollte (daraus folgt, dass – wie viele alttestamentliche Forscher auch vermuten – die Gebotsreihe von Dtn 5 die ältere ist).

Auch das Bilderverbot ist einmalig in der damaligen Zeit. Kein einziger Gott wurde bildlos verehrt. Und wenn man sich bewusst macht, dass die Tempel der damaligen Zeit keine Versammlungsorte waren, sondern als Wohnhäuser der Götter gedacht waren, dann war ein Götterbild im Tempel unerlässlich. Dass aber im Jerusalemer Tempel – abgesehen von dem Vorhang, der das Heilige vom Allerheiligsten abtrennte, und wenigstens der Bundeslade im Ersten Tempel – im Grunde nichts vorhanden war, verstanden viele Nichtjuden überhaupt nicht. Theologisch macht das Bilderverbot deutlich, dass Gott im Grunde transzendent ist und dem menschlichen Zugriff entzogen bleibt.

Die sich auf Calvin zurückführende evangelisch-reformierte Kirche zählt das Bilderverbot als eigenständiges Gebot und versteht es auch entsprechend: Ihre Gotteshäuser verzichten auf Jesusdarstellungen und Bilder, ja teilweise sogar auf Kreuze. Im Rahmen der evangelisch-reformierten Gemeinden gab es in der Kirchengeschichte dementsprechend auch Bilderstürme.

Die evangelisch-lutherische und die römisch-katholische Kirche betonen dagegen die Notwendigkeit von Bildern (auch in der Bibel finden sich »Bilder« Gottes; vgl. nur Ps 23: »Der Herr ist mein Hirte«) für die Gläubigen, stellen aber bei aller Freude an der darstellenden Kunst gleichzeitig heraus, dass Gott nicht im Bild präsent geglaubt wird, das heißt, dass die Gläubigen die Bilder nicht anbeten und insofern dem Gebot entsprechen.

3. Gebot: Du sollst den Feiertag heiligen!
Das ursprüngliche Sabbatgebot ist ebenfalls ein Ausnahmegebot für die Antike. Kein Volk außer Israel kannte einen wöchentlichen arbeitsfreien Tag. Die Sabbatheiligung ist besonders im babylonischen Exil (587–539 v.Chr.) für Israel als Abgrenzung gegenüber der nichtjüdischen Umwelt wichtig geworden. Dass man sich im Lauf der Jahrhunderte fragte, was am Sabbat erlaubt und was verboten ist (vgl. nur Mk 3,1–6), steht auf einem anderen Blatt. Ursprünglich ist der Tag gedacht als Grenze der Arbeit. An einem Tag in der Woche gehört der Mensch eben nicht der Arbeit, sondern darf sich ausruhen. Bei der Begründung des Sabbatgebots unterscheiden sich die beiden Gebotsreihen in Ex 20 und Dtn 5 deutlich. Ex 20 begründet das Sabbatgebot mit der Schöpfungsruhe Gottes am siebten Tag (Ex 20,11), während Dtn 5 das Gebot mit der Befreiung aus Ägypten rechtfertigt (Dtn 5,15).

Dass Christen nicht den letzten Tag der Woche, den Sabbat (Samstag), als wöchentlichen Feiertag halten, sondern den ersten Tag der Woche, den Sonntag, hängt mit einer theologischen Entscheidung zusammen: Jesus ist am ersten Tag der Woche auferstanden. Von daher verstehen Christen jeden Sonntag als kleines Auferstehungsfest und haben – trotz der Schöpfungsgeschichte, wonach Gott am siebten und letzten Tag der Woche sich von seinen Werken ausruhte – den Sonntag als wöchentlichen Feiertag mit Gottesdiensten gefeiert. Dass der Sonntag gesetzlicher Feiertag ist, geht auf die Gesetzgebung von Kaiser Konstantin (313 n.Chr.) zurück, hat also schon eine lange Tradition.

Die Besonderheit des Sonntags in der christlichen Tradition wird vielleicht auch daran deutlich, dass die sechs Sonntage zwischen Aschermittwoch und Karsamstag nicht zur Fastenzeit dazugehören. Von Aschermittwoch bis Karsamstag sind es immer 46 Tage – Jesus fastete aber nur 40 Tage (vgl. Mk 1,12f). Nimmt man die 6 Sonntage heraus, dann umfasst unsere kirchliche Fastenzeit auch exakt 40 Tage. Übrigens ist dies auch der Grund, weshalb in manchen Kirchengemeinden Konfirmation während der Fastenzeit gefeiert werden kann, denn die Konfirmationen finden stets an einem Sonntag statt.

4. Gebot: Du sollst Vater und Mutter ehren, auf dass es dir wohl ergeht und du lange lebst auf Erden!
Auch hier wird deutlich, dass sich das Gebot an den israelitischen Vollbürger richtet. Die erwachsenen Kinder sollen sich um die nicht mehr arbeitsfähigen Eltern kümmern. Der Wert eines Menschen bemisst sich nicht nach dem, was er (noch) für die Gesellschaft und für sein eigenes Auskommen zu leisten vermag. In Zeiten ohne Rentenversicherung sind die Kinder gefordert, ihre Eltern zu ernähren.

5. Gebot: Du sollst nicht töten!
Das hier verwendete hebräische Wort *razach* macht lautmalerisch bereits deutlich, dass es um das Verbot von Mord geht. Wenn jemand einen anderen aus Rache oder irgendwelchen anderen Gründen umbringen darf, dann ist es vorbei mit einem geordneten gesellschaftlichen Leben. Hier wird exemplarisch deutlich, dass die Gebote zum Leben in Frieden und Freiheit gegeben sind und nicht, um Israel ein neues Joch auf die Schulter zu legen.

Zugleich wird hier deutlich, dass es nicht um das Töten im Krieg geht (als David Goliath erschlug, wurde er nicht mit dem 5. Gebot konfrontiert [1Sam 17]). Wenn sich früher Kriegsdienstverweigerer auf das 5. Gebot berufen haben, war das im Grunde theologisch falsch. Sie müssten anders argumentieren. Dieses Gebot ist wohl auch nicht in Anschlag zu bringen, wenn es um die Frage der passiven Sterbehilfe (Verzicht auf lebensverlängernde Behandlungen einschließlich deren Abbau oder Abbruch) geht. Auch hier müsste anders argumentiert werden, denn auch das ist kein Mord.

6. Gebot: Du sollst nicht ehebrechen!
Das sechste Gebot macht den besonderen Schutz der ehelichen Gemeinschaft deutlich. Anzumerken bleibt hier lediglich, dass sich das Verständnis inzwischen geändert hat. In altisraelitischer Zeit konnte der Mann seine eigene Ehe gar nicht brechen, da es ihm erlaubt war, mehrere Frauen zu haben (vgl. Jakob). Eine Frau allerdings konnte nur die eigene Ehe brechen, da sie nur einen Mann haben durfte. Bereits in neutestamentlicher Zeit hatte sich allerdings die Monogamie durchgesetzt, sodass dieses Gebot in gleicher Weise Geltung für Männer und Frauen besitzt.

7. Gebot: Du sollst nicht stehlen!
Das Gebot macht den besonderen Schutz des Eigentums deutlich. In Ex 21,16 wird das Stehlen von Menschen mit dem Tod bedroht. Von daher gibt es in der alttestamentlichen Wissenschaft die These, dass eine Übertretung eines jeden der zehn apodiktisch formulierten Gebote im alten Israel die Todesstrafe nach sich ziehen sollte.

8. Gebot: Du sollst nicht falsch Zeugnis reden wider deinen Nächsten!
Dieses Gebot hat seinen Grund in den beschränkten Möglichkeiten der Wahrheitsfindung in der altisraelitischen Rechtsprechung. Man traf sich »im Tor« des Dorfes, um Rechtsfälle zu entscheiden und Streitigkeiten zu schlichten. Teilnehmen durften alle Vollbürger des Ortes, d.h. alle ständig dort wohnenden israelitischen Männer. Diese hatten Rede- und Stimmrecht, nicht aber Frauen, Kinder, Sklaven und Fremdlinge. Angesichts der Problematik, dass zuweilen Aussage gegen Aussage stand, war es besonders wichtig, die Kontrahenten auf die Wahrheit zu verpflichten.

9./10. Gebot: Du sollst nicht begehren …!
Die Problematik, ob wir es hier mit einem (Ex 20) oder mit zwei (Dtn 5) Geboten zu tun haben, wurde bereits oben (beim Bilderverbot) erläutert. Ursprünglich ist wohl das Verbot des Begehrens der Frau ein eigenständiges Verbot (Dtn 5,21), während aus formalen Gesichtspunkten in Ex 20 die Positionen von »Frau« und »Haus« ausgetauscht wurden. Auf jeden Fall macht das Begehrverbot mit der Aufzählung dessen, was man nicht begehren darf (Frau, Haus, Acker, Knecht, Magd, Vieh …), deutlich, dass die Gebotsreihe historisch nicht bei dem in der Wüste umherziehenden Volk eine Rolle spielte, sondern innerhalb einer sesshaften Gesellschaft entstanden ist. Auch hier wird deutlich: Der Schutz des Eigentums des Nächsten ist die Basis für ein gedeihliches Zusammenleben.

b) Die Sozialkritik der vorexilischen (vor 587 v.Chr.) Propheten (Amos, Hosea, Jesaja, Micha, Jeremia)

Einzig im Vorderen Orient ist das Phänomen der Schriftpropheten, die – beauftragt von Gott selbst – dem Volk und teilweise auch dem König frei gegenübertreten und Gottes Wort verkündigen.

Der älteste Schriftprophet ist Amos (um 760 v.Chr.). Seine Sozialkritik ist grundlegend auch für die späteren Propheten. Er kritisiert u.a. soziale Missstände (Ausbeutung durch die Oberschicht, Korruption, Betrug, Schuldsklaverei) und den damit verbundenen unecht gewordenen Gottesdienst (Am 4,4f; 5,21–24). Deutlich wird bereits bei Amos, dass rechte Gottesverehrung auch soziales Engagement nach sich zieht. Positiv fordert er seine Adressaten pauschal auf, das Böse zu hassen, das Gute zu lieben und – ganz konkret – das Recht im Tor aufzurichten (Am 5,15).

Weshalb sich kein einziger Prophet auf die zehn Gebote beruft, ist unklar. Einzig Micha (zwischen 725 und 711 v.Chr.) konfrontiert das Volk mit einem offenbar vorhandenen Wissen um das richtige Handeln: »Es ist dir gesagt, Mensch, was gut ist und was der Herr von dir fordert, nämlich Gottes Wort halten und Liebe üben und demütig sein vor deinem Gott« (Mi 6,8). Mit der Verehrung des jüdischen Gottes muss auch eine soziale Einstellung einhergehen, denn Gott möchte sein Volk in Freiheit und Schalom leben sehen (vgl. oben: »Gott als Schützer des Rechts«).

9.2.2 Neues Testament

a) Jesus

Voraussetzung

Die Voraussetzung für die Ethik Jesu bildet seine Verkündigung von der anbrechenden Herrschaft Gottes bzw. dem punktuell bereits gegenwärtigen Reich Gottes. Anders als Johannes der Täufer verkündigt Jesus nicht das unmittelbar bevorstehende Zorngericht Gottes (Mt 3,7–12), sondern einen den Menschen heilvoll entgegenkommenden Gott (Mk 1,15). Der Begriff »Reich Gottes« (griech. *basileia* Gottes) ist für die Ohren der Menschen damals eine Chiffre für umfassendes Heil. Wenn Gottes Wille sich Bahn bricht, bedeutet das für die Menschen ganzheitliches Heil. Deshalb lehrt Jesus im Vaterunser die Jünger zu beten: »Dein Reich komme! Dein Wille geschehe wie im Himmel so auf Erden!« (Mt 6,10; vgl. Lk 11,2) Das Gottesbild Jesu ist also ein durch und durch positives. Und der Mensch soll sich fragen, wie er diesem Handeln Gottes entsprechen kann (vgl. Mk 1,15: »Die Zeit ist erfüllt, und das Reich Gottes ist herbeigekommen. Kehrt um und glaubt an das Evangelium!«). Auch hier wird deutlich: Der Indikativ (Gott handelt für den Menschen) kommt vor dem Imperativ (Aufforderung an die Menschen zum entsprechenden Handeln).

Das Doppelgebot der Liebe
(Mk 12,28–34; vgl. Mt 22,35–40; Lk 10,25–28)
Auf die Frage nach dem höchsten Gebot antwortet Jesus in Mk 12 mit dem Doppelgebot der Liebe: Man soll Gott lieben von ganzem Herzen und mit aller Kraft und seinen Nächsten wie sich selbst. Beide Gebotsteile finden sich bereits im Alten Testament: Das Gebot der Gottesliebe ist bis heute zentral für den jüdischen Kult (Dtn 6,5), während das Gebot der Nächstenliebe im Rahmen einer Gebotsliste in Lev 19,18 auftaucht. Auch wenn die einzelnen Gebote bereits im AT belegt sind, geht möglicherweise die Zusammenordnung von Gottes- und Nächstenliebe tatsächlich auf Jesus zurück. Gottesliebe kann in diesem Sinne gefordert werden, weil es der die Menschen liebende Gott ist, den Jesus verkündigt. Die Zusammenordnung von Gottes- und Nächstenliebe zeigt, dass Gottesliebe soziale Folgen hat. Die Beispielgeschichte vom barmherzigen Samariter (Lk 10,29–37) macht deutlich, wie liebendes Verhalten exemplarisch aussieht. Ähnlich interpretiert das Gleichnis vom Weltgericht das Verhalten zum Nächsten, insofern hier deutlich gemacht wird, dass einem im Bedürftigen Jesus selbst begegnet: »Wahrlich, ich sage euch: Was ihr getan habt einem von diesen meinen geringsten Brüdern, das habt ihr mir getan« (Mt 25,41.45).

Das Gebot der Feindesliebe (Mt 5,43–47)
Das Gebot der Feindesliebe ist die letzte der insgesamt sechs Antithesen der Bergpredigt:

> »Ihr habt gehört, dass gesagt ist: Du sollst deinen Nächsten lieben und deinen Feind hassen« (= These).
> »Ich aber sage euch: Liebt eure Feinde und bittet für die, die euch verfolgen!« (= Antithese) (Mt 5,43f).

Schon allein durch die Stellung am Ende der Antithesen-Reihe wird die Besonderheit deutlich. Ein zweiter Grund hierfür ist die Tatsache, dass diese Antithese doppelt begründet wird: einmal mit Hilfe des Nachahmungsmotivs (»damit ihr Kinder seid eures Vaters im Himmel. Denn er lässt seine Sonne aufgehen über Böse und Gute und lässt regnen über Gerechte und Ungerechte!« [Mt 5,45]) und dann noch mit Hilfe des Abhebungsmotivs (»Denn wenn ihr liebt, die euch lieben, was werdet ihr für Lohn haben? Tun nicht dasselbe auch die Zöllner? Und wenn ihr nur zu euren Brüdern freundlich seid, was tut ihr Besonderes? Tun nicht dasselbe auch die Heiden?« [Mt 5,46f]) Die Aufforderung zur Feindesliebe gipfelt schließlich in der Aufforderung, so vollkommen zu sein wie Gott selbst (Mt 5,48).

Das Gebot der Feindesliebe wird nicht mit einer Spekulation über deren Wirkung auf das Gegenüber verbunden. Es wird nicht versprochen, dass gewaltloses Handeln auf den Aggressor abfärbt und dieser sein Verhalten ändert. Möglicherweise wird das durchaus erhofft, aber es bleibt ungesichert. Gewaltfrei kann im Grunde nur derjenige handeln, der seine Existenz in Gott gesichert weiß, d.h. an Gott glaubt.

Die »Goldene Regel« (Mt 7,12)

> »Alles, was ihr wollt, das euch die Leute tun sollen, tut ihnen auch!«

Die »Goldene Regel« ist universal verbreitet – meist jedoch in der negativen Fassung: »Was du nicht willst, das man dir tu, das füg auch keinem andern zu!« Auch im Judentum wird zuweilen die Goldene Regel – wie in Mt 7,12 – als Summe der ganzen Tora verstanden. So heißt es in einem jüdischen Traktat:

»Ein Heide kommt zu Rabbi Hillel und verlangt, die ganze Tora gelehrt zu bekommen, während er auf einem Fuß stehe. Der Mann war vorher von Rabbi Schammaj davongejagt worden. Rabbi Hillel sagt ihm: ›Stelle dich auf einen Fuß!‹ Und nachdem der Heide das getan hat, sagt er ihm: ›Alles, was du willst, dass dir die Leute tun sollen, das tu ihnen auch! Geh und lerne!‹«

Ähnlich ist die Sachlage in Mt 7,12. In diesem Teil der Bergpredigt wird gesagt: »Alles nun, was ihr wollt, dass euch die Leute tun sollen, das tut ihnen auch! Das ist das Gesetz (= Tora) und die Propheten.« Jesus tritt hier also auf wie ein jüdischer Rabbi. Tatsächlich ist die positive Fassung der Goldenen Regel schwieriger einzuhalten als die negative.

Es ist zuweilen behauptet worden, das Gebot der Feindesliebe gehe auf ein Ethos der Einseitigkeit zurück, während die Goldene Regel ein Ethos der Gegenseitigkeit sei. Dem ist jedoch nicht so. Tatsächlich könnte man problemlos auch die Feindesliebe mit der Goldenen Regel begründen. Denn auch die Goldene Regel spekuliert nicht über die Wirkung der Taten auf das Gegenüber. Auch hier bleibt der »Erfolg« gänzlich ungesichert. Insofern passen das Gebot der Feindesliebe und die Goldene Regel – beide finden sich in der Bergpredigt – gut zusammen.

Die Besonderheit der Goldenen Regel besteht allerdings darin, dass inhaltlich nichts gefordert wird. Sie ist eine rein formale Bestimmung des Handelns und in dieser Formalität durchaus vergleichbar mit dem von Immanuel Kant betonten »kategorischen Imperativ« (»Handle nur nach derjenigen Maxime, durch die du zugleich wollen kannst, dass sie ein allgemeines Gesetz werde!«).

Exkurs: Interpretationen der Bergpredigt (Mt 5–7)

Die Forderung der Feindesliebe bzw. die Forderung, so vollkommen zu sein wie Gott selbst (Mt 5,44–48), sind derart schwierig zu befolgen, dass man sich in der Theologiegeschichte Gedanken gemacht hat, wie man derart utopische Forderungen interpretieren könne (vgl. auch Mt 5,22.28.29f u.ö.)

Erfüllbarkeit: Die Gebote der Bergpredigt sind so gedacht, wie sie dastehen. Natürlich hat Jesus gedacht, dass seine Forderungen auch erfüllt werden sollen, sonst hätte er sie ja nicht so formuliert. Radikale Nachfolge impliziert radikale Gebote.

Alle anderen Interpretationen sind »Weichspüler«, d.h. sie verdeutlichen, dass nicht alles so wörtlich zu nehmen und gemeint ist, wie es dasteht.

Unerfüllbarkeit: Die Gebote der Bergpredigt sind von vornherein als unerfüllbar formuliert, weil dadurch der Mensch erkennen soll, dass er Sünder ist und sich in die offenen Arme Gottes bzw. Jesu flüchten muss, weil dieser den Sünder im Glauben rechtfertigt. Dies ist eine häufig im Protestantismus favorisierte Interpretation, die allerdings verkennt, dass es nicht die Erkenntnis der eigenen Sündhaftigkeit ist, die den Menschen in Gottes Arme treiben soll, sondern die Erkenntnis der vorbehaltlosen Annahme durch Gott die Voraussetzung auch für die Erkenntnis der eigenen Sünde ist.

Personale Beschränkung: Die Einleitung der Bergpredigt (Mt 5,1: »Als er aber das Volk sah, ging er auf einen Berg und setzte sich; und seine Jünger traten zu ihm«) deutet an, dass sich die Bergpredigt an die Jünger richtet. Diese sind aber – so wie Mönche und Nonnen – Profis bzw. »Spezialisten«. Deshalb richten sich die scheinbar unerfüllbaren Forderungen nur an diese Menschen, die ein vollkommenes Leben führen können (Mt 5,48), nicht aber an den normalen Christen.

Zeitliche Beschränkung: Die Forderungen der Bergpredigt verlangen von den Zuhörerinnen und Zuhörern gewaltige ethische Anstrengungen. Diese sind nur für einen kurzen Zeitraum möglich; und Jesus hat – angesichts der unmittelbar bevorstehenden Aufrichtung des Reiches Gottes – auch mit einer sehr kurzen Zeit gerechnet (Mk 9,1). Mit anderen Worten: Die Ethik der Bergpredigt gilt nur für die kurze Zeit bis zur Aufrichtung des Reiches Gottes. Wer sich für diese Interpretation entscheidet, muss die Bergpredigt als solche – angesichts des Ausbleibens der Aufrichtung des Reiches Gottes bis heute – als ungültig abtun.

Zielformulierungen: Die Forderungen der Bergpredigt sind bewusst als kaum erfüllbar formuliert, weil es wichtig ist, dass man eine Vision entwickelt. Die Zuhörerinnen und Zuhörer sind aufgefordert, sich soweit wie möglich an diesen Forderungen zu orientieren, weil sie das Ziel vorgeben, um das es Jesus geht. Die Gebote sind also bewusst visionär formuliert – sie sind nicht wörtlich zu nehmen, sondern Orientierungshilfe.

b) Paulus

Voraussetzung

Paulus hat seine Ethik so in seine Theologie hineinverwoben, dass eine Darstellung des Ansatzes der paulinischen Ethik notwendig Grundzüge der paulinischen Theologie skizzieren muss. Seine Briefe zeigen eine signifikante Zweiteilung. Im ersten Teil handelt Paulus stets das Handeln Gottes am Menschen, die Glaubenslehre, ab, und im zweiten Teil geht es um die Paränese (Ermahnung, Ethik), besonders deutlich im Römerbrief (vgl. den Übergang von Röm 11,36 zu 12,1). Die Ethik folgt also auf und folgt aus der »Dogmatik«. Damit wird bereits deutlich gemacht, dass das Heilshandeln Gottes in Jesus Christus unabdingbar Basis, Grund und Voraussetzung allen christlichen Handelns ist.

Bei Paulus ist eine Voraussetzung seiner Ethik zu benennen. Es ist die Rechtfertigung des Sünders durch den Glauben an Jesus Christus (Röm 1,176f; 3,21–28). Zufolge Paulus ist das Gesetz (= die jüdische Tora) als Heilsweg ungeeignet. Zentral für ihn sind Gottes Taten in Kreuz und Auferweckung Jesu (1Kor 15,3–5; vgl. Röm 14,9: »Denn dazu ist Christus gestorben und wieder lebendig geworden, dass er über Lebende und Tote Herr sei«). »Gerechtigkeit Gottes« (Luther übersetzt mit »Gerechtigkeit, die vor Gott gilt«) heißt für Paulus jetzt nichts anderes als: Gott ist gerecht, und er macht denjenigen gerecht, »der da ist aus dem Glauben an Jesus« (Röm 3,26). Im Glauben sind die Menschen vor Gott gleich (Gal 3,28), weil sie alle gerechtfertigt, d.h. Gott recht sind. Alles andere folgt daraus.

Das Gebot der Nächstenliebe (Röm 13,8–10)

Auffällig ähnlich mit dem Doppelgebot der Liebe, das wir aus der Evangelien-Überlieferung kennen, ist die Betonung des Gebotes der Nächstenliebe bei Paulus: »Denn was da gesagt ist …, das wird in diesem Wort zusammengefasst: Du sollst deinen Nächsten lieben wie dich selbst« (Röm 13,9). Zufolge Paulus ist die Liebe des Gesetzes Erfüllung. Es gibt eine einzige Stelle im gesamten paulinischen Schrifttum, an der er vom »Gesetz Christi« spricht: In Gal 6,2 heißt es: »Einer trage des anderen Last! So werdet ihr das Gesetz Christi erfüllen.« Im Grunde betont Paulus auch hier die Nächstenliebe als zentrales christliches Gebot. Paulus versteht das Gesetz von der Liebe her, nicht die Liebe vom Gesetz her. Es findet sich bei der Geltendmachung von Geboten des AT eine dialektische Haltung: einerseits Verbindlichkeit, andererseits aber gewinnt das AT seine Gültigkeit erst von Christus und seinem Gesetz der Liebe her, auch wenn nach Röm 13,8–10 das Liebesgebot, in dem alle anderen Gebote zusammengefasst sind, im AT selbst bezeugt ist. Auffälligerweise werden bei den zitierten Geboten des Dekalogs die der ersten Tafel aber ausgelassen, möglicherweise deshalb, um die Stellung des Menschen vor Gott aus dem Bereich von Gesetzeserfüllung herauszuhalten.

Auf dem Hintergrund des Liebesgebots ist auch die Problematik zwischen den Starken und den Schwachen in Rom und Korinth zu interpretieren. Hier lautete der Rat des Paulus: Die Starken sollen auf die Gewissen der Schwachen Rücksicht nehmen (s.o. bei der Gewissensproblematik).

Freiheit bei Paulus: »Alles ist mir erlaubt« (1Kor 6,12; 10,23)

Im ersten Korintherbrief betont Paulus insgesamt viermal, dass ihm, d.h. dem Glaubenden, alles erlaubt sei. Hier zeigt sich die freiheitliche Botschaft des Paulus. Prinzipiell ist dem Glaubenden tatsächlich alles erlaubt, denn wenn Gott für ihn ist, wer kann gegen ihn sein (vgl. Röm 8,31). Drei Einschränkungen macht Paulus zu der grundsätzlich gültigen These, dass ihm alles erlaubt sei: (1) aber nicht alles dient zum Guten, (2) aber es soll mich nichts gefangen nehmen, (3) aber nicht alles baut auf. An diesen drei Einschränkungen ist erneut erkennbar, dass es ethisch die Rücksichtnahme auf den anderen ist – und damit die Nächstenliebe, die ihn veranlasst, die prinzipielle Gültigkeit der These »Alles ist mir erlaubt« situationsbezogen einzuschränken.

Exkurs: Der dreifache Gebrauch des Gesetzes

Innerhalb der Theologie unterscheidet man drei verschiedene Arten, wie die biblischen Gebote und Gesetze zu gebrauchen sind – alle drei Gebräuche finden sich auch bei den Interpretationen der Bergpredigt:
Politischer Gebrauch: Die Gebote und Gesetze sind so gemeint, wie sie dastehen. Man soll sich nach ihnen richten (vgl. die Erfüllbarkeit der Bergpredigt).
Überführender Gebrauch: Die Gebote und Gesetze sind dazu da, dass sie dem Menschen deutlich machen, dass er immer hinter ihrer Erfüllung zurückbleibt und als Sünder angewiesen bleibt auf die Gnade Gottes. Die Gesetze »überführen« den Menschen als Sünder (vgl. die Unerfüllbarkeit der Bergpredigt).
Ermunternder Gebrauch: Der sich seiner Rechtfertigung gewisse Mensch nimmt die Gebote und Gesetze der Bibel als Anregung, das Gute zu tun. Seine Grundeinstellung ist die Nächstenliebe; er lebt nach dem Motto: »Liebe, und tu, was du willst!« (vgl. evtl. die »Bergpredigt als Vision«)

9.3 Christliche Ethik

9.3.1 Das klassische katholische Modell: Vernunft und Gnade

Wie schon bei der Frage nach der Erkennbarkeit Gottes gesteht die klassische katholische Theologie dem Nicht-Gläubigen eine beschränkte Einsicht in das zu, was gut und was böse ist. Er kann grundlegende ethische Maßstäbe mit Hilfe seiner Vernunft erkennen. Allerdings fehlt ihm nach dem Sündenfall (Gen 3) die schöpfungsgemäße Vollkommenheit. Deshalb muss ihm Gottes Offenbarung die vollkommene Erkenntnis des Guten vermitteln sowie die Kraft verleihen, das Gute auch entsprechend zu tun. Zufolge Thomas von Aquin (1225–1274) lässt die durch die Offenbarung Gottes dem Menschen verliehene Gnade die natürlichen Tugenden des Menschen zu Fähigkeiten der Seele werden und verleiht dem Menschen darüber hinaus die übernatürlichen Tugenden Glaube, Liebe und Hoffnung (vgl. 1Kor 13,13). Hintergrund dieser Argumentation ist die Überzeugung: Die Gnade hebt das Natürliche nicht auf, sondern unterstützt und vervollkommnet es.

9.3.2 Emil Brunner (1889–1966): »Schöpfungsordnungen«

Ähnlich wie in der katholischen Vorstellung will der reformierte Schweizer Theologe Emil Brunner, ursprünglich ein Weggenosse Karl Barths, die christliche Ethik bei dem einsetzen lassen, was für jeden Menschen – auch den Nicht-Christen – gilt. Er nennt die Ordnungen, in denen sich jeder Mensch vorfindet, Schöpfungsordnungen. Diese sind seiner Meinung nach Volk, Staat, Familie und Ehe. In ihnen findet sich jeder vor, und sie können von jedem erkannt werden. Gottes Wille kommt in ihnen zum Ausdruck. Diesen Schöpferwillen kann jeder (auch außerhalb von Christus) erkennen. Der »natürliche Mensch« weiß »irgendwie« um diese Schöpfungsordnungen, aber in ihrem wahren Sinn erschließen sie sich erst dem Gläubigen. Es geht Brunner darum, den Willen des Schöpfers zu erkennen. Konkret ist für ihn die Monogamie eine gottgewollte Schöpfungsordnung.

Die Entwicklung einer christlichen Ethik aus Schöpfungsordnungen könnte eine gewisse Beliebigkeit im Hinblick auf die ethischen Folgerungen nach sich ziehen. Was ist überhaupt als »Schöpfungsordnung« zu qualifizieren? Evtl. mag dies auf die Ehe nach Mt 19,2–9 zutreffen, denn dort begründet Jesus das Ehescheidungsverbot mit dem ursprünglichen Schöpferwillen. Aber darüber hinaus kann man nicht viel über den Schöpferwillen aus Gen 1–2 herauslesen. Versucht man, trotzdem »Schöpfungsordnungen« zu postulieren, könnte man diese auch in »Menschenrassen« (die es biologisch ja gar nicht gibt) sehen und daraus gegebenenfalls ethische Folgerungen ziehen. Ein spezifisch christliches Profil ist in diesem ethischen Ansatz kaum auszumachen.

9.3.3 Karl Barth (1886–1968): »Jesus Christus«

Karl Barth lehnt Stände oder Schöpfungsordnungen als Ansatzpunkt für eine christliche Ethik strikt ab. Seiner Meinung nach ist christliche *Ethik* ist zuerst und zunächst und vor allem *christliche* Ethik. Sie hat daher auszugehen von dem einen Wort Gottes, Jesus Christus. Damit sind für ihn die Offenbarung Gottes und der durch sie geschaffene Glaube logische Voraussetzung für positive theologische Erkenntnis und dementsprechend auch für christliches Handeln. Der Glaube *ist* nach Barth nicht Werk des Menschen, aber er *äußert* sich im Werk.

Der Glaube des Menschen an Jesus Christus ist die Bestätigung des Heilshandelns Gottes an ihm – aber Subjekt dieses Glaubens ist und bleibt einzig und allein Gott selbst. Glaube ist ein Geschehenlassen und erst darin ein Tun. Aber Gottes befreiendes Handeln ist kein Handeln, das das freie Handeln des Menschen unterdrückt. Glaube ist ein innerliches Verwandelt-Werden. Wenn dies geschehen ist, dann stehen zufolge Barth die Freiheit des Menschen und die Alleinwirksamkeit des Heiligen Geistes nicht mehr einander entgegen, sondern sind zwei Seiten ein und derselben Medaille. Das Hören des Wortes und der Glaube (sowie das sich daraus ergebende Handeln) können keine eigene Tat des Menschen, sondern nur ein Werk des Geistes sein. Gott schafft sich im Menschen ein Organ, durch das er erfasst wird. Gott ist also – strenggenommen – Subjekt und Objekt des Glaubens zugleich.

Obwohl Barth von Voraussetzungen ausgeht, denen nicht alle Menschen in einer pluralistischen Gesellschaft zustimmen, vertritt er die Auffassung, dass die Ethik der Gnade für alle Bereiche menschlichen Handelns und für alle Menschen gilt. Es bleibt aber dunkel, wie die Handlungsorientierungen der Gnadenethik im Kontext der pluralistischen Gesellschaft geltend gemacht werden können, ohne dass sie im Rahmen allgemein anerkennungsfähiger Voraussetzungen plausibel gemacht werden.

Barths Ethik bleibt anregend, aber sie bietet kein Gesamtkonzept, das den Bedingungen einer pluralistischen Gesellschaft gerecht wird.

Zugleich wird bei Barths Ansatz das christliche Profil deutlich: Christliche Ethik ist seiner Meinung nach nicht eine irgendwie verbesserte philosophische Ethik, sondern hat von Jesus Christus auszugehen. Mit diesem Profil kann christliche Ethik auch in die Diskussion mit philosophischer Ethik eintreten.

Außerdem bekommt die Ethik mit diesem Ansatz einen Maßstab, an dem alles Handeln gemessen und kritisiert werden kann, auch die vermeintlichen Schöpfungsordnungen Emil Brunners.

9.3.4 Dietrich Bonhoeffer (1906–1945): »Christus als Ursprung, Bestand und Ziel der Mandate«

Bonhoeffer orientiert sich zunächst an der lutherischen Ständelehre. Das Neue an der Ständelehre Martin Luthers war, dass die drei Stände (Kirche, Hausstand [Lehr-, Wehr- und Nährstand], Öffentlichkeit [politischer Stand] – *ecclesia, oeconomia, politia*) nicht mehr die gesamte Bevölkerung in drei Gruppen einteilten, sondern das gesellschaftliche Leben in drei Lebensbereiche ordnete, denen alle Menschen zugleich angehören und denen gegenüber die Menschen Gehorsamspflichten haben. Den drei lutherischen Ständen fügt Bonhoeffer noch einen weiteren »Stand« hinzu. Allerdings spricht er nicht von Ständen, sondern von Mandaten, weil dadurch »der Charakter des göttlichen Auftrags … deutlicher heraustritt«. Die vier Mandate sind ihm von der Bibel vorgegeben: Arbeit, Ehe, Obrigkeit und Kirche. Mit Hilfe von Joh 1,1–10 und Kol 1,16 (wo davon gesprochen wird, dass die Welt durch Christus von Gott erschaffen wurde) begründet er, dass die Welt »auf Christus hin geschaffen (sei) und … ihren Bestand allein in Christus« habe. Dies gilt seiner Meinung nach im Besonderen für die vier Mandate. Sie haben ihren Ursprung, ihren Bestand und ihr Ziel in Christus: »Göttlich sind die Mandate allerdings allein um ihrer ursprünglichen und endlichen Beziehung auf Christus willen.« Wenn jetzt innerhalb eines Mandates eine Verfehlung geschieht, ist es deshalb nicht automatisch kein göttliches Mandat mehr. »Einzelne Verfehlungen geben nicht das Recht, das Bestehende zu beseitigen.« Aber in der dauerhaften Durchbrechung des göttlichen Mandates durch die tatsächliche Gestalt von Arbeit, Ehe, Kirche und Obrigkeit erlischt das göttliche Mandat im konkreten Fall (Bonhoeffer dürfte in diesem Fall ganz besonders an die nationalsozialistische Obrigkeit gedacht haben). Es muss dem Christen deshalb stets um die Rückkehr zur echten Unterordnung unter das göttliche Mandat gehen. Christliche Verantwortung besteht zufolge Bonhoeffer »in der Ausrichtung der konkreten Gestalt der göttlichen Mandate auf ihren Ursprung, ihren Bestand und ihr Ziel in Jesus Christus«.

Bonhoeffer verbindet mit seinem Ansatz die lutherische Ständelehre mit dem Christozentrismus Karl Barths. So wie in den Ständen Luthers findet sich der Mensch innerhalb der unterschiedlichen Mandate vor. Die Mandate selbst meint Bonhoeffer aus der Bibel begründen zu können. Für jedes Mandat ist Christus der Maßstab. Hier kann – ebenso wie bei Barth – deutlich werden, inwiefern sich das eine oder andere Mandat von seinem schöpfungsgemäßen bzw. christusgemäßen Ursprung, Bestand und Ziel entfernt hat. Zugleich nimmt Bonhoeffer die Christen in die Pflicht, über das göttliche Mandat zu wachen und es gegebenenfalls wiederherzustellen. Auch hier gibt es einen (biblischen)

Maßstab, mit dessen Hilfe man das Vorfindliche aus christlicher Sicht kritisieren kann und muss.

Exkurs: Konkretes ethisches Beispiel: »Ehe und Ehescheidung«

1. Ehe im Alten Testament

Gen 1,27 beschreibt die Erschaffung des Menschen als Mann und Frau (zwei Geschlechter). Hier ist nicht die Rede davon, dass ein Geschlecht dem anderen übergeordnet wäre. Gen 2,18–24 zeigt vielmehr die Bezogenheit der Geschlechter aufeinander. Der Abschnitt ist eine »Ätiologie« (Geschichte über die Ursache) für das Zusammengehörigkeitsgefühl (Liebe?) der Geschlechter untereinander. Mann und Frau gehören zusammen, weil sie »ursprünglich« zusammen waren (»ein Fleisch sind«).

Brautwerbung und Liebe: Zufolge Gen 29 dient Jakob insgesamt 14 Jahre für Rahel. Die israelitische Frau musste bereit sein, für ihre neue Familie den Wohnort zu wechseln.

Trotz der Liebeslyrik im Hohenlied gibt es nur ganz wenige Hochzeiten im AT, die aus Liebe geschlossen werden: Jakob und Rahel (Gen 29), Simson und Delila (Ri 16,4), David und Michal (1Sam 18,20). Normalerweise wurden die Ehen nicht aufgrund von Liebe geschlossen, sondern aufgrund des Impulses des jungen Mannes, eine Familie zu gründen. Liebe konnte – wie bei Isaak und Rebekka – später noch dazukommen (vgl. Gen 24,67: »Da führte sie Isaak in das Zelt seiner Mutter Sara und nahm die Rebekka, und sie wurde seine Frau, und er gewann sie lieb«).

Ehebruch war verboten (Ex 20,14; vgl. Dtn 5). Dabei ist in Rechnung zu stellen, dass der Mann nur die Ehe eines anderen, die Frau nur die eigene Ehe brechen konnte.

Die Ehescheidung wird geregelt in Dtn 24,1–3. Die Initiative kann dabei nur vom Mann ausgehen. Die Formulierung ist relativ offen, sodass der Willkür des Mannes hier Tür und Tor geöffnet wird.

Die Institution der Schwager- oder Leviratsehe (Dtn 25,5–10) hat das Ziel, dem verstorbenen Bruder nachträglich Nachkommen zu erwecken. Es ist nicht gesichert, ob die Institution der Leviratsehe nur Programm ist oder tatsächlich praktiziert wurde.

Wenn Esra und Nehemia (Esr 9; Neh 13) nach dem Exil die Auflösung der Mischehen, d.h. der Ehen von Juden mit Nichtjuden, fordern, dann tun sie dies, weil aus ihrer Sicht nur dadurch die Identität des jüdischen Volkes als des Volkes Gottes gewährleistet werden kann.

Generell scheint die Ehe in alttestamentlicher Zeit sehr stabil gewesen zu sein; nicht von ungefähr wird sie als Bild der Verbindung zwischen Gott und seinem Volk verwendet (vgl. bes. Hos 2,4–25).

2. Ehe im Neuen Testament

a) Ehe bei Jesus

Jesus verbietet – gegen Dtn 24 – die Auflösung der Ehe (Mt 5,31.32 und bes. Mt 19,1–9). Seine schöpfungstheologische Begründung macht deutlich, dass er der Meinung ist, den ursprünglichen Schöpferwillen dadurch wieder zur Geltung zu bringen. Eine soziologische Begründung (oder Folge!) ist darüber hinaus, dass das Verbot der Scheidung durch Jesus die Stellung der Frau stärkt. Sie kann nicht mehr so einfach entlassen werden und ist deshalb auch nach ihrer Heirat nicht mehr schutzlos. Der letztgenannte Grund erweist sich heutzutage nicht mehr als stichhaltig; allerdings kann die schöpfungstheologische Begründung nicht so einfach wegdiskutiert werden.

Die Ehe endet mit dem Tod. Dies wird in der Antwort Jesu auf die Sadduzäerfrage (Mt 22,23–33) deutlich. Im Himmel wird nicht geheiratet, sondern die Menschen werden sein wie die Engel.

b) Ehe bei Paulus

Paulus war unverheiratet; und er propagiert auch die Ehelosigkeit – allerdings nicht aus einem asketischen Ideal, sondern aufgrund seiner Naherwartung (1Kor 7): Weil der Herr bald wiederkommt, lohnt sich seiner Meinung nach eine Eheschließung nicht mehr. Ehe ist nur ein Notbehelf und allemal besser, als sich in Verlangen zu verzehren. Prinzipiell ist – unter Verweis auf ein Wort des Herrn, d.h. Jesu – auch für Paulus die Ehe unauflöslich (1Kor 7,10)

Scheidung ist nach Paulus nur dann zulässig, wenn bei einer Ehe mit einem Nichtchristen der nichtchristliche Partner die Ehe verlassen möchte (zum gesamten Komplex bei Paulus vgl. 1Kor 7).

Auf die Gemeinde bezogen stellt Paulus in Gal 3,28 (ein »Spitzensatz« im NT) ausdrücklich fest, dass auch die geschlechtlichen Unterschiede in Christus keine Rolle spielen. Mit anderen Worten: Eine Überordnung etwa des Mannes über die Frau kann theologisch nie und nimmer begründet werden.

c) Ehe in nachpaulinischen Gemeinden

Anders als bei Paulus selbst wird im nachpaulinischen Epheserbrief (Kap. 5) ausdrücklich mit christlichen Haushalten gerechnet, d.h. mit Ehen unter Christen. Hier begegnet die Überordnung des Mannes über die Frau (Eph 5,23) – allerdings mit dem Korrektiv der Liebe (Eph 5,25: »Ihr Männer, liebt eure Frauen«). Auch hier wird schöpfungstheologisch argumentiert (»Darum wird ein Mann Vater und Mutter verlassen und an seiner Frau hängen, und die zwei werden ein Fleisch sein« [Gen 2,24, zitiert in Eph 5,32]).

d) Zusammenfassung

Von Anfang an gilt im NT die Ehe als unauflöslich. Auffällig ist, dass Paulus hier sogar eines der ganz wenigen Jesusworte (vgl. auch 1Kor 9,14; 11,23–25; 1Thess 4,15 und vielleicht noch 2Kor 12,9) zitiert und dass dieses Jesuswort sich mit dem von Mt 19 berührt. Die Tradition ist also sehr stark und kann – auch aufgrund der schöpfungstheologischen Begründung – nicht einfach ausgehebelt werden.

Deutlich ist die prinzipielle Gleichwertigkeit von Frau und Mann – trotz Eph 5,23, ein Vers, der seine Grenze findet in Eph 5,25.

e) Kirchliches Eheverständnis

Nach protestantischem Verständnis ist die Ehe eine gute Gabe Gottes, ein durch Gottes Willen vorgegebener Lebensraum, in den Mann und Frau eintreten, eine Lebensform, die dem gemeinsamen Leben und der Liebe Halt und Gestalt gibt. Sie ist prinzipiell unauflöslich, d.h. sie wird geschlossen bis zum Tod eines Ehepartners.

Seit 2008 ist es in Deutschland staatlich erlaubt, kirchlich zu heiraten, ohne vorher standesamtlich geheiratet zu haben. Weil aber die rein kirchliche Eheschließung im zivilen Bereich keinerlei Rechtsfolgen hat, ist den Kirchen daran gelegen, dass die Eheleute vor der kirchlichen Hochzeit standesamtlich geheiratet haben.

Nach evangelischem Verständnis gehört die Ehe sowieso in das weltliche Regiment Gottes und wird voll gültig vor dem Standesbeamten geschlossen. Die kirchliche Trauung ist im Grunde nur eine Segnungshandlung anlässlich der (standesamtlichen) Trauung. Von daher äußern die Brautleute nicht eine Absichtserklärung im Sinne von »Ja, ich will meinen Partner heiraten«, sondern sie legen das Bekenntnis ab, dass sie ihren Ehepartner aus Gottes Hand annehmen, ihn lieben und ehren sowie Freude und Leid mit ihm teilen, bis der Tod sie scheidet.

Nach katholischem Verständnis ist die Ehe ein Sakrament (Praxis der Heilsvermittlung), das sich die Eheleute gegenseitig spenden. Nach katholischem Verständnis sind Mann und Frau also, wenn sie zur kirchlichen Trauung in die Kirche gehen (auch wenn sie vorher standesamtlich geheiratet haben), noch nicht getraut. Deshalb spricht der Pfarrer, sofern die Ehefrau ihren Nachnamen ablegt, diese noch mit ihrem Mädchennamen an. Von daher legen die Eheleute auch vor dem katholischen Pfarrer eine Absichtserklärung ab in dem Sinne: »Ja, ich will meinen Partner heiraten.«

f) Das Problem der Ehescheidung

Nach katholischem Verständnis ist die Ehe bis zum Tod eines Ehepartners unauflöslich (Mt 19,2–9). Eine zweite kirchlich-katholische Hochzeit ist ausgeschlossen (Ausnahme: Die erste Ehe wird kirchenrechtlich annulliert). Die standesamtliche Heirat eines geschiedenen katholischen Christen gilt als große Sünde und wird mit dem Ausschluss von den Sakramenten (auch Ausschluss vom Abendmahl, nicht aber Ausschluss vom Kirchensteuerzahlen!) bestraft. Kirchliche Mitarbeiter verlieren, wenn sie als Geschiedene standesamtlich wieder heiraten, ihre Arbeitsstelle.

g) Problematische Folgen aus dieser Praxis

Geschiedene katholische Christen im Kirchendienst können ihren neuen Lebenspartner nicht heiraten, weil sie sonst ihre Arbeitsstelle verlieren. Sie »müssen« in »wilder Ehe« zusammenleben.

- Wenn ein katholischer Christ in erster Ehe nur standesamtlich verheiratet war, kann er nach seiner Scheidung und der zweiten standesamtlichen Hochzeit doch noch kirchlich heiraten, weil die erste Heirat kirchenjuristisch nicht stattgefunden hatte.
- Nach evangelischem Verständnis ist die Ehe prinzipiell auch unauflöslich bis zum Tod eines Ehepartners (die Formel lautet auch hier: »bis dass der Tod euch scheidet«). Von daher ist es nicht richtig, wenn behauptet wird, die evangelischen Kirche erlaube die Scheidung, weil sie sich »nach den Rechtsformen der jeweiligen Gesellschaft« richte. Tatsächlich steht einer Wiederverheiratung Geschiedener das Jesuswort von Mt 5,31f bzw. Mt 19,3–9 entgegen. Deshalb unterstützt die evangelische Kirche alle Eheleute, die um ihre Ehe, wenn diese in die Krise gerät, kämpfen. Gleichwohl ermöglicht es die evangelische Kirche, auch nach einer Scheidung den kirchlichen Segen für eine zweite Hochzeit zu bekommen. Diese Praxis muss, weil sie gegen ein ausdrückliches Jesuswort steht, begründet werden:

Die Rechtssicherheit der Frau ist in unserer Gesellschaft wesentlich besser gegeben als in der Antike; deshalb fällt die Begründung des Scheidungsverbots mit der Stärkung der Rolle der Frau weg.

Die Begründung mit dem ursprünglichen Schöpferwillen lässt sich nicht wegdiskutieren. Tatsächlich gehören zur Eheschließung zwei Personen – zur Scheidung reicht einer, der sagt: »Ich gehe!« Wegen einer derartigen »Härte des Herzens« (Dtn 24,1) eines Partners ist es nicht einzusehen, dass der verlassene Partner formaljuristisch bzw. kirchenjuristisch in einer Ehe gefangen bleiben soll und nie mehr kirchlich heiraten darf. Insofern glaubt die evangelische Kirche im Sinne Jesu zu handeln, wenn sie durch ihre Praxis deutlich macht: Die Ehe ist für den Menschen da und nicht die Menschen für die Ehe. Ähnlich hat Jesus auch im Hinblick auf den Sabbat argumentiert (Mk 2,27). Von daher werden in der evangelischen Kirche Geschiedene, die ein zweites Mal heiraten, nicht stigmatisiert, sondern es wird ihnen die Möglichkeit gegeben, weiterhin ganz zu ihrer Kirche zu gehören. Darüber hinaus macht die evangelische Kirche durch diese Praxis deutlich, dass Vergebung möglich ist und Gott einen neuen Anfang schenkt.

9.4 Philosophische Ethik

9.4.1 Immanuel Kant (1724–1804): Pflicht!

Immanuel Kant vertritt eine sog. *deontologische Ethik. To deon* (griech.) bedeutet »das Erforderliche«, »die Pflicht«. Für eine derartige Ethik ist die moralische Richtigkeit einer Tat nicht abhängig von ihren Folgen; vielmehr ist das »Gute« etwas immer schon Feststehendes, etwas der menschlichen Erkenntnis und Einsicht Vorgegebenes (Der Gegensatz zur deontologischen Ethik ist die sog. *teleologische Ethik* [*to telos* – das Ziel], die eine Handlung nach den Konsequenzen beurteilt.).

Zufolge Kant darf nicht das Glück Ziel des menschlichen Handelns sein, sondern das, was mit Hilfe der Vernunft als allgemeingültige Pflicht erkannt werden kann. Drei »Postulate« (Forderungen, unbewiesene Grundlagen) setzt Kant in seiner Ethik voraus:

- Der Mensch hat die *Freiheit*, sich in ethischen Konflikten so oder so zu entscheiden.
- Das Handeln des Menschen wird beurteilt. Es ist zwar so, dass es demjenigen, der ethisch richtig handelt, meist nicht besser geht (auch für Kant ist der Tun-Ergehen-Zusammenhang zerbrochen), doch spätestens nach dem Tod bekommt der ethisch richtig Handelnde den ihm zustehenden Lohn. Deshalb muss es die *Unsterblichkeit der Seele* geben.
- Garant dieser Lohnordnung bzw. des jenseitigen Tun-Ergehen-Zusammenhangs ist *Gott* (dies ist kein Gottesbeweis, denn Gott wird hier nicht »bewiesen«, sondern »postuliert«).

Die ethische Entscheidung läuft nach Kant folgendermaßen ab: Es zählt für ihn allein der gute Wille. Dieser ist das Einzige, was ohne Einschränkung als gut bezeichnet werden kann. Dieser gute Wille kann auch nicht gemessen werden an den Konsequenzen, die sich aus dem Handeln des guten Willens ergeben. Wenn Menschen Freude daran empfinden, anderen Menschen etwas Gutes zu tun, dann haben diese Handlungen nach Kant im Grunde keinen sittlichen Wert, weil sie aus Neigung, nicht aber aus Pflichtgefühl entstanden sind. In diesem Zusammenhang kommt Kant auch auf das Gebot der Feindesliebe zu sprechen. Seiner Meinung nach kann Feindesliebe aus Neigung niemals geboten werden, wohl aber aus Pflicht: »Eine Handlung aus Pflicht hat ihren moralischen Wert nicht in der Absicht, welche dadurch erreicht werden soll, sondern in der Maxime, nach der sie beschlossen wird.« Kant zufolge ist also auch die biblische Ethik eine deontologische.

Die Güte einer Handlung ist am kategorischen Imperativ zu beurteilen: »Handle nur nach derjenigen Maxime, durch die du zugleich wollen kannst, dass sie ein allgemeines Gesetz werde!« Dieses Prinzip ist ähnlich formal gehalten wie die »Goldene Regel« in Mt 7,12. Es macht aber deutlich, dass das Richtige keine Frage des Geschmacks ist oder irgendwie von der Situation oder der Neigung des Täters abhängt, sondern eine Frage der Pflicht ist. Die ethische Entscheidung ist nicht beliebig.

Im Hinblick auf die Folgen der jeweiligen Handlung entbindet Kant den Menschen, insofern keiner die genauen Folgen seines Tuns überblicken könne. Da sei es doch wesentlich besser, sich an seine Pflicht bzw. den kategorischen Imperativ zu halten, dann habe man sich nichts vorzuwerfen.

9.4.2 Der Utilitarismus

Der Utilitarismus ist – völlig anders als die Pflichtethik Immanuel Kants – eine teleologische Ethik (griech. *telos* – das Ziel). Während Immanuel Kant die Pflicht des Menschen betont, macht der Utilitarismus deutlich, dass es um das (erwartete) Ziel menschlichen Handelns geht. Um das zu erreichen kann es gut sein, dass der Utilitarist im konkreten Fall ganz anders handelt als der Pflichtethiker Kant.

1. Jeremy Bentham (1748–1832)

Bentham zufolge steht die Menschheit unter der Herrschaft »zweier souveräner Gebieter – Leid und Freude«; konkret meint er das Streben des Menschen nach Freude und das (gleichzeitige) Vermeiden von Leid. Ethisch richtig ist nach Bentham, was Freude fördert und Leid mindert – falsch dagegen ist, was Freude mindert und Leid fördert. Dabei hat Bentham nicht nur das Glück des Einzelnen im Blick, sondern meint in der Regel das Glück der Gruppe von Menschen, um die es gerade geht. Konkret geht es Bentham sogar um die utilitaristisch zu beurteilenden Maßnahmen einer Regierung: »Man kann also von einer Handlung sagen, sie entspreche dem Prinzip der Nützlichkeit, wenn die ihr innwohnende Tendenz, das Glück der Gemeinschaft zu vermehren, größer ist als irgendeine andere ihr innwohnende Tendenz, es zu vermindern.« Bentham geht es also um eine doppelte Glücksmaximierung: Es soll nicht nur das Glück möglichst umfassend sein, sondern auch die Anzahl derer, die es betrifft, sollte möglichst groß sein (»greatest happiness principle«).

2. John Stuart Mill (1806–1873)
Mill weitet die Gedanken Benthams ausdrücklich auf die Allgemeinheit aus. Es geht um das größte Glück insgesamt – dabei kann es durchaus sein, dass die Erreichung dieses Glücks für einen Einzelnen oder für Einzelne eine Einbuße an Glück bedeutet.

*3. Peter Singer (*1946)*
Singer präzisiert das »greatest happiness principle« insofern, als er von den »besten Konsequenzen für alle« spricht. Als Beispiel nennt er die Frage, ob ein behindertes Kind nicht doch getötet werden dürfte. Diese Maßnahme könnte doch die besten Konsequenzen für alle haben: Die Eltern hätten die Hoffnung auf ein glücklicheres Leben mit einem gesunden Kind, das sie noch zeugen könnten, d.h. sie könnten das behinderte Kind durch ein gesundes Kind ersetzen. Die Gesellschaft ist im Grunde auch glücklicher, weil sie das behinderte Kind nicht mitfinanzieren muss. Möglicherweise ist sogar das behinderte Kind durch den Tod besser bedient, als wenn man es zum Leben zwingen müsste. Auf diese Art und Weise ist die Gesamtsumme an Glück deutlich größer.

Singer geht sogar so weit, dass er sagt: Die Ermöglichung der Tötung eines behinderten Kindes nach der Geburt schließt eine pränatale Fehldiagnose aus, da man das geborene Kind ausgiebig untersuchen könne. Drei Aspekte führt Singer an, die die Tötung eines behinderten Kindes seiner Meinung nach rechtfertigen könnten:
- Zufolge Singer gibt es ethisch keinen Unterschied zwischen Töten und Sterbenlassen (zwischen aktiver und passiver Sterbehilfe). Deshalb sollte seiner Meinung nach die aktive Sterbehilfe bei behinderten Säuglingen unter diesen Umständen als human und angemessen akzeptiert werden.
- Die Geburt ist philosophisch gesehen keine moralisch bedeutsame Grenze.
- Ein Säugling, der einen Monat alt ist, hat weder Rationalität noch Autonomie noch Selbstbewusstsein. Diese drei Eigenschaften machen nach Singer den Menschen zum Menschen.

Zur Auseinandersetzung mit Peter Singers Ansichten
- Grundsätzlich kann man die Gedanken Peter Singers nicht einfach vom Tisch wischen, denn er führt vor Augen, was im Hinblick auf den Schwangerschaftsabbruch in Deutschland praktiziert wird. Ein

Schwangerschaftsabbruch ist bei einer embryopathischen Indikation bis 22 Wochen nach der Empfängnis legal. Singer dehnt diese 22 Wochen nach der Empfängnis lediglich auf 4 Wochen nach der Geburt aus. Wenn man Singers Gedanken ablehnt, muss man eine Abtreibung eines (aller Wahrscheinlichkeit nach) behinderten Kindes ebenso ablehnen. Wenn bereits nach vier Wochen ein Herzschlag im Embryo nachweisbar ist, ist zu fragen, was denn einen 22 Wochen alten Embryo von einem 4 Wochen alten Säugling unterscheidet.
- Zweifellos spricht vom christlich-jüdischen Menschenbild sehr viel gegen Peter Singers Gedanken. Gottesebenbildlichkeit (Würde) kommt bereits dem Embryo, dem Säugling und natürlich auch dem behinderten Säugling zu. Die Gottesebenbildlichkeit bzw. Menschenwürde ist nicht abhängig von Rationalität, Autonomie und Selbstbewusstsein.

Fragen zum Weiterdenken:
1. Wie ist Glück zu messen?
2. Ist die biblische Ethik wirklich eine reine Pflichtethik – wie Kant meint –, oder kann man biblisch auch teleologisch argumentieren?
3. Wie sicher sind die Folgen ethischen Handelns vorherzusehen?

Exkurs: Medienethik als Beispiel – was heißt: »die Wahrheit sagen«?

1. Biblische Grundlegung

Grundlegend ist das 8. Gebot: »Du sollst nicht falsch Zeugnis reden wider deinen Nächsten!« (Ex 20,16) Konkret und ursprünglich: »Du sollst deinem Nächsten nicht mit einer betrügerischen Zeugenaussage entgegentreten (oder antworten)!«

Das Gebot macht zwei Sachverhalte deutlich:
- die Gefährlichkeit des einmal gesprochenen Wortes für einen anderen;
- die Bedeutung, die das Wort für die Gemeinschaftsbeziehung überhaupt hat.

Im Neuen Testament spielt der Begriff »Wahrheit« vor allem im Johannesevangelium eine große Rolle, meint aber im Grunde die Botschaft von Christus (vgl. Joh 14,6). Es findet sich im NT auch die Mahnung, sich vor unbedachten Worten zu hüten. Für jedes unnütze Wort muss vor dem Richtstuhl Gottes Rechenschaft abgelegt werden (Mt 12,36). Die große Bedeutung der »Zunge« für die Gemeinschaft stellt der Jakobusbrief heraus (Jak 3,5–10).

2. Theologische Ethik

Martin Luther (Kleiner Katechismus): »Du sollst nicht falsch Zeugnis reden wider deinen Nächsten. Was ist das? Wir sollen Gott fürchten und lieben, dass wir unseren

Nächsten nicht belügen, verraten, verleumden oder seinen Ruf verderben, sondern sollen ihn entschuldigen, Gutes von ihm reden und alles zum Besten kehren.«

Hier sind die zentralen Begriffe genannt: Es geht um den Nächsten! Er soll nicht belogen, verraten, verleumdet werden. Sein Ruf darf nicht beschädigt werden. Es geht darum, alles zum Besten zu kehren. Das ist das klassische Gegenteil von verzerrter »Berichterstattung«, von Mobbing und Rufmord. Im Großen Katechismus hat Martin Luther auf die Bedeutung des Gebotes für die öffentlichen Ämter hingewiesen: Richter, Bürgermeister, Fürsten, Prediger, Lehrer usw. Man braucht den Mut, die Wahrheit zu sagen und darf sie nicht verdrehen oder verschweigen. Zugleich macht Luther deutlich, dass die Intimsphäre des Nächsten zu schützen ist. Ehre und Ansehen sind schnell zerstört, aber schwer wiederhergestellt. Über eine Verfehlung soll unter vier Augen gesprochen werden. Die Stellung des Einzelnen darf nicht mehr als unbedingt notwendig belastet werden; denn es gibt bei jedem Menschen etwas zu enthüllen.

Luthers Auslegung zeigt exemplarisch, dass christliche Ethik nicht einfach reduzierbar ist auf die Frage: Ist christliche Ethik deontologisch (Du muss die Wahrheit sagen!) oder teleologisch (Deine Taten und Worte müssen auf das Gute bzw. das Glück möglichst Vieler abzielen!). Luther macht deutlich, dass diese Alternative falsch ist, denn natürlich darf ein Christenmensch seinen Nächsten nicht verraten, verleumden oder seinen Ruf verderben. Zugleich sollen Worte und Taten aber darauf abzielen, alles zum Besten zu kehren.

Diese Problematik hat Dietrich Bonhoeffer in seiner Ethik aufgenommen. Er macht deutlich: Die wahrheitsgemäße Rede muss der jeweiligen Situation gerecht werden. Der Satan ist nach Bonhoeffer ein Wahrheitsfanatiker ohne Rücksicht auf menschliche Schwächen. Er zerstört die lebendige Wahrheit zwischen den Menschen: »Das Wort in der Familie ist ein anderes als das Wort im Büro oder in der Öffentlichkeit.« Gott selbst hat den Menschen Kleider gemacht (Gen 3,21), das heißt: Es sollen viele Dinge im und am Menschen verhüllt bleiben. Bloßstellung ist zynisch. Und wenn der Zyniker als Wahrheitsfanatiker auftritt, dann geht er an der Wahrheit vorbei, dass es auch Verhüllung geben muss.

3. Gefährdung der öffentlichen Meinungsbildung

Die Konzentration von Kommunikationsmedien (Zeitungen, Zeitschriften, Sendern, Online-Portalen) in den Händen weniger Verleger oder politischer Kräfte führt zur Einengung der Meinungsfreiheit.

Zwänge der Meinungsbildung:

- Zwang zur Neuigkeit: Nur durch Neues, Aktuelles kann die Aufmerksamkeit des Lesers, Hörers, Zuschauers erhalten werden. Das Abweichende ist interessant, das Ungewöhnliche ist Trumpf.
- Das Bild vom Leser: Jeder Publizist muss ein Gespür für die offenen oder verdeckten Interessen der Empfänger seiner Mitteilungen haben. Täuscht er sich darin,

so kommen seine Mitteilungen anders an, als er beabsichtigt. Auf die Interessen seiner Empfänger einwirken kann er nur, wenn er zugleich auf sie eingeht.

Fraglich ist, inwieweit der Konkurrenzkampf zwischen öffentlich-rechtlichen und privatwirtschaftlichen Medien zum journalistischen Niveau beiträgt oder nicht. Die Anpassung an den Massengeschmack kann dazu führen, dass sich Medien durch das Angebot von Sensationen, Indiskretionen und Agitation zu überbieten versuchen. Andererseits kann das Publikum durch bewusste Auswahl zum Niveau beitragen.

9.5 Modelle zum christlichen Handeln innerhalb des Staates

9.5.1 Biblische Voraussetzungen

Das Verhältnis der Christen zum römischen Staat wird neutestamentlich kaum behandelt, weil die Christen gesellschaftlich keine Macht hatten. Christentum war Privatsache, und ein Christ konnte kein Staatsamt ausüben, weil er sonst auch den Kaiserkult hätte praktizieren müssen. Tatsächlich war das Christentum anfänglich eher eine Religion für die Unterschicht.

»Gebt dem Kaiser, was des Kaisers ist!« – der Zinsgroschenspruch aus Mk 12,13–17 (Mt 22,15–22; Lk 20,20–26)
Auf die Frage, ob man dem Kaiser Steuern zahlen dürfe, lässt sich Jesus einen Zinsgroschen zeigen. Unter Verweis auf das Bild des Kaisers darauf antwortet er lapidar: »So gebt dem Kaiser, was des Kaisers ist und Gott, was Gottes ist« (Mk 12,17). Bis heute ist die Interpretation dieses Zinsgroschenspruchs umstritten. Drei Möglichkeiten haben sich herauskristallisiert:

- Jesus redet einer Trennung von Staat und Kirche das Wort. Kirche darf nichts mit dem Staat zu tun haben. Sie muss ihre Eigenständigkeit bewahren.
- Jesus fordert zu einem Engagement im Staat auf. Das Zahlen von Steuern ist nur ein Beispiel hierfür. Christen sollen Staatsämter anstreben und entsprechend ihrem Glauben darin handeln.

– Jesus will die Macht des Staates begrenzen. Er möchte, dass die Seinen Gott anbeten und gegen einen totalitären Staat, der göttliche Verehrung der Staatsspitzen fordert, Widerstand leisten.

»Es gibt keine Obrigkeit außer von Gott!« – Paulus und die Obrigkeit (Röm 13,1–7)

In Röm 13,1–7 scheint Paulus einer unkritischen Loyalität gegenüber der Regierung das Wort zu reden. Tatsächlich scheint er mit der römischen Obrigkeit bis zur Abfassung des Römerbriefs überwiegend positive Erfahrungen gemacht zu haben: Die Infrastruktur des Reiches nutzte er bei seinen Missionsreisen. Auch gab ihm sein römisches Bürgerrecht Schutz und Rechtssicherheit. Als die aufgebrachte Menge ihn in Korinth vom Statthalter Gallio bestraft sehen will, entlässt ihn dieser mit den Worten: »Wenn es um einen Frevel oder ein Vergehen ginge, so würde ich euch anhören, wie es recht ist; weil es aber Fragen sind über Lehre und Namen und das Gesetz bei euch, so seht ihr selber zu; ich gedenke, darüber nicht Richter zu sein.« Und er trieb sie weg von dem Richterstuhl (Apg 18,14–17). Wenn also Paulus in Röm 13,1–7 deutlich macht: »Jedermann sei untertan der Obrigkeit, die Gewalt über ihn hat. Denn es ist keine Obrigkeit außer von Gott; wo aber Obrigkeit ist, die ist von Gott angeordnet« (Röm 13,1), dann spiegeln diese Sätze die positiven Erfahrungen des Paulus. Er scheint sich in Röm 13,1–7 mit dem Phänomen auseinanderzusetzen, dass manche römischen Christen der Überzeugung sind, sie gehörten ja schon längst zur himmlischen Stadt Jesu und müssten deshalb den Anordnungen des irdischen Staates nicht mehr Folge leisten (Steuern und Zoll zahlen, die weltlichen Machthaber ehren). Nach Paulus hat der Staat eine wichtige Ordnungsfunktion bis zur Wiederkunft Christi.

Dass der christliche Glaube mit den Forderungen eines totalitären Staates einmal kollidieren könnte (etwa bei der Frage der Kaiseranbetung), ist hier nicht im Blick.

Das Tier in Offb 13

Ganz anders stellt sich die Sachlage in Offb 13 dar. Dort wird von einem Tier mit sieben Häuptern erzählt, dem Macht gegeben worden sei, das angebetet werden solle (Offb 13,4.15) und das Gott lästere (Offb 13,6). Es spricht alles dafür, dass damit in allegorischer Weise vom römischen Kaiser (Rom ist auf sieben Hügeln erbaut) gesprochen wird.

Auch die Zahl 666 (Offb 13,18), die von Satanisten gerne als Zahl des Satans angesehen wird, ist wohl lediglich die Zahl »eines Menschen«, nämlich die Zahl des Kaisers Nero. Im Hebräischen (wie auch im Griechischen) hat jeder Buchstabe einen Zahlenwert. Und wohl nicht ganz zufällig haben die hebräischen Buchstaben der beiden Worte »Qesar Neron« den Zahlenwert 666.

Die Redeweise in Offb 13 ist deshalb allegorisch, weil bei einer ausdrücklichen Kritik an Kaiser und Staat es überdeutlich gewesen wäre, dass das Christentum eine für den Staat gefährliche und damit zu verfolgende Religion ist. Die Johannesoffenbarung hält entgegen allem Augenschein daran fest, dass Gott der Weltenlenker und Herr der Geschichte ist. Er wird – so die Überzeugung des Sehers Johannes – den Seinen, die an ihm festhalten und dem totalitären Staat Widerstand leisten, einst Recht verschaffen; es ist bloß eine Frage der Zeit. Momentan tobt noch die widergöttliche Macht, aber die Tage des Tieres sind gezählt (vgl. Offb 19–20). Nicht von ungefähr schließt das letzte Buch der Bibel mit den Sätzen: »Es spricht, der dies bezeugt: Ja, ich komme bald. – Amen, ja, komm Herr Jesus! Die Gnade des Herrn Jesus sei mit allen« (Offb 22,20–21).

9.5.2 Kirchengeschichtliche Eckdaten

Die Konstantinische Wende (313 n.Chr.) und ihre Folgen

Nachdem er unter dem Zeichen des Kreuzes gegen die Truppen des Maxentius an der Milvischen Brücke vor den Toren Roms gesiegt und den Kaiserthron in Rom bestiegen hatte, erklärte Konstantin der Große das Christentum zur erlaubten Religion (*religio licita*). Dies bedeutete die Erlaubnis öffentlicher Gottesdienste, die Rückgabe von beschlagnahmtem Kirchenbesitz, den Bau neuer Kirchen auf Staatskosten, Steuerbefreiung für Bischöfe und die Indienstnahme der Bischöfe als Richter, das Verbot der Kreuzigungsstrafe und die Festsetzung des Sonntags als gesetzlichen Feiertag.

Folge dieser Unterstützung der Kirche durch den Staat war, dass die Gemeinden vor Ort einen sehr großen Zuwachs an Gemeindegliedern verzeichnen konnten. Zugleich erwartete der Kaiser aber auch etwas von der Kirche. Alle gesamtkirchlichen Konzilien bis zum 5. Jahrhundert wurden vom Kaiser einberufen und höchstpersönlich geleitet (325

Nicaea, 381 Konstantinopel ...), denn der Kaiser hatte plötzlich ein Interesse daran, dass sich die Kirche in Fragen der Lehre einig war. Die Bischöfe besaßen den Status kaiserlicher Beamten (deshalb ist purpur heute noch Farbe der Bischofs- und Kardinalsgewänder) und waren mit umfangreichen Verwaltungsfunktionen betraut. Es galt die Idee »Ein Reich – Ein Kaiser – Eine Kirche«.

Augustin: Über den Gottesstaat (De civitate Dei [413–425])
Die Eroberung Roms durch die Westgoten im Jahr 410 ließ viele an der Rechtmäßigkeit des im Jahr 380 durch Theodosius zur Staatsreligion erhobenen Christentums zweifeln. Die platte Gleichsetzung des Römischen Reiches mit der christlichen Kirche bzw. dem von Jesus verkündigten Reich Gottes war nicht mehr möglich. Man stellte sich die Frage, ob es nicht ein Fehler war, das Christentum zu dulden bzw. zur Staatsreligion zu erheben. Vielleicht hätten die alten Götter Rom beschützen können ...

Augustin zufolge steht der Gottesstaat (*civitas Dei*) in einem bleibenden Gegensatz zum irdischen Staat (*civitas terrena*). Dieser irdische Staat ist alles andere als das von Jesus verkündigte Reich Gottes; vielmehr ist er von widergöttlichen Kräften beherrscht, zugleich aber auch gottgewollte zeitliche Ordnungsmacht. Der Gottesstaat ist wiederum nicht identisch mit der Kirche, wird aber in der Kirche sichtbar.

Beide Reiche sind im Diesseits miteinander vermischt. Erst im Jüngsten Gericht werden sie sauber voneinander getrennt. Erst dann wird deutlich, wer von den Menschen zum Heil (zum Gottesstaat) und wer zum Unheil vorherbestimmt ist.

Papst Gelasius I. (492–496): Die Zwei-Schwerter-Theorie
Ausgehend von Lk 22,38, einer Schriftstelle, wo erzählt wird, dass die Jünger im Rahmen des Abendmahls Jesu zwei Schwerter bringen und dieser daraufhin lediglich sagt: »Es ist genug!«, entwickelt Gelasius I. von Rom die sog. Zwei-Schwerter-Theorie in einem Brief an Kaiser Anastasios I. Hierbei macht er deutlich, dass Gott zur Regentschaft über die Welt ein Schwert an den Papst und eines an den Kaiser verliehen habe. Der Kaiser führe das weltliche, der Papst aber das geistliche Schwert. Mit dieser Form der Zwei-Schwerter-Theorie wandte sich Gelasius gegen jegliche weitere Einmischung des Kaisers in kirchliche Angelegenheiten.

Im elften Jahrhundert wurde von Papst Gregor VII. (1073–1085) diese Lehre insofern weiterentwickelt, als dieser 1075 feststellte, Gott habe dem Papst beide Schwerter verliehen, doch dieser habe das Schwert der weltlichen Macht an den Kaiser delegiert, könne es aber jederzeit wieder zurückfordern. Der Kaiser sei also im Grunde ein Lehnsmann des Papstes.

Kirchengeschichtlich besonders deutlich wurde dies im Streit zwischen König Heinrich IV. und Papst Gregor VII., in dem Heinrich IV. sich gezwungen sah, zum Papst nach Canossa zu pilgern und ihn um die Aufhebung der Exkommunikation zu bitten (25.–28. Januar 1077), weil sonst die deutschen Fürsten ihrem König die Treue versagt hätten.

9.5.3 Martin Luthers Lehre von den zwei Reichen und Regimenten (Regierweisen) Gottes

Kirchengeschichtlicher Hintergrund

Im Jahr 1522 hatte Herzog Georg von Sachsen den Verkauf und Besitz von Luther-Schriften verboten und gemäß dem Edikt von Worms (1521) verlangt, dass alle Luther-Schriften abgeliefert und öffentlich verbrannt werden sollten. Dies geschah auch an vielen Orten des Herzogtums Sachsen. Daraufhin veröffentlichte Luther 1523 seine Schrift »Von weltlicher Obrigkeit, wie weit man ihr Gehorsam schuldig sei«.

Die Theorie

Luther entwirft in diesem Traktat keine theologische Ethik des Politischen, aber er behandelt Fragen, die bisher so nie gestellt wurden:

- Kann ein Christ ein Staatsamt übernehmen, in dem er andere bestrafen muss?
- Wie verhalten sich Staat und Kirche zueinander?
- Muss ein Christ alles befolgen, was sein Landesherr ihm befiehlt?

In seiner Schrift unterscheidet Luther Gottes weltliches und Gottes geistliches Regiment. Beide Regimente haben unterschiedliche Ziele, unterschiedliche Mittel und teilweise unterschiedliche Angehörige. Im Reich zur Rechten Gottes bzw. unter dem geistlichen Regiment leben die wahren Christen. Gottes Ziel ist es, mit Hilfe von Wort und Sakrament diesen zur Seligkeit zu verhelfen. Die Kirche ist in diesem Regiment nur Diener Gottes. Sie hat dafür Sorge zu tragen, dass den Menschen in Gottes Auftrag das reine Evangelium verkündigt und die Sakramente gemäß der göttlichen Einsetzung gereicht werden. Das in diesem Reich bzw. Regiment wichtige »Organ« ist der Glaube.

Im Reich zur Linken bzw. im weltlichen Regiment sorgt Gott dafür, dass das Böse eingedämmt, der Schwache geschützt und die Ordnung aufrecht erhalten wird – notfalls mit Strafandrohung bzw. Strafen (»Schwert«). Christen und Nichtchristen sind diesem Regiment unterworfen, das der Staat im Auftrag Gottes ausführt. Die Strafandrohung bräuchten nach Luther die Christen gar nicht, weil sie ja von sich aus schon mehr tun als vom Staat gefordert. Wenn man aber die Strafandrohung wegließe, dann wäre es nach Luther so, als würde man wilde Bestien von der Kette lassen. Hier im weltlichen Regiment handelt man gemäß der Vernunft.

- Zur Frage, ob ein Christ ein Staatsamt übernehmen könne, meint Luther: Christen sind hierfür besonders gut geeignet: »Wenn du darum sähest, dass es an einem Henker, Büttel, Richter, Herrn oder Fürsten fehlt, und du fändest dich dazu geeignet, so müsstest du dich dazu anbieten und dich darum bewerben, damit ja die Amtsgewalt, die so nötig ist, nicht verachtet würde oder unterginge.« Das weltliche Regiment ist auch Gottes Regiment, und gerade im Rahmen dieses Regiments kann sich der Glaube bewähren. Dies war wohl auch ein Grund für Luther, aus dem Kloster auszutreten.
- Zur Frage, wie sich Staat und Kirche zueinander verhalten, macht Luther deutlich: Beide sind Gottes Regierweisen und gleich wichtig. Der Staat steht nicht unter der Kirche und die Kirche nicht unter dem Staat. Beide sind Gottes Diener. Der Staat darf sich nicht in kirchliche Belange einmischen und die Kirche nicht in staatliche Belange. Eine Ausnahme gibt es allerdings: Sofern eine der beiden Institutionen den ihr von Gott gesetzten Zielen (Staat: Aufrechterhaltung der Ordnung, Schutz der Schwachen, Eindämmung des Bösen – Kirche: Rechtfertigung des Sünders, Seelenheil der Gläubigen) nicht mehr nachkommt, muss die jeweils andere Institution sie ermahnen. Für die Kirche, die keinerlei weltliche Macht innehat, kann das bedeuten, dass sie das Martyrium auf sich nehmen muss.
- Zur Frage, ob ein Christ alles befolgen müsse, was die Obrigkeit befiehlt, ist bereits jetzt deutlich, dass im Hinblick auf die geistlichen Dinge kein Landesherr etwas zu sagen und zu befehlen hat. Von daher ist in einem solchen Fall von Seiten des Christen Widerstand geboten. Generell hat nach Luther ein Christenmensch Widerstand zu leisten, wenn Kirche oder Staat den ihnen von Gott gesetzten Zielen (Kirche: Verkündigung der Rechtfertigung des Sünders, Seelenheil

der Menschen; Staat: Eindämmung des Bösen, Aufrechterhaltung der Ordnung, Schutz des Schwachen) nicht mehr entsprechen.

Luther griff mit seiner Lehre von den zwei Reichen und Regimenten (Regierweisen) Gottes verschiedene theologische, kirchliche und politische Entwicklungen auf, die er vom biblischen Standpunkt aus als gefährlich oder sogar häretisch betrachtet. Vier Konsequenzen lassen sich aus Luthers Überlegungen ziehen. Auffällig ist dabei, dass die Schrift »Von weltlicher Obrigkeit« sich ursprünglich gegen die Handlungsweise eines weltlichen Herrschers richtete, sich aber zugleich als sehr kirchenkritisch erwies:

a) Die anti-totalitäre Argumentationslinie: Das Verbot der Luther-Schriften im Herzogtum Sachsen veranlasste Luther, die Fürsten davor zu warnen, die Freiheit des Gewissens anzutasten, denn die Gewissen soll nur Gott regieren – durch sein geistliches Regiment. Einem totalitären Regime muss Widerstand entgegengesetzt werden.
b) Die kirchenkritische, antiklerikale Argumentationslinie: Die mittelalterliche Kirche hatte sich in ihrer Hierarchie selbst als die »geistliche Gewalt« (*potestas spiritualis*) verstanden. Luther machte in scharfer Antithese dazu klar, dass die »geistliche Gewalt«, das »Reich Gottes zur Rechten«, allein Gott selbst zukommt, der aus Gnade Glaube, Liebe und Hoffnung schafft. Die Kirche, das heilige Volk Gottes, hat dem zu dienen. Einen Kirchenstaat kann es nach dieser Anschauung niemals geben.
c) Die anti-mönchische Argumentationslinie: In der mittelalterlichen Kirche galt Arbeit in den ökonomischen und politischen Bereichen und Institutionen als weniger heilig als die Beteiligung in speziellen kirchlichen und christlichen Unternehmungen. Für Luther dagegen bringt es die Rechtfertigung des Menschen aus Glauben notwendig mit sich, dass gerade die weltlichen Berufe und Institutionen der Ort der Bewährung des Glaubens und der christlichen Nächstenliebe sind.
d) Die anti-enthusiastische Argumentationslinie: Sosehr Luther die aktive Beteiligung der Christen im politischen Bereich zum Schutz der Nächsten forderte, sosehr kämpfte er gegen die Vorstellung, vor dem Anbruch des vollkommenen Reiches Gottes könne die Welt als Ganze Kirche werden. Diese institutionelle Sicherung der Ordnung schafft Gott gnädig durch sein »weltliches Regiment«, denn mit dem Evangelium lässt sich nach Luther kein Staat regieren.

9.5.4 Karl Barths Lehre von der Königsherrschaft Christi

Christengemeinde und Bürgergemeinde sind zwei konzentrische Kreise, von denen die Christengemeinden den inneren, engeren, die Bürgergemeinde den äußeren, weiteren bildet. Beide Kreise haben als gemeinsame Mitte das von der Christengemeinde verkündigte Reich Gottes. Barths ganzes Interesse richtet sich nun darauf, die Beziehungen beider Kreise zu ihrer gemeinsamen Mitte und damit zueinander herauszuarbeiten.

Das Licht fällt von dem göttlichen Reich herab auf die irdische Kirche und von dort hinüber zum irdischen Staat und reflektiert sich darin.

Der Staat ist eine eigene, menschliche, vergängliche Größe, und darum kommt eine einfache und absolute Gleichung zwischen ihm und der Kirche bzw. dem Reich Gottes nicht in Frage. Andererseits aber hat der Staat keine Eigengesetzlichkeit und selbstständige Natur, und darum kommt auch eine einfache und absolute Ungleichung zwischen ihm und der Kirche bzw. dem Reich Gottes nicht in Frage. Was übrigbleibt, ist somit auch hier das Gleichnis, die Analogie: »Die Gerechtigkeit des Staates in christlicher Sicht ist seine Existenz als ein Gleichnis, eine Entsprechung, ein Analogon zu dem in der Kirche geglaubten und von der Kirche verkündigten Reich Gottes.«

Indem der Staat mit der Kirche das Zentrum gemeinsam hat, ist er *gleichnisfähig*, d.h. fähig, die christliche Wahrheit und Wirklichkeit im Spiegelbild zu reflektieren. Weil aber dieses Spiegelbild nicht selbstverständlich ist, sondern immer wieder gestört wird, ist der Staat zugleich *gleichnisbedürftig*, d.h. bedürftig, immer wieder an die christliche Wahrheit und Wirklichkeit erinnert zu werden. Und hier liegt die politische Mitverantwortung der Christengemeinde: Sie hat durch ihre Verkündigung und Existenz den Staat »an Gottes Reich zu erinnern«, damit er zu seinem Spiegelbild und Gleichnis werde und so zur Erfüllung seiner Bestimmung gelange. Damit ist der Christengemeinde kein politisches System oder Programm an die Hand gegeben, aber damit ist die »Richtung und Linie« ihre politischen Unterscheidens, Urteilens, Wollens und Wählens bestimmt. Sie wird im politischen Bereich ihre Entscheidungen immer so fällen, dass durch sie der Zusammenhang des Staates mit der göttlichen Heils- und Gnadenordnung erleuchtet und nicht verdunkelt wird. Sie wird unter den sich jeweils bietenden politischen Möglichkeiten immer diejenigen auswählen, in denen ein Gleichnis und Spiegelbild dessen sichtbar wird, was den Inhalt ihres Bekenntnisses bildet. Kurzum, sie wird immer darauf bedacht sein, »dass die Gestalt und Wirklichkeit des Staates inmitten der Vergänglichkeit dieser Welt auf das Reich Gottes hin und nicht von ihm weg weise, dass die menschliche Politik die göttliche nicht kreuze, sondern dass sie ihr in ihrer ganzen Entfernung von jener parallel gehe«.

Wie dieses christlich-politische Unterscheiden, Urteilen, Wollen und Wählen im Einzelnen aussieht, dafür gibt Barth eine Reihe von Beispielen, sehr konkrete Beispiele, die das Prinzip der Analogie auf die Spitze treiben:

- Weil Gott Mensch und des Menschen Nächster geworden ist, darum nimmt sich die Christengemeinde im politischen Raum in erster Linie des Menschen und nicht irgendeiner Sache an.
- Weil Gott in Jesus Christus sein ursprüngliches Recht auf den Menschen aufgerichtet hat, darum steht die Christengemeinde immer für den Rechtsstaat ein, gegen jede Anarchie und Tyrannei.
- Weil der Menschensohn gekommen ist, zu suchen und zu retten, was verloren ist, darum setzt sich die Christengemeinde für die Schwachen, Bedrohten und Armen ein und kämpft für die soziale Gerechtigkeit.
- Weil die Christen zur Freiheit der Kinder Gottes berufen sind, darum bejahen sie die Freiheit und Mündigkeit der Bürger als das Grundrecht jeder staatlichen Ordnung.
- Weil die Christen aufgrund der einen Taufe unter dem einen Herrn in einem Geist leben, darum treten sie für die Gleichheit aller unmündigen Bürger ein.
- Weil der Heilige Geist verschiedene Gaben gibt, darum wacht die Christengemeinde im politischen Bereich zugleich über die Trennung der verschiedenen Gewalten in gesetzgebende, vollziehende und richterliche.
- Weil Gott sich in seiner Offenbarung enthüllt hat und sein Licht in Jesus Christus aufgeleuchtet ist, darum ist die Christengemeinde eine entschiedene Gegnerin aller Geheimpolitik und Geheimdiplomatie.
- Weil sich die Christengemeinde durch das freie Wort Gottes begründet und genährt sieht, vertraut sie auch im politischen Raum dem freien menschlichen Wort, und darum ist sie gegen alle Kontrolle und Zensur der öffentlichen Meinungsäußerung.

Menschlichkeit, Recht, Freiheit, Gleichheit, Verantwortung, Gewaltenteilung, soziale Gerechtigkeit – betrachtet man diese Analogien, die Barth zwischen dem Reich Gottes und dem irdischen Staat aufdeckt, so verraten sie schon auf den ersten Blick eine auffallende Neigung zur Demokratie. Barth leugnet diese Neigung keineswegs. Die Phrase von der gleichen Nähe oder Ferne aller möglichen Staatsformen zum Evangelium hält er für falsch.

Das Gebet für die Obrigkeit bedeutet für Barth nicht fromme Ergebung und blinden Gehorsam, sondern es durchbricht seiner Meinung nach gerade das Schema eines rein passiven Untertanenstandes und verlangt nach tätiger Mitarbeit und Mitverantwortung. Denn man kann nur für die Erhaltung des Staates beten, wenn man auch bereit ist, sich in eigener Person mit allen Konsequenzen dafür einzusetzen, bis hin zu der Konsequenz, den Staat zu ersetzen, wenn er kein Rechtsstaat mehr ist.

Exkurs: Die Eigengesetzlichkeit des Staates und der Wirtschaft?

Die Zwei-Regimenten-Lehre (*Luther*): Nach Luther haben Staat und Wirtschaft tatsächlich eine andere Gesetzgebung als im geistlichen Regiment. Das Böse muss mit dem »Schwert« eingedämmt werden, sonst geht die Ordnung verloren. Von einer »Eigengesetzlichkeit« kann aber bei Luther deshalb nicht gesprochen werden, weil auch die Gesetzgebung im Reich zur Linken von Gott gegeben bzw. abhängig ist. Sofern dieses Regiment seine gottgesetzten Ziele verfolgt, kann sich die Kirche um die Verkündigung des Evangeliums und die Sakramentsverwaltung kümmern.

Die Königsherrschaft Christi (*Barth*): Bei Barth kann ausdrücklich nicht von einer Eigengesetzlichkeit im wirtschaftlichen und politischen Bereich gesprochen werden. Er möchte im Grunde, dass jedes Gesetz gebrochen bzw. gleichnishaft deutlich macht, dass Jesus Christus bzw. das Reich Gottes die Mitte auch des Staatswesens ist. Das bedeutet aber im Grunde, dass jedes Gesetz auf den Prüfstand der Gleichnishaftigkeit gestellt werden muss und entsprechend von der Christengemeinde, die ja wesentlich näher am gemeinsamen Mittelpunkt ist, kommentiert bzw. kritisiert werden muss.

9.5.5 Die katholische Soziallehre

Die katholische Soziallehre versteht sich als ethischer Ansatz für alle Mitglieder der Gesellschaft. Sie verzichtet bewusst auf eine ausdrücklich biblische oder christologische Begründung, damit auch Atheisten diese bejahen können. Sie hat drei Hauptprinzipien:

a) Das *Personprinzip*: Grundlage und Voraussetzung für jede Gesellschaft ist die Einzelperson. Jeder Mensch ist Ebenbild Gottes, das heißt: Seine Würde ist zu wahren, seine Freiheit zu schützen. Der Mensch ist »Träger, Schöpfer und Ziel« aller sozialen, politischen, wirtschaftlichen und gesellschaftlichen Aktivität. Von daher bildet er den obersten Maßstab für das Handeln von Individuen und Institutionen. Das Personprinzip ist im Grunde das Korrektiv für alle weiteren Prinzipien.
b) Das *Solidaritätsprinzip* (*Gemeinwohlprinzip*): Der Mensch lebt nicht für sich allein als Individuum, sondern ist auf seine Mitmenschen angewiesen. Er braucht diese Gemeinschaft, und die Gemeinschaft braucht den Beitrag des Individuums. Jeder Mensch ist aufgerufen, seinen Beitrag zum Gelingen der Gesellschaft beizusteuern. Solidarität bezeichnet also eine »wechselseitige Beistandsverpflichtung«. Seine Grenze erfährt die Solidarität, wenn das Personprinzip durch eine Überbetonung des Gemeinschaftsgedankens gefährdet ist. Der Einzelne darf nicht in der Gesellschaft untergehen. Was aber der Einzelne zu leisten imstande ist, darf er nicht von der Gemeinschaft erwarten.
c) *Subsidiaritätsprinzip* (lat. *subsidium* – Hilfe): Dieses Prinzip wird im Grunde in der Gesellschaft der Bundesrepublik Deutschland praktiziert. Es besagt, dass dann, wenn ein Einzelner oder eine Familie, eine Kommune oder ein Bundesland nicht imstande sind, die ihr zukommenden Aufgaben zu erfüllen, die nächsthöhere Instanz helfend zur Seite stehen soll. Sie darf dabei aber nicht die kleineren Gemeinschaften zerschlagen und dadurch die eigene Macht vermehren. Auch hier wird deutlich, dass letzten Endes das Personprinzip ein Korrektiv darstellt.

Fragen zum Weiterdenken:

1. Ist es sinnvoll, eine Konzeption für das Handeln von Christinnen und Christen innerhalb der Gesellschaft zu entwerfen, ohne ein spezifisch christliches Profil deutlich zu machen?
2. Kann es einen Staat geben, in dem die Kirche herrscht?
3. Welche Rolle spielen die biblischen Gebote – wie z.B. das Gebot der Feindesliebe – innerhalb der katholischen Soziallehre?

10
Biblische Zukunftsvorstellungen (Eschatologie) im Vergleich mit den Entwürfen der Naturwissenschaften

10.1 Endzeiterwartung in neutestamentlicher Zeit

Um die Zeitenwende, gemeint sind etwa die dreihundert Jahre vor und nach Jesus von Nazareth, war die sogenannte Apokalyptik eine wichtige religiöse Strömung. Der Begriff kommt aus dem Griechischen *apokalyptein* – enthüllen, offenbaren. Im Neuen Testament findet sich auch ein ausgesprochen apokalyptisches Buch, die »Apokalypse« bzw. die »Offenbarung des Johannes«. Solche apokalyptischen Bücher, in denen irgendwelche Seher in visionäre Schauungen himmlische Gegebenheiten darstellten und der Leserschaft dadurch göttliche Ratschlüsse offenbarten. Gemeinsam sind diesen apokalyptischen Büchern mehrere Aspekte:

- Die Gegenwart gilt als letzte Zeit, das heißt: Man lebt gegenwärtig kurz vor dem letzten ultimativen Eingriff Gottes in die Geschichte. Die Zukunft bringt Geschehnisse und Bewegungen mit sich, die im Guten wie im Bösen über alles Dagewesene weit hinausführen. Die letzten Tage der Menschheit stehen bevor.
- Ein universales Gericht wird durchgeführt. Die Toten – entweder in Auswahl oder alle insgesamt – werden auferweckt, um vor den himmlischen Thron und Richtstuhl Gottes zu treten. Bücher über die menschlichen Taten werden aufgeschlagen und unter der Assistenz von Engeln jeder einzelne unter dem strikten Entweder-oder

(Gerechter oder Sünder) abgeurteilt; im ersten Fall zum ewigen Leben, im zweiten zum ewigen Tod.

– Danach kommt die Erneuerung der Welt, das neue göttliche Zeitalter, der neue Äon. Leid ist für immer verschwunden. Die Gegenwart Gottes garantiert ewige Gerechtigkeit und menschliche Unsterblichkeit. Sie macht jedem Einzelnen das Leben nach dem Gesetz Gottes zu einer spontanen Selbstverständlichkeit. Das Paradies kehrt wieder.

Diese drei wichtigsten Aspekte finden sich in jüdischen wie in christlichen Apokalypsen, die um die zwischen 300 v. und 300 n.Chr. entstanden sind.

Apokalyptische Ansichten finden sich im Neuen Testament nicht nur in der Apokalypse des Johannes. Auch Jesus von Nazareth und dessen Lehrer Johannes der Täufer waren davon massiv beeinflusst.

10.2 Apokalyptisches Gedankengut bei Johannes dem Täufer

In Mt 3,7 sieht der Täufer viele Pharisäer und Sadduzäer zu seiner Taufe kommen und spricht zu ihnen: »Ihr Schlangenbrut, wer hat denn euch gewiss gemacht, dass ihr dem künftigen Zorn entrinnen werdet?« Der Täufer rechnet also mit einem unmittelbar bevorstehenden Zornesgericht Gottes. Und er fährt fort: »Denkt nur nicht, dass ihr bei euch sagen könntet: Wir haben Abraham zum Vater. Denn ich sage euch: Gott vermag dem Abraham aus diesen Steinen Kinder zu erwecken. Es ist schon die Axt den Bäumen an die Wurzel gelegt.

Die einzige Möglichkeit, diesem Gericht zu entkommen, ist die, sich vom Täufer taufen zu lassen. Wahrscheinlich hat der historische Täufer gar nicht damit gerechnet, eine nachhaltige Verbesserung der Taten sei möglich, weil seiner Meinung nach das göttliche Zornesgericht unmittelbar bevorsteht: »Ich taufe euch mit Wasser zur Umkehr; der aber nach mir kommt, ist stärker als ich … der wird euch mit dem Heiligen Geist und mit Feuer taufen. Er hat seine Worfschaufel in der Hand; er wird seine Tenne fegen und seinen Weizen in die Scheune sammeln; aber die Spreu wird er verbrennen mit unauslöschlichem Feuer (Mt 3,9–12).

Wir finden in der Täuferpredigt tatsächlich alle drei genannten apokalyptischen Elemente: Die Gegenwart ist Endzeit; das universale Gericht steht unmittelbar bevor; die Erneuerung der Gerechten (Sammlung des Weizens in Gottes Scheune) schließt sich an.

10.3 Jesus von Nazareth

Jesus teilte offenbar diese Einschätzung. Als er auf seinem Weg von Nazareth nach Jerusalem war und im Jordangraben die Predigt des Täufers hörte, ließ er sich von diesem taufen und schloss sich dessen Jüngerschar an. Irgendwann hat er sich aber von Johannes distanziert und ist zurückgegangen nach Galiläa. Dort verkündigte er zwar auch apokalyptisches Gedankengut, aber doch in einer ganz anderen Ausrichtung. Der Evangelist Markus schreibt: »Nachdem aber Johannes gefangengesetzt war, kam Jesus nach Galiläa und predigte das Evangelium Gottes und sprach: Die Zeit ist erfüllt und das Reich Gottes ist nahe herbeigekommen. Kehrt um und glaubt an das Evangelium« (Mk 1,14f).

Nach wie vor ist dem Täufer und Jesus gemeinsam, dass man in der Endzeit lebt, dass Gottes Eingreifen in die Geschichte unmittelbar bevorsteht. Aber das, was Jesus verkündigt, ist nicht ein Zornesgericht Gottes, sondern seine Herrschaft, sein Reich. Was die Menschen der damaligen Zeit empfanden, wenn man ihnen gegenüber das Königreich Gottes propagierte, lässt sich gut aus alttestamentlichen Texten erheben (vgl. nur Jes 41,21; 43,14; 44,6–8, 52,1–10 u.ö.). Die Angesprochenen erwarten umfassendes Heil, Befreiung von Krankheiten, von Schmerzen, von allen Einschränkungen des Lebens, auch Befreiung von den Feinden.

Jesus geht sogar noch einen Schritt weiter. Er behauptet, dass das unmittelbar bevorstehende Reich Gottes bereits in der Gegenwart Gestalt gewinnt: »Wenn ich mit dem Finger Gottes die Dämonen austreibe, so ist das Reich Gottes schon zu euch gekommen«, sagt er nach Lk 11,20. Und das Gleichnis vom Senfkorn (Mk 4,30–32) illustriert anschaulich, dass das Gottesreich im Kleinen bereits gegenwärtig ist, auch wenn seine vollständige Aufrichtung noch aussteht.

Jesus rechnete damit, dass die vollständige Aufrichtung des Reiches Gottes unmittelbar bevorsteht. In Mk 9,1 sagt er: »Wahrlich, ich sage euch: Es stehen einige hier, die werden den Tod nicht schmecken, bis sie sehen das Reich Gottes kommen mit Kraft.« Also teilte auch Jesus das Bewusstsein des Täufers, in der Endzeit zu leben. Das Eingreifen Gottes steht unmittelbar bevor. In der in Mk 13 überlieferten endzeitlichen Rede rät Jesus seinen Zuhörern zur Wachsamkeit: »Von dem Tage aber und der Stunde weiß niemand, auch die Engel im Himmel nicht, auch der Sohn nicht, sondern allein der Vater. Seht euch vor, wachet! Denn ihr wisst nicht, wann die Zeit da ist. Wie bei einem Menschen, der über Land zog und sein Haus verließ und seinen Knechten Vollmacht gab, einem jeden seine Arbeit, und er gebot dem Türhüter, er solle wachen: So wacht nun; denn ihr wisst nicht, wann der Herr des Hauses kommt, ob am Abend oder zu Mitternacht oder um den Hahnenschrei oder am Morgen, damit er euch nicht schlafend finde, wenn er plötzlich kommt. Was ich aber euch sage, das sage ich allen: Wachet!« (Mk 13,32–37)

Was bei Jesus also fehlt, ist das Drohszenario des Gerichts, wie es sonst in der apokalyptischen Literatur und auch bei Johannes dem Täufer begegnet. Jesus rechnet aber auch mit einem unmittelbar bevorstehenden ultimativen Eingreifen Gottes, und er macht deutlich, dass dieser Eingriff bereits jetzt in Jesu Wort und Tat Gestalt gewinnt und gegenwärtig ist, auch wenn die Vollendung noch aussteht.

10.4 Die Auferweckung Jesu als Beginn der Endzeit (Paulus)

Die Kreuzigung Jesu schien für seine Nachfolger ein Erweis dessen zu sein, dass Jesus sich nicht nur getäuscht hatte, sondern dass er schlicht gescheitert war, denn nur Schwerverbrecher wurden so hingerichtet wie Jesus. Darüber hinaus bedeutete die Kreuzigung auch eine religiöse Diskriminierung, denn zufolge Dtn 21,23 ist derjenige von Gott verflucht, der am Holz hängt. Die Jesusgeschichte war scheinbar am Ende.

Doch die Erscheinungen des Auferstandenen an Ostern und der sich darauf stützende Osterglaube machten seinen Jüngern deutlich: Gott greift tatsächlich selbst in den Gang der Geschichte ein. Und weil sich an die Auferstehung Jesu nicht unmittelbar die allgemeine Totenauferstehung anschloss, verstärkte sich geradezu die Erwartung, in der unmittelbaren Endzeit zu leben.

Paulus beschreibt die Auferweckung Jesu als erste endzeitliche Tat Gottes: »Nun aber ist Christus auferstanden von den Toten als Erstling unter denen, die entschlafen sind.« Hier zeigt Gott an Jesus, was er allen Glaubenden verheißt: die Auferstehung von den Toten. Deshalb ist für Paulus der Glaube, dass Jesus von den Toten auferstanden ist, zentral für den christlichen Glauben: »Ist Christus aber nicht auferstanden, so ist euer Glaube nichtig, so seid ihr noch in euren Sünden; so sind auch die, die in Christus entschlafen sind, verloren« (1Kor 15,17f).

Paulus macht also deutlich: Gott hat bereits die erste endzeitliche Tat durchgeführt, denn er hat Jesus von den Toten auferweckt. Man kann also sagen: Der Anfang der Auferweckung aller ist bereits gemacht. Was liegt näher, als damit zu rechnen, dass sich die allgemeine Auferstehung – und damit auch das von Jesus angekündigte Reich Gottes –, in naher Zukunft anschließt?

Man verband diese unmittelbar bevorstehende Auferweckung mit der Wiederkunft des Auferstandenen, klassisch formuliert in der ältesten neutestamentlichen Schrift, dem ersten Brief des Paulus an die Thessalonicher:

»Denn er selbst, der Herr, wird, wenn der Befehl ertönt, wenn die Stimme des Erzengels und die Posaune Gottes erschallen, herabkommen vom Himmel, und zuerst werden die Toten, die in Christus gestorben sind, auferstehen. Danach werden wir, die wir leben und übrigbleiben, zugleich mit ihnen entrückt werden auf den Wolken in die Luft, dem Herrn entgegen; und so werden wir bei dem Herrn sein allezeit« (1Thess 4,16–17).

Auch hier begegnen wieder die klassischen apokalyptischen Elemente: Gott (in diesem Fall: Jesus) kommt vom Himmel herab, es erfolgt die Auferstehung derjenigen, die an ihn geglaubt haben (der Toten, »die in Christus entschlafen sind«), und eine neue Zeit beginnt für sie in der Gegenwart des Herrn.

Christen leben also – nach Auffassung des Paulus – in einer nach ihrem Verständnis »Zwischenzeit«, sie leben zwischen dem, was *schon* passiert ist, nämlich die Auferstehung Jesu, und dem, was *noch nicht* geschehen ist, nämlich die allgemeine Totenauferstehung.

Was bisher noch nicht thematisiert wurde, ist die Frage, wie lange diese Zwischenzeit dauern wird bzw. *wann* Jesus wiederkommt.

Die ersten Christen waren sich relativ sicher, dass diese Wiederkunft bald stattfinden würde; sie lebten in einer starken Naherwartung.

Als Paulus den ersten Brief an die Gemeinde in Thessalonich verfasst, ist er der Meinung, er werde Jesu Wiederkunft noch erleben (»wir, die wir leben und übrigbleiben«). So denkt Paulus im Jahr 50 n.Chr. Offenbar sind ihm im Lauf der Zeit jedoch Zweifel gekommen, ob er sie tatsächlich noch in diesem Leben erleben wird.

Auch die spätere Jesusüberlieferung schwächt die Erwartung ab, Jesus werde bald wiederkommen und das Reich Gottes aufrichten. Der bereits zitierte Vers Mk 9,1: »Und Jesus sprach zu ihnen: Wahrlich, ich sage euch: Es stehen einige hier, die werden den Tod nicht schmecken, bis sie sehen das Reich Gottes kommen in Macht« lautet im 20 Jahre später verfassten Lukasevangelium anders: »Ich sage euch aber wahrlich: Einige von denen, die hier stehen, werden den Tod nicht schmecken, bis sie das Reich Gottes sehen« (Lk 9,27).

Dieser Vers ist mit Sicherheit nicht verkehrt, denn man kann ja Spuren (Senfkörner) des Gottesreiches bereits in der Gegenwart erkennen. Aber von einem *Aufrichten* des Gottesreichs *in Macht* ist hier eben nicht mehr die Rede. Mit anderen Worten: Je länger die Wiederkunft (Parusie) Jesu auf sich warten ließ, desto mehr ließ auch die Naherwartung nach. Die Zeit dehnte sich, die Wiederkunft (griech. *parusia*) verzögerte sich.

Trotzdem hielt und hält die christliche Kirche bis heute daran fest, dass Jesus einst wiederkommen wird. Zu Beginn der Apostelgeschichte – kurz vor der Himmelfahrt Jesu – fragen ihn seine Jünger, ob er demnächst das »Reich für Israel« wieder aufrichten werde. In seiner Antwort weist Jesus die Frage nach dem Termin ab: »Es gebührt euch nicht, Zeit oder Stunde zu wissen, die der Vater in seiner Macht bestimmt hat, aber ihr werdet die Kraft des Heiligen Geistes empfangen, der auf euch kommen wird, und werdet meine Zeugen sein in Jerusalem und in ganz Judäa und Samarien und bis an das Ende der Erde« (Apg 1,7f).

Jesus gibt seinen Jüngern also den Auftrag, in der Zwischenzeit Menschen für Jesus zu gewinnen ... bis an das Ende der Erde. In diesem Sinne versteht die christliche Kirche ihren Auftrag bis heute. Vielleicht ist daran gedacht, dass erst dann, wenn endlich jeder Mensch auf der Erde einmal etwas von Jesus gehört hat, der Herr wiederkommt. Insofern gibt es für die Christen noch viel zu tun.

Deshalb ist – auch wenn die Wiederkunft Jesu bis heute auf sich warten lässt – die Bitte um das Kommen des Gottesreiches (Vaterunser) und die Erwartung der Wiederkunft Jesu (Glaubensbekenntnis: »... von dort wird er kommen, zu richten die Lebenden und die Toten«) elementarer Bestandteil des christlichen Glaubens. Nicht von ungefähr schließt das letzte Buch der christlichen Bibel, die Johannesoffenbarung, mit dem Ruf: »Amen, ja, komm, Herr Jesus!«

10.5 Die Frage nach einer individuellen Zukunft – der Glaube an ein Leben nach dem Tod

Der Tod ist für jeden Menschen ein Erlebnis ohne Vorerfahrung. Die Erzählung eines unbekannten Autors illustriert dies anhand einer unmittelbar bevorstehenden Geburt von Zwillingen:

»Im Bauch einer Schwangeren waren einmal zwei Embryos. Der eine war eher skeptisch eingestellt, der andere aber hoffnungsfroh. Eines Tages ergab sich folgendes Gespräch:

Der kleine Skeptiker fragte: ›Glaubst du wirklich an ein Leben nach der Geburt?‹ Darauf der anderer: ›Ja, klar glaube ich an ein Leben nach der Geburt! Hier im Bauch läuft doch nur die Vorbereitung auf das eigentliche Leben, das uns nach der Geburt erwartet.‹

Der kleine Skeptiker war damit nicht einverstanden: ›Blödsinn, das gibt es doch gar nicht! Ein Leben nach der Geburt, lächerlich, wie soll das denn bitte aussehen?‹ Darauf der andere: ›Es wird alles heller sein. Du wirst mit deinen Augen wunderbare Dinge sehen können, die du dir jetzt nicht einmal vorstellen kannst, und wir werden mit unseren Beinen in einer uns noch unbekannten Welt herumlaufen und mit dem Mund essen.‹ Da unterbrach ihn der kleine Skeptiker: ›Mit dem Mund essen? Geht's noch? Schau her! Was meinst du, wozu du diese Nabelschnur hast? Und die ist viel zu kurz, wo willst du denn damit hinlaufen? Willst du etwa mit den Beinen laufen?‹

›Nach der Geburt wird eben alles anders zugehen‹ meinte der andere. Doch der kleine Skeptiker erwiderte: ›Es ist doch so, dass noch keiner von ‚nach der Geburt' zurückkam. Mit der Geburt ist alles zu Ende. Ende – aus. Es gibt kein Leben nach der Geburt! Der Sinn des Lebens besteht darin, sich hier so lange und so gut wie möglich zu behaupten‹.

Da sagte der andere: ›Nach der Geburt werden wir unsere Mutter sehen!‹ Darauf meinte der kleine Skeptiker: ›Du glaubst an eine Mutter? Wo ist sie denn bitte, deine Mutter?‹ Da lachte der erste Embryo fröhlich, als er sagte: ›Erstens ist sie auch deine Mutter, ob du das glaubst oder nicht, und sie ist überall. Wir sind und leben in ihr und durch sie. Ohne sie könnten wir gar nicht sein.‹ Darauf entgegnete der kleine Skeptiker: ›Ach hör doch auf! Von der Mutter habe ich noch nie etwas gehört. Warum lässt sie uns dann hier allein? Wo ist sie denn? Ich glaube nur, was ich sehe!‹ Da sprach der andere: ›Deine Augen funktionieren noch gar nicht. Sehen wirst du sie später – im Moment kannst du nur darauf vertrauen. Wenn du aber genau hinhörst, dann kannst du sie manchmal singen oder sprechen hören. Ich glaube auf jeden Fall, dass unser eigentliches Leben erst dann beginnt. Ich spüre Mutters Liebe heute schon, und das macht mich gewiss, dass das Leben nach der Geburt noch viel intensiver sein wird‹.«

10.5.1 Alttestamentliche Voraussetzungen

Der Tod bedeutet das endgültige Aus des Menschen. Adam wird eröffnet: »bis du zur Ackererde zurückkehrst, denn von ihr bist du genommen. Denn Staub bist du, und zum Staub kehrst du zurück« (Gen 3,19). In der Tat gibt es anthropologisch keine Qualität im Menschen, die den Tod überdauert. Zufolge Pred 3,19f teilen Menschen und Tiere dasselbe Geschick: »Wie diese sterben, so sterben auch jene. Alles geht zum selben Ort. Alles ist aus Staub geworden, und alles kehrt zum Staub zurück.« Alle Verstorbenen – gleichgültig, ob sie in ihrem Leben gut oder schlecht gehandelt haben – kommen in die Totenwelt, die *scheol*. Ihre Taten müssen gar keine Rolle spielen, weil in alttestamentlicher Zeit der innerweltliche Tun-Ergehen-Zusammenhang Gültigkeit besaß. Das heißt: Man war davon überzeugt, dass eine böse Tat unweigerlich ein schlechtes Ergehen des Täters nach sich zieht – und zwar noch in diesem Leben. Und solange dieser diesseitige Tun-Ergehen-Zusammenhang seine Gültigkeit besaß, war die Vorstellung einer Totenwelt, in der alle Verstorbenen sich wiederfinden, kein Problem.

Diese Totenwelt stellte man sich jedoch nicht »schön« vor: Sie ist ein Ort in der allertiefsten Tiefe (Jes 14,15), ein Ort der Kraftlosigkeit (Jes 14,10), der Schatten (Ps 88,11) und der Dunkelheit (Ps 88,13), ein Ort des Vergessens (Ps 88,13) und des Schweigens (Ps 115,17), ja, letzten Endes ein Ort der Gottesferne (Jes 38,18f). So mutmaßt der trauernde Hiob: »Herr, ich lege mich zum Staub nieder, und suchst du mich, so bin ich nicht mehr da« (Hiob 7,21). Die Totenwelt ist der größtmögliche Gegensatz zum Himmel (Am 9,2; Hi 11,8; Ps 139,8; Jes 7,11).

Nirgends wird Jahwe mit dem Totenreich direkt in Verbindung gebracht. Vielmehr ist er ein Gott, der im Himmel thront (Ps 103,19), der die Erde festhält (Ps 93,1) und der als König die Völker regiert (Ps 47,9). Das Totenreich ist charakterisiert durch Gottesferne, und nur in dieser Entfernung von Gott kann denn auch die Macht des Todes wirken. Die Verstorbenen sind also von Gott endgültig getrennt.

Am Ende des 7. Jahrhunderts v.Chr. setzte dann aber ein Prozess ein, den die neuere Forschung als »Kompetenzausweitung Jahwes« bezeichnet. Ps 139 deutet bereits an, dass man auch in der Totenwelt nicht von Jahwe getrennt ist: »Führe ich gen Himmel, so bist du da; bettete ich mich bei den Toten, siehe, so bist du auch da« (Ps 139,8). Schließlich scheint Ps 73 deutlich zu machen, dass auch der Tod die Beziehung der Menschen zu Jahwe nicht beendet: »Dennoch bleibe ich stets an dir; denn du hältst mich bei meiner rechten Hand, du leitest mich nach deinem Rat und nimmst mich am Ende mit Ehren an. ... Wenn mir gleich Leib und Seele verschmachtet, so bist du doch, Gott, allezeit meines Herzens Trost und mein Teil« (Ps 72,23–26).

Tatsächlich scheint es das Zerbrechen des diesseitigen Tun-Ergehen-Zusammenhangs zu sein, das am Ende der alttestamentlichen Zeit die Erwartung nährt, dass Jahwe auch Macht über den Tod hat (vgl. Jes 26). Zufolge Dan 12,2 werden »viele, die unter der Erde schlafen liegen ... aufwachen, die einen zum ewigen Leben, die anderen zu ewiger Schmach und Schande«. Zwei Aspekte werden hier genannt: die Auferweckung von den Toten und ihre Scheidung in »ewiges Leben« und »ewige Schmach und Schande«. Das Scheidungskriterium ist zweifelsfrei das Verhalten im Diesseits. Hintergrund des Danielbuches ist u.a. die Erfahrung, dass der Glaube an den jüdischen Gott ins Martyrium führen kann. Wie können Menschen überhaupt an ihrem Glauben festhalten, wenn sie später in der Totenwelt ihre Mörder und Peiniger wiedertreffen? Diese Frage stellte man sich – und man löste sie, indem man den Tun-Ergehen-Zusammenhang jenseitig wieder herstellte. Es musste sich doch »lohnen«, an Gott festzuhalten!

10.5.2 Die Erwartung im Neuen Testament

Noch Jesus lässt im Angesicht seines Todes am Kreuz die Vermutung durchscheinen, dass der individuelle Tod ein Ort der Gottesferne ist, wenn er (zufolge Mk 15,34) Ps 22,2 zitiert: »Mein Gott, mein Gott, warum hast du mich verlassen?«

Doch anders als im Judentum steht die Auferstehungshoffnung nicht am Ende der biblischen Entwicklung (d.h. am zeitlichen Ende des Alten Testaments), sondern am zeitlichen Anfang des christlichen Glaubens. Oder anders gesagt: Am Anfang des Christentums steht die Überzeugung: »Der Herr ist auferstanden. Er ist wahrhaftig auferstanden.« Die Glaubensaussage, dass Gott Jesus von den Toten auferweckt hat, ist der Grund dafür, dass Christen die Hoffnung haben, nach ihrem Tod ebenfalls auferweckt zu werden (Anmerkung: Ob Jesus auferstanden ist oder von Gott auferweckt wurde, ist dogmatisch irrelevant. Das Neue Testament sagt im Griechischen eigentlich durchgängig, Jesus sei auferweckt worden [Passiv!]. Doch es ist kein Problem, von der Auferstehung Jesu zu reden. Im Hinblick auf die Trinitätslehre ist das dasselbe.). Die älteste Schrift des Neuen Testaments, der erste Brief des Paulus an die Thessalonicher, macht dies unmissverständlich deutlich: »Denn wenn wir glauben, dass Jesus gestorben und auferstanden ist, so wird Gott auch die, die entschlafen sind, durch Jesus mit ihm einherführen« (1Thess 4,14).

Hintergrund der Ausführungen des Paulus im ersten Thessalonicherbrief ist offenbar die Sorge der Thessalonicher um ihre bereits verstorbenen Mitchristen. Paulus hatte ihnen bei der Gemeindegründung etwa im Jahr 49 n.Chr. erzählt, dass Jesus bald wiederkommen werde. Nach dem Tod der ersten Gemeindeglieder machten sich die Thessalonicher Sorgen über deren Schicksal. Wahrscheinlich stellten sie sich die Verstorbenen in der Unterwelt und damit auch für Gott verloren vor.

Paulus beschreibt in 1Thess 4,13–18 genau, wie er es sich vorstellt, wenn Jesus am Jüngsten Tag wiederkommt, die »in Christus Entschlafenen« auferweckt und sie dann zusammen mit den noch lebenden Gläubigen zu sich holt: »So werden wir bei dem Herrn sein allezeit« (1Thess 4,17). Dies ist die Vision des Paulus. Als er den ersten Thessalonicherbrief abfasst, ist Paulus offenbar der Meinung, er werde die Wiederkunft Jesu noch erleben (vgl. 1Thess 4,15: »Denn das sagen wir euch mit einem Wort des Herrn, dass wir, die wir leben und übrigbleiben bis zur Ankunft des Herrn, denen nicht zuvorkommen werden, die entschlafen sind«). Später (im ersten Korintherbrief) wiederholt Paulus diese Vermutung nicht mehr so deutlich. In 1Kor 15 macht er jedoch deutlich, wie die Auferweckten aussehen werden: »Es könnte aber jemand fragen: Wie werden die Toten auferstehen, und mit was für einem Leib werden sie kommen? … So auch die Auferstehung der Toten. Es wird gesät verweslich und wird auferstehen unverweslich. Es wird gesät in Niedrigkeit und wird auferstehen in Herrlichkeit. Es wird gesät in Armseligkeit und wird auferstehen in Kraft. Es wird gesät ein natürlicher Leib und wird auferstehen ein geistlicher Leib« (1Kor 15,35–44). Paulus ist also der Meinung: Die Auferweckten werden einen neuen, einen geistlichen Leib erhalten. Eine nicht-leibliche Auferstehung kann er sich nicht vorstellen, lässt aber offen, wie er sich diesen geistlichen Leib konkret vorstellt. Was mit den Verstorbenen bis zur Wiederkunft Jesu passiert, sagt Paulus nicht ausdrücklich, aber es scheint so, dass er der Meinung ist, dass diese unter der Erde »schlafen« und auf die Wiederkunft warten.

Die Erwartung, dass man gleich im Augenblick des Todes – wie man sich das auch immer vorstellen mag – zu Jesus kommt, äußert Paulus im Philipperbrief. Zufolge Phil 1,23 hat Paulus »Lust, aus der Welt zu scheiden und bei Christus zu sein«. Diese auf die jüdischen Märtyrertodvorstellungen zurückgehende Erwartung (vgl. auch das Wort Jesu am Kreuz zu dem Schächer: »Wahrlich ich sage dir: Heute wirst du mit mir im Paradies sein« [Lk 23,43] oder die Beispielgeschichte vom reichen Mann und dem armen Lazarus [Lk 16,19–31]) wird in der Tat bei Paulus nicht in Ausgleich gebracht mit der Vorstellung, nach dem Tod im Grab »zu schlafen«, bis Jesus vom Himmel wiederkommt. Beide Erwartungen sind legitim und neutestamentlich begründbar.

Gemeinsam ist beiden Erwartungen, dass man nach dem Tod zu Christus kommt (Phil 1,23 und 1Thess 4,17). Dies ist die paulinische Vorstellung vom Himmel. Auf ein weiteres Ausgestalten kann er verzichten – offenbar deshalb, weil er sich gewiss ist, dass es ihm in Jesu Nähe an nichts fehlen wird.

Der österreichische Liedermacher Ludwig Hirsch (1946–2011), der sich wegen seiner fortgeschrittenen Krebserkrankung aus einem Fenster des Wiener Wilhelminenspitals in den Tod stürzte, hat das Lied geschrieben: »Komm, großer schwarzer Vogel«, in dem er seine Todesvorstellungen beschreibt:

»Komm großer schwarzer Vogel, komm jetzt!
Schau, das Fenster ist weit offen, schau, ich hab' Dir Zucker aufs Fensterbrett g'straht.
Komm großer schwarzer Vogel, komm zu mir!
Spann' Deine weiten, sanften Flügel aus und leg's auf meine Fieberaugen!
Bitte, hol' mich weg von da!
Und dann fliegen wir rauf, mitten in Himmel rein, in a neue Zeit, in a neue Welt.
Und ich werd' singen, ich werd' lachen, ich werd' ›das gibt's net‹, schrei'n,

weil ich werd' auf einmal kapieren, worum sich alles dreht.
Komm großer schwarzer Vogel, hilf mir doch!
Press' Deinen feuchten, kalten Schnabel auf meine Wunde, auf meine heiße Stirn!
Komm großer schwarzer Vogel, jetzt wär's grad günstig!
Die anderen da im Zimmer schlafen fest und wenn wir ganz leise sind, hört uns die Schwester nicht!
Bitte, hol mich weg von da!
Ja, großer schwarzer Vogel, endlich! Ich hab' Dich gar nicht reinkommen g'hört, wie lautlos Du fliegst, mein Gott, wie schön Du bist!
Auf geht's, großer schwarzer Vogel, auf geht's! Baba, ihr meine Lieben daham!
Du, mein Mädel, und du, Mama, Baba! Bitte, vergesst's mich nicht!
Auf geht's, mitten in den Himmel rein, nicht traurig sein, na, na, na ist kein Grund zum Traurigsein!
Ich werd' singen, ich werd' lachen, ich werd' ›das gibt's net‹ schrei'n.
Ich werd' endlich kapieren, ich werd' glücklich sein!
Ich werd' singen, ich werd' lachen, ich werd' ›des gibt's net‹ schrei'n.
Ich werd' endlich kapieren, ich werd' glücklich sein!
Ich werd' singen, ich werd' lachen, ich werd' endlich glücklich sein!«

Die von Ludwig Hirsch beschriebenen Vorstellungen treffen die neutestamentliche Erwartung erstaunlich genau, auch wenn hier von Jesus nicht die Rede ist: Im Himmel gibt's eine neue Zeit, eine neue Welt; es ist kein Grund zum Traurigsein (»Gott wird abwischen alle Tränen von ihren Augen«; Offb 21,4), man wird endlich glücklich sein und singen, lachen und »des gibt's net« schreien und verstehen, worum sich alles dreht.

Auffällig ist, dass bei Paulus nicht mehr die Taten, sondern der Glaube an Christus den Ausschlag für die Auferstehung gibt.

Dass aber ein Glaube ohne Werke tot ist und von daher die Werke als Folge aus dem Glauben eine große Bedeutung haben, macht der Jesus des Matthäusevangeliums im Gleichnis vom Endgericht deutlich (Mt 25,31–46).

10.6 Die Zukunft der Welt

10.6.1 Profanes Zukunftsszenario

Hauptprobleme: Umwelt-, Gesundheits-, Sozialprobleme
Heute steht die Welt vor einer Reihe von Herausforderungen, die noch keineswegs genügend verstanden sind: Wie können wir die Umwelt schützen, die Zukunft der Renten sichern, die Terrorismusgefahr bannen und die Auswirkungen neuer Technologien in den Griff bekommen?

Zentral wird die Frage sein: Wie kann man einen Ausgleich zwischen Wirtschaft und Umwelt finden?

Szenario 1: »Konventionelle Welt«: Diese Modellgesellschaft ist marktwirtschaftlich dominiert und unterliegt nur geringem politischen Einfluss. Ihre technologischen Innovationen produzieren ökonomisches Wachstum ohne Verlust an Umweltqualität.

Szenario 2: »Barbarisierung«: Darin scheitern dieselben Einflussgrößen – Innovation, Märkte, Politik – an den Problemen der Gesellschaft. Es kommt zu sozialem Kollaps, gewalttätigen Aufständen und Massenelend.

Szenario 3: »Große Übergänge«: Diese Modellwelt nimmt an, dass sich soziale und ökologisch orientierte Werte ausbreiten, was wiederum die wirtschaftliche Entwicklung beeinflusst. Ihr Ziel ist die Verbesserung der Lebensqualität statt der bloßen Anhäufung von Reichtümern als Selbstzweck.

Viele Forscher vermuten, dass das Szenario 1: »Konventionelle Welt« zwar plausibel ist, aber keineswegs sicher eintrifft. Um das Risiko des Zusammenbruchs zu vermeiden, sollte lieber der Weg des »Großen Übergangs« (Szenario 3) eingeschlagen werden. Jede Szenariotechnik vermeidet es aber, definitive Vorhersagen zu machen. Ein zusätzliches Problem ist, dass sich Szenarien nicht ohne Weiteres in Handlungspläne umsetzen lassen. Wie sollen Entscheidungsträger darauf reagieren? Sollen sie vor allem die schrecklichste Variante berücksichtigen oder eher solche, die Experten für die wahrscheinlichste halten? Die Europäische Union favorisiert das Vorsichtsprinzip. Ihre Politiker orientieren sich in der Regel am schlimmstmöglichen Fall. Doch auch das Vorsichtsprinzip liefert keine optimalen Leitlinien. Nur wenige Entscheidungen sind frei von Risiken, und das Vorsichtsprinzip kann zu widersprüchlichen Folgerungen führen. So sind etwa bei den Treibhausgas-Emissionen zwei Faktoren unsicher: das Ausmaß der von ihnen verursachten Schäden sowie die Kosten für die Emissionsreduzierung. Oft sind sowohl Kosten als auch Nutzen unsicher.

Zwei unterschiedliche Strategien stehen zur Disposition:

»Weiter wie bisher«: Diese Strategie geht von unveränderten politischen Prämissen aus. Sie schneidet gut ab, wenn die Entkopplungsrate (= Reduzierung der Umweltverschmutzung pro Produktionseinheit) die Wachstumsrate der Wirtschaft übertrifft. Überschreitet die wirtschaftliche Wachstumsrate jedoch die Entkopplungsrate, nimmt die Umweltverschmutzung so stark zu, dass sie die wirtschaftliche Entwicklung behindert. Wenn sich die Erfahrungen der Vergangenheit auf die Zukunft übertragen lassen, dürfte das 21. Jahrhundert genau mit diesem Problem konfrontiert werden – die Welt wird, was Erfolg oder Misserfolg betrifft, auf des Messers Schneide stehen.

»Crash«: Bei dieser aggressiveren Strategie werden Gelder in die technologische Entwicklung investiert und neue Umweltgesetze erlassen, welche die Entkopplungsrate über die »Weiter wie bisher«-Variante hinaus beschleunigt. Obwohl diese Strategie das Risiko einer Katastrophe praktisch beseitigt, verursacht sie in vielen möglichen Szenarien sehr hohe Kosten. Das würde das ökonomische Wachstum wiederum bremsen.

Beide Strategien gehen allerdings davon aus, dass die politischen Rahmenbedingungen für das gesamte Jahrhundert unverändert bleiben. Ein »intelligenter Kompromiss« zwischen beiden Strategien könnte so aussehen, dass zunächst ziemlich niedrige Grenzen für Emissionen festgeschrieben werden. Allerdings muss man bereit sein, diese Grenzen aufzuweichen, falls sie sich als zu kostspielig erweisen. Sollten Technikpessimisten mit ihrer These Recht behalten, die Entkopplungsrate werde wohl kaum sinken, würden starke politische Restriktionen die Kosten über die vorher festgelegten Grenzen treiben; in diesem Fall würde es der Industrie erlaubt, mehr Treibhausgase zu emittieren. Behalten dagegen die Technikoptimisten Recht, die der Meinung sind, eine hohe Entkopplungsrate sei machbar, würden die Kostengrenzen auch nicht überschritten, wenn die Industrie die ehrgeizigen Umweltschutzbestimmungen einhält.

10.6.2 Die Zukunft der Schöpfung – das biblische Endzeitszenario

Der berühmte französische Philosoph Voltaire wurde einmal von einer Dame gefragt, wie man es sich vorstellen könne, dass Tote wieder auferstehen. Ganz trocken soll er zur Antwort gegeben haben: »Die Auferstehung, Madame, ist die einfachste Sache der Welt: Derjenige, der den Menschen einmal geschaffen hat, kann ihn auch zweimal erschaffen.«

Die Lehre vom 1000-jährigen Reich (Millennium, Chiliasmus)
In Offb 20 findet sich die Lehre vom 1000-jährigen Reich. Diese Vorstellung ist eine Art Vorstufe des allerletzten Geschehens. Es ist ein endzeitliches Gotteshandeln, das noch diesseits des Jüngsten Tages liegt. Im Einzelnen wird folgender Ablauf des Millenniums behauptet: Nach der Wiederkunft Christi wird der Satan für 1000 Jahre gefesselt. Es erfolgen die Auferstehung der Märtyrer und eine 1000-jährige Herrschaft der Frommen auf dieser Erde mit Christus. Am Ende stehen die zweite, nämlich die allgemeine Auferstehung, und das Ende der Welt. Eine vergleichbare Vorstellung ist bereits in der jüdischen Apokalyptik belegt.

Die Lehre vom Millennium ist – etwas vereinfacht gesagt – innerhalb der Kirchengeschichte in zwei verschiedene Richtungen gedeutet worden:

- Die konstantinische Reichskirche lehnte die revolutionäre Idee des noch nicht verwirklichten Reiches ab und setzte das 1000-jährige Reich mit der konstantinischen Reichskirche gleich. Wesentlicher Vertreter dieser Position war Euseb.
- Die sektiererischen Bewegungen des frühen Mittelalters bis in die Neuzeit (Zeugen Jehovas) deuten das 1000-jährige Reich als eine das Bestehende gewaltsam ablösende irdische Gottesherrschaft.

Die Tatsache, dass die Lehre vom 1000-jährigen Reich innerhalb der kirchlichen Theologie und Praxis praktisch keine Rolle spielt, liegt wohl daran, dass die Reformatoren diese ausgehend von Luthers Lehre von den zwei Reichen und Regimenten, nach der Gottes Reich erst am Jüngsten Tag nach dem Gericht durch Gott heraufgeführt wird, abgelehnt hatten. In der Augsburgischen Konfession von 1530 heißt es in Art. 17: »Ebenso werden hier Lehren verworfen, die sich auch gegenwärtig ausbreiten, nach denen vor der Auferstehung der Toten eitel (reine) Heilige, Fromme ein weltliches Reich aufrichten und alle Gottlosen vertilgen werden.«

Die Lehre von der Allversöhnung

Aus dem Pauluswort von Röm 11,32 (»Denn Gott hat alle beschlossen unter dem Unglauben, auf dass er sich aller erbarme«) kann geschlossen werden, dass am Ende alle Menschen von Gott erlöst werden. Wichtigster altchristlicher Vertreter dieser Lehre war Origenes. Er entwickelte eine Vorstellung, wonach die endzeitliche Scheidung in Erlöste und Verdammte überwunden sein sollte, ohne ihre kirchliche Geltung anzutasten. Die offizielle Theologie und kirchliche Tradition wandte sich gegen die Lehre von der Wiederbringung aller. Das 5. ökumenische Konzil von 553 verdammte diese Lehre endgültig. In der neueren theologischen Diskussion ist man meist der Meinung, dass das Problem offengelassen werden muss. Ausgehend von der Freiheit Gottes in seiner Gnadenwahl betont auch Karl Barth dies, wendet sich aber gegen die explizite Lehre einer Allversöhnung.

Zum Problem der Konkretion endzeitlicher Aussagen

Aussagen über die Endzeit müssen begrifflich konkretisiert werden, sollen sie für die Menschheit überhaupt verständlich sein. Das Neue Testament bietet keinen einheitlichen Ablauf der Endereignisse. Die Veranschaulichung mit menschlichen Worten und Bildern kann nur gleichnishaften Charakter haben:

Man erwartet einen neuen Exodus (Hos 2,16; 11,11; besonders Jes 43,16–21), einen neuen Bund (Jer 31,31–34) und ein neues, himmlisches Jerusalem (Jes 54,11ff; Jer 31,38–40, besonders aber Offb 21,1–2.11–15). Dies ist der Grund, weshalb bis heute die Kirchen und Gräber in Richtung Jerusalem ausgerichtet sind, da man die Herabkunft des himmlischen Jerusalem am Ort des irdischen Jerusalem erwartet.

Zentral ist aber die Vorstellung von der Neuschöpfung (Offb 21,1–5), wo weder Leid noch Geschrei noch Schmerz mehr sein wird.

Ähnlich stellte man sich die Zeit vor, wenn Gott sein Königtum aufgerichtet hat: Gott schafft seinem Volk Hilfe (Jes 33,17–24), er ist es, der sein Volk tröstet (Jes 44,6–8), Unheil brauchen die Seinen nicht mehr zu fürchten (Zeph 3,14f) … Wenn Jahwe König ist, dann hat das Volk Grund zum Jubel (1Chr 16,31). Zusammenfassend kann man sagen, dass die Vorstellung vom Königtum Jahwes über sein Volk eine

Chiffre ist für das umfassende Heil, das diesem Volk zugute kommt. Und nicht zufällig hat zufolge Mk 1,15 Jesus von Nazareth diese Vorstellung aufgegriffen und zum zentralen Inhalt seiner Verkündigung gemacht. Im »Vaterunser«, das auf Jesus zurückzuführen ist, bittet die christliche Gemeinde genau um diese Aufrichtung des (guten) Willens Gottes auch auf der Erde und um das Kommen seines Reiches (Mt 6,9f).

Diese Vorstellung vom heilvollen Reich Gottes wird zuweilen noch weiter ausgestaltet mit der Vorstellung vom Tierfrieden (Jes 11,6–8; 65,25), der durch den Messias Gottes aufgerichtet wird (vgl. Jes 9,1–6; 11,1f). Das Neue Testament und mit ihm die christliche Kirche sind der Überzeugung, dass diese Weissagungen aus Jesaja in Jesus Christus erfüllt sind (vgl. nur Lk 1,32) und dass mit Jesus diese Heilszeit bereits angebrochen ist.

Der bleibende Sinn der biblischen Aussagen über eine universal-kosmische Weltvollendung

Im Denken der Bibel sind die universale und die geschichtliche Weltvollendung eine Einheit. In der Johannesapokalypse wird das Geschichtsende auf dem Hintergrund eines Einsturzes von Himmel und Erde (Offb 20,11) skizziert. Und in Mk 13,24f heißt es: »Sonne und Mond werden ihren Schein verlieren. Und die Sterne werden vom Himmel fallen, und die Kräfte der Himmel werden sich bewegen.« Verständlich werden die Aussagen im Grunde erst, wenn man sich bewusst macht, dass diesen Vorstellungen das altorientalische Weltbild zugrunde liegt, demzufolge die Erde eine Scheibe und die Gestirne am sich darüber wölbenden Firmament befestigt sind.

In neuerer Zeit gibt es auch Angst vor kosmischen Katastrophen, auch wenn mit einem »Weltuntergang« nicht gerechnet wird. Aber die Auslöschung des Lebens als Folge einer nuklearen Katastrophe ist zumindest vorstellbar, ebenso die mögliche nachhaltige Zerstörung des menschlichen Lebensraumes durch die Taten des Menschen. Das sogenannte »Weltende« kann tatsächlich angesehen werden als die Zerstörung der Oase des menschlichen Lebens mitten im lebensfeindlichen Weltall durch vom Menschen herbeigeführte Naturkatastrophen.

Wenn man das Weltende mit dem Ende des menschlichen Lebensraumes identifiziert, taucht der Gedanke an die Schuld des Menschen auf. Wie nah oder wie fern der Zeitpunkt des Endes ist und wie sich dieses Ende im Einzelnen vollzieht, schlagartig oder langsam auslaufend, kann niemand sagen.

»Neue Schöpfung« ist hierbei nicht die Frage eines »neuen Himmels und einer neuen Erde« im astronomischen Sinn. Die Welt ist nicht ewig, sie ist Schöpfung Gottes und hat als solche einen Anfang und ein Ende. Aber ob dies auf ein definitives Ende hinführt oder auf einen Neubeginn in ganz neuer Art und Weise, geht über sinnvolles Fragen verantwortlicher Theologie hinaus. Die biblischen Aussagen machen jedenfalls deutlich, dass es nach dem Ende dieser Welt einen vom Schöpfer selbst initiierten Neuanfang geben wird.